精選日本史探究

教科書 日探 703
準拠

演習ノート

文部科学省検定済教科書 7 実教 日探703 高等学校地理歴史科用

精選日本史探究

今につなぐ

実教出版

未来をえがく

実教出版

もくじ

本書の使い方

① このノートは，実教出版の教科書『精選日本史探究』（日探703）に準拠しています。

② 教科書の1テーマを，2ページで編集しています。

③ ノートの左ページは，教科書内容の学習ポイントを簡潔にまとめています。一部を空欄にしていますが，そこに入る語句などはすべて教科書に記載されているものです。教科書をよく読んで，書き込んでみましょう。なお，解答欄は2種類あり，〈　〉は人物，［　］はその他の事項を解答します。【知識・技能】

④ ノートの右ページは，教科書に掲載された地図や写真などの資料をおもに活用した問題が掲載されています。資料を読みとくことで，さらに理解を深めていきましょう。【思考力・判断力・表現力】

⑤ MEMOはフリースペースです。授業中の補足事項を書き込んだり，教科書のTRYに取り組むさいの思考の過程をメモしたり，その単元のふりかえりにも活用できます。自由に活用することで，自分だけのノートができあがります。

⑥ ふりかえりのページを最後(p.176)に設定しました。各編の学習が終わった段階(p.31　65　97　173)で，学んだことをふりかえり，まとめることができます。【主体的に学習に取り組む態度】

※【　】は評価の観点を示しています。

本書の使い方

読み解きのツボ
教科書の「読み解きのツボ」に対応した図版などを読みとることで, 思考力や表現力を高める設問です。【思考力・判断力・表現力】

TRY
教科書各節の学習内容を受けた問い「TRY」に対応した設問です。わかりやすいヒントも掲載されています。【思考力・判断力・表現力】

章末問題
章の最後に設定しています。これまで学んだ知識を活用してチャレンジしてみましょう。【知識・技能】【思考力・判断力・表現力】

1 列島にくらしはじめた人々

MEMO

気付いたこと，わからなかったこと，調べてみたいことを自由に書こう。

確認しよう

人類の誕生と世界へのひろがり

◆人類の祖先…700万年前にチンパンジーの祖先とわかれる

・アフリカ大陸でいくつもの種へと進化

　→脳が大きくなったグループ…[①　　　　　　　　　　]の祖先

・アジアの[②　　　　　　　　]，ヨーロッパの[③　　　　　　　　　　]…絶滅

◆[　①　]…さまざまな[④　　　　　　　]をつくりだす

　　　　→オーストラリア大陸，アメリカ大陸へわたる

日本列島の旧石器時代

◆7万年から1万年前…氷期，海面が現在より低い

・北海道は[⑤　　　　　　　　　]大陸と陸続き，九州と[⑥　　　　　　]半島の間も狭い

海峡＝大陸から人々がわたってくる

◆旧石器時代の人々

・石をうち欠いてつくった[⑦　　　　　　　　]で動物を狩り，皮や骨，角を利用して衣服

や道具をつくって生活

・食べ物や石器づくりに適した石材を求めて移動をくり返す生活

縄文時代のはじまり

◆1万6000年前…日本列島で[⑧　　　　　]がつくられる

　　　　→食べ物の幅がひろがる＝栄養をとりやすくなる

◆縄文時代

・[　⑧　]がつくられ，稲作がはじまるまでの約1万3千年間，縄文時代に使用される土器

[＝⑨　　　　　　]

・木を切ったり加工したりする磨製石斧や[⑩　　　　　]が登場

　→森をきりひらく，住居をつくる，狩りに使われる

・気候が温暖化する→海面が上昇，現在に近い日本列島の形成

　→海産資源が利用しやすくなる

　→貝殻や動物の骨などがつみ重なり，[⑪　　　　　]となる

・ドングリなどの食料が豊富となる＝移動をくり返さずに生活できる

　→地面を掘りくぼめた居住空間に屋根をかけた[⑫　　　　　　]がつくられ，定住的

　な[⑬　　　　]があらわれる

・東日本では規模の大きな[　⑬　]が多い

　→中心の広場を囲むように墓や住居が並ぶ[⑭　　　　　]がある

用語を確認しよう

①石をうち欠いてつくった石器を何というか？　　　　　　　　　[　　　　　　　　]

②縄文時代に使用された土器を総称して何というか？　　　　　　[　　　　　　　　]

③地面を掘りくぼめた空間に屋根をかけた住居を何というか？　　[　　　　　　　　]

（1）教科書p.10図**1**(ホモ＝サピエンスのひろがり)をみて，問いに答えよう。

問1　空欄にあてはまる語句をぬきだしてみよう。

> 　　ホモ＝サピエンスの祖先は，20万年前に[A　　　　　　　　　　]大陸で誕生し，5万年前には[B　　　　　　
> 　　　　]大陸へ，4万年前には[C　　　　　　　　　]から[D　　　　　　　　　　]までひろがった。最も寒冷で
> あった約2万年前には，氷床が発達し，海水面が下がり，列島も大陸と陸続きであった。

（2）教科書p.10図**3**(石器づくりに適した石材の産地)をみて，問いに答えよう。

問1　旧石器時代の人々は，どのような手段・方法で石材を入手したか書き出してみよう。

（3）教科書p.11図**4**(縄文時代の人々の生活)をみて，問いに答えよう。

問1　縄文時代の人々の食べ物を季節ごとに二つずつ選んでみよう。

【春】	【夏】
【秋】	【冬】

（4）教科書p.11図**6**(土偶と縄文土器)と図**7**(槍先型尖頭器)をみて，問いに答えよう。

問1　縄文時代に右図のように女性をかたどった土偶がつくられた理由を考えてみよう。

問2　関東の火山灰層から石器を発見し，日本に旧石器時代から人が住んでいたことを明らかにした人物はだれか。　　　　　　　　　　　　　　　　[　　　　　　　]

> **TRY**　定住的なくらしができるようになった理由をまとめてみよう

2 農耕がうまれる

確認しよう

縄文文化の変化

◆縄文時代後期（4500年前〜）：人の動き・情報交換の活発化

・東日本では，定住的なムラが少なくなり，東北地方では，狩猟や漁が活発におこなわれ，細かく整った文様を施した土器や漆製品などが発達

・東日本で発達した風習が西日本にひろがる

→土偶，[①　　　　　　　]（大人になるための儀式）など

・西日本では，遺跡が増加し，植物質の食料を多く食べるようになり，土器に文様をあまりつけなくなる

縄文から弥生へ

◆紀元前8世紀：日本列島で[②　　　　　　]社会がはじまる

・[③　　　　　　　]を経て北部九州へ農耕が伝えられる

・表面をみがいた[④　　　　　　　]などがもたらされる

・北部九州では，朝鮮半島に由来する文化と，[⑤　　　　　　　]以来の文化が融合した農耕文化が成立[＝⑥　　　　　　　]

・弥生文化は，[⑦　　　　　　　]から東へとひろがる

→紀元前5世紀ころには，[⑧　　　　　　　]を基盤とする文化が西日本のほぼ全域に定着

・[⑨　　　　　　　]や鉄器も北部九州に伝わり，普及していく

弥生文化の多様性

◆近畿地方：弥生文化が順調にひろがる

◆関東・東北地方：弥生文化はなかなかひろまらない

→・文様をつける土器をつくり続ける

・弥生時代前半は，[⑩　　　　　　　]もほとんどおこなわれない

・弥生時代後半は，[⑪　　　　　　　]がつくられるようになる

・道具や埋葬の風習など，西日本とは異なる文化的特徴をもつ

◆東北北部・北海道：[⑫　　　　　　　]

→狩猟・採集による生活が続く

◆奄美大島・沖縄：稲作が伝わらず，独自の狩猟・採集文化が続く

用語を確認しよう

①植物を育て，動物を飼うことによって食料を人間の手で生産する技術を何というか？

[　　　　　]・[　　　　　]

②弥生時代，北海道から東北北部にかけては，狩猟・採集による生活が続けられたが，この文化を何というか？

[　　　　　　]

③表面をみがいた石器を何というか？

[　　　　　　]

（1）教科書p.12図**1**（縄文時代の植物の利用）をみて，問いに答えよう。

問1　縄文時代の植物の利用の違いを東日本と西日本で比較してみよう。

【東日本】[A　　　　　]・[B　　　　　]利用文化圏	【西日本】[C　　　　　]利用文化圏

（2）教科書p.12図**3**（銅鐸と描かれた絵画）をみて，問いに答えよう。

問1　空欄にあてはまる語句をぬきだしてみよう。

　　銅鐸は大陸から伝わった銅の鈴がしだいに大型化し，文様を施されて[A　　　　　]として発達したもの。人物や動物が描かれたものもあり，弥生時代の[B　　　　　]や[C　　　　　]を知ることができる。

（3）教科書p.13図**7**（稲作とともに朝鮮半島から伝わってきた磨製石器類）をみて，問いに答えよう。

問1　磨製石器の特徴を打製石器と比較してみよう。

【磨製石器】	【打製石器】

問2　磨製石器の利用方法を書き出してみよう。

（4）教科書p.13図**8**（板付遺跡の土器）をみて，問いに答えよう。

問1　弥生時代の土器の特徴を縄文時代の土器と比較してみよう。

【弥生時代の土器】	【縄文時代の土器】

TRY　弥生時代の生活は，縄文時代とどこがちがうだろうか。

MEMO

3 クニがうまれる

確認しよう

クニの形成と社会の階層化

◆稲作のひろまり：食料生産が安定する＝ムラの人口が増加

→食料を生産できる環境をととのえる＝人々と土地とのむすびつきが強くなる

→地域ごとになわばりをもつ集団が形成

→ほかの集団と交渉したりする有力者があらわれる

→有力な集団がほかの集団を従えて[①　　　　　　]をつくる

◆石製の武器…稲作文化とともに，朝鮮半島からもたらされる

→武力が社会的な立場と深くかかわる＝武器とともに葬られる人もいる

→外傷の痕跡を残す人骨や，[②　　　　　　　]，青銅製の武器が発達

←社会の階層化は戦争とともにすすむ

クニの交流と対立

◆弥生時代の日本列島：多くの小さなクニにわかれ，勢力を競いあう

・北部九州のクニは，中国の[③　　　　　　](前漢・後漢)と交流

→[④　　　　　　　]などを手に入れる

・奴国(現在の福岡市付近)は，後漢の光武帝に使者を送る

→君臣関係のしるしとして[⑤　　　　　　　]を授けられる

◆弥生時代後期：有力なクニでは，[⑥　　　　　　]があらわれる

・[⑦　　　　　　　]の起源となる特殊器台をおくなど，のちの古墳時代につながる祭りの形がはじまる

・[⑧　　　　　　　]農具が普及

＝土地の開墾がしやすくなる＝生産力が高まる＝人口増加につながる

・[⑨　　　　　　]は日本で生産することがまだできない

→朝鮮半島との交流を通して，[　⑨　]の素材を手に入れる

「倭国大乱」と卑弥呼

◆中国の歴史書：日本は[⑩　　　　　　]とよばれ，[⑪　　　　　　　　]倭人伝，[⑫　　　　　　]東夷伝には，2世紀の倭国は大いに乱れ，何年も主がいなかったこと，〈⑬　　　　　　〉という女王のもとで，[⑭　　　　　　　]を中心として複数の有力なクニがまとまったことが書かれている

・卑弥呼は，中国の[⑮　　　　　　]に使いを送る

→金印と青銅鏡などを授けられる

・3世紀なかごろ，卑弥呼は死去→大きな[⑯　　　　　　]がつくられる

用語を確認しよう

①奴国が，君臣関係のしるしとして授けられたものは何か？　　　　　　　　　　　　[　　　　　　]

②中国の歴史書で日本は何とよばれていたか？　　　　　　　　　　　　　　　　[　　　　　　]

③邪馬台国の女王となったのは誰か？　　　　　　　　　　　　　　　　　　　　〈　　　　　　〉

（1）教科書p.16図**1**（頭部を切断された人骨）・**2**（青銅製の武器）・**3**（武器で殺傷されたことを示す人骨）をみて，問いに答えよう。

問1　頭部を切断された人骨，青銅製の武器，武器で殺傷された人骨から，当時の社会を考えてみよう。

（2）教科書p.16図**6**（楯築墳丘墓復元図と副葬された玉）をみて，問いに答えよう。

問1　楯築墳丘墓の副葬品をぬきだしてみよう。

問2　副葬品から埋葬される王はどのような人物か考えてみよう。

（3）教科書p.17図**7**をみて，問いに答えよう。

問1　空欄にあてはまる語句をぬきだしてみよう。

　　中国の歴史書に倭国がはじめて登場するのは紀元前1世紀の[A　　　　　　　　]地理志である。[B
　　　　　]東夷伝には，57年に倭の奴国の使いが貢物をもってきて@光武帝に金印を授けられたことなどが記さ
れている。[C　　　　　　　　]倭人伝には，女王の都がある邪馬台国を中心とする倭国，卑弥呼が[D
　　　　]（まじない）で国をおさめていたこと，女王に属さないクニがあることなどが書かれている。

問2　下線部@の金印に刻まれていた文字を答えよう。

[　　　　　　　　　]

（4）教科書p.16史料**8**（『魏志』倭人伝が伝える倭国の様子）をみて，問いに答えよう。

問1　当時の倭国の様子を一つあげてみよう。

TRY　たがいに争っていたクニが，なぜまとまったのだろうか

MEMO

4 ヤマト政権の形成

確認しよう

古墳時代の特徴

◆古墳時代(3〜7世紀)：大きな墳丘をもつ墓がきずかれる

・3世紀なかごろ，墳丘墓より大きな[①　　　　　　　　　]が，複数のクニの王を従える

　[②　　　　　　　]の墓として大和盆地につくられる

　→地方にも大王の墓にならった古墳が有力者の墓としてつくられる

・各地につくられた古墳は，墳丘上に並べる[③　　　　　　　]，遺体を埋葬する石室，副葬品などに共通点がある

　→[④　　　　　　　　　]の大王を中心とした政治的な連合体の形成

◆古墳時代前期(3世紀後半〜4世紀)

・副葬品には，[⑤　　　　　　　　　　]などの祭祀的なものが多い

　→ヤマト政権の秩序をささえる世界観が祭祀により共有される

巨大古墳の形成

◆古墳時代中期(5世紀)

・鉄製の武器・武具が副葬される　→軍事力が権力の基盤として重要

・[⑥　　　　　　　　　]を含む百舌鳥・古市古墳群など，巨大な古墳がつくられる

　＝ヤマト政権の権力が高まる

　←地方にも，大きな前方後円墳に葬られた有力な豪族が存在

・大王や地方の豪族は，鉄素材や技術を求めて朝鮮半島と関係をむすぶ

　→[⑦　　　　　　]，金属製の装身具などの文化をとりいれる

古墳文化の発展

◆古墳時代後期(6世紀)

・中国や朝鮮半島で普及していた[⑧　　　　　　　　]が導入される

　→家族を同じ石室にくりかえし埋葬する

・地方の農民，手工業にたずさわる人々も，古墳をつくる

　→古墳が多数密集する[⑨　　　　　　]が各地にあらわれる

・大型の古墳では，[⑩　　　　　]埴輪がさかんにたてられる

◆古墳時代後期(7世紀〜8世紀)

・[⑪　　　　　]寺院の建立に力がそそがれる

　→古墳は小型の方墳や円墳が主流となる

・[⑫　　　　　　　　　　]など，新しい思想をあらわした古墳がつくられる

用語を確認しよう

①複数のクニの王を従える人物は何とよばれたか？　　　　　　　[　　　　　　]

②古墳の墳丘上に並べられた焼物を何というか？　　　　　　　　[　　　　　　]

③大王を中心とした政治的な連合体を何というか？　　　　　　　[　　　　　　]

④6世紀に導入された石室を何というか？　　　　　　　　　　　[　　　　　　]

（1）教科書p.20図**2**（おもな古墳の分布）をみて，問いに答えよう。

問1　古墳の分布の特徴を一つあげてみよう。

（2）教科書p.20図**4**（埋葬された人骨）をみて，問いに答えよう。

問1　古墳時代の首長のあり方を，女性が埋葬されていることから考えてみよう。

（3）教科書p.21図**5**（武人）をみて，問いに答えよう。

問1　右図のような焼物をなんというか。

[　　　　　]

問2　右図の特徴を一つあげてみよう。

問3　右図の特徴から首長の性格を考えてみよう。

（4）教科書p.21図**10**（竪穴式石室と横穴式石室の比較）をみて，問いに答えよう。

問1　竪穴式石室と横穴式石室の埋葬の違いを比較してみよう。

【竪穴式石室】	【横穴式石室】

TRY　古墳や出土品から古墳時代の社会についてどんなことがわかるか，まとめてみよう。

MEMO

5 倭の五王と氏姓制度

確認しよう

4世紀の東アジア情勢と広開土王碑

◆中国の王朝分裂：朝鮮半島への支配力が弱まる

→・中国東北部におこった[①　　　　　　　　]は，中国の支配下にあった楽浪郡・帯方郡を滅ぼす＝朝鮮半島北部に勢力を拡大する

・朝鮮半島南部では，百済・新羅・[②　　　　　　]諸国が成立する

・[　②　]諸国は，百済や新羅と対抗するために，倭国が求めていた鉄資源を供給することを通じて，関係をきずく

◆4世紀後半：[　①　]が朝鮮半島南部にまで勢力拡大をはかる

←倭国は，百済や[　②　]諸国とむすんで高句麗と交戦

倭の五王

◆5世紀：[③　　　　　　]・[④　　　　　　　]の国力が充実する

←[⑤　　　　　　　]は，中国の南朝に使いを送り，朝鮮半島の軍事支配権を認めてもらうための称号を得ようとする

◆[⑥　　　　　　　　]倭国伝：使いを送った王として，[⑦　　　　　　　　](讃・珍・済・興・武)の名が記される

渡来人がもたらした技術

◆中国・朝鮮半島との交流：多くのモノや技術がもたらされる

→・朝鮮半島からの[⑧　　　　　　]によって，機織・[⑨　　　　　　　]とよばれる土器の生産など，多方面にわたる技術が伝えられる

・[　③　]を通じて，[⑩　　　　　　]や儒教がもたらされ，6世紀には，[⑪　　　　　　　]や暦の知識，医学なども伝えられる

・ヤマト政権は，渡来人を[⑫　　　　　　]という集団に編成し，各地に居住させる＝各地に技術がひろまる

ヤマト政権の支配構造

◆[⑬　　　　　　　　]：氏と姓により政治的・社会的地位が示される

→・豪族は，「氏」とよばれる同族集団を組織し，ヤマト政権の政治体制に組みこまれ，さらに氏の政治的地位などに応じて，「姓」を与えられる

・地方の有力豪族を[⑭　　　　　　]に，「品部」とよばれる職業集団を統括する豪族を[⑮　　　　　　]に任じ，[⑯　　　　　　　]とよばれる土地の支配，[⑰　　　　　]とよばれる民衆の支配を認める

←豪族たちは，ヤマト政権に子女を出仕させ，特産物をおさめる

用語を確認しよう

①百済を通じてもたらされた文字は何か？　　　　　　　　　　　　　[　　　　　　]

②6世紀に百済から伝えられた教えは何か？　　　　　　　　　　　　[　　　　　　]

③氏と姓にもとづくヤマト政権の支配体制を何というか？　　　　　　[　　　　　　]

（1）教科書p.22史料**4**（『宋書』倭国伝）をみて，問いに答えよう。

問1　倭の五王が中国に使いを送った理由を書き出してみよう。

（2）教科書p.23図**5**（鉄梃）をみて，問いに答えよう。

問1　鉄素材はどのようなものに利用されたか書いてみよう。

（3）教科書p.23図**6**（土師器と須恵器）をみて，問いに答えよう。

問1　土師器と須恵器の違いを比較してみよう。

【土師器】	【須恵器】

（4）教科書p.23図**7**（文字が刻まれた5世紀の鉄剣）をみて，問いに答えよう。

問1　大王の名が関東地方から九州にいたる範囲に知られていたとする理由を考えてみよう。

（5）教科書p.23図**8**（岩戸山古墳と石人）をみて，問いに答えよう。

問1　空欄にあてはまる語句をぬきだしてみよう。

　　筑紫の君磐井は，527年にヤマト政権（倭国）に対して大規模な反乱をおこした。当時，朝鮮半島南部の[A　　　　　　　]地域をめぐり，倭国と[B　　　　　　　]が対立していた。磐井は[　B　]を支持し倭国に対抗したが，反乱は大王側の軍隊に鎮圧された。

TRY　この時期の政治情勢を，中国，朝鮮半島諸国，倭国それぞれの立場から考えてみよう。

MEMO

【中国】
【朝鮮半島諸国】
【倭国】

1 次の文章を読んで，問いに答えよう。

　ⓐ旧石器時代の人々は，（　A　）石器で動物を狩り，自然の恵みを利用するため，移動をくり返す生活であった。ⓑ縄文時代になると人々は，移動をくり返すことなく生活できるようになり，（　B　）住居からなる定住的なムラを形成した。ⓒ弥生時代には，朝鮮半島から（　C　）石器がもたらされるなど，朝鮮半島に由来する文化と，縄文時代以来の文化が融合した文化が成立した。

問1　空欄にあてはまる語句を答えよう。

問2　下線部ⓐが日本に存在したことを明らかにした人物名を答えよう。

問3　下線部ⓑに関して説明した文としてまちがっているものを次のア〜エから一つ選ぼう。

　　ア　土器の発明・使用によって，食料の幅がひろがり，栄養を取りやすくなった。

　　イ　気候が寒冷化し，海面が低下して，現在に近い日本列島が形成された。

　　ウ　大人になるための儀式として前歯や犬歯を抜く抜歯がおこなわれた。

　　エ　女性をかたどった土偶や男性器を象徴した石棒がつくられた。

問4　下線部ⓒに関して説明した文としてまちがっているものを次のア〜エから一つ選ぼう。

　　ア　北海道から東北北部にかけては，続縄文文化とよばれる狩猟・採集生活が続いた。

　　イ　西日本と東日本では，道具や埋葬の風習など，異なる文化的特徴をもっていた。

　　ウ　朝鮮半島を経て青銅器や鉄器が北部九州に伝えられ，普及していった。

　　エ　奄美大島や沖縄にかけて稲作が伝わり，水稲耕作を基盤とする農耕社会がはじまった。

問1	A		B		C	
問2			問3		問4	

2 次の文章を読んで，問いに答えよう。

　弥生時代は，人々と土地とのむすびつきが強くなり，地域ごとに集団が形成された。有力な集団は，他の集団を従えてクニを形成していった。ⓐ勢力を競いあうクニの間には，政治的な交流や，物資の流通があった。日本列島は，ⓑ中国の歴史書では倭とよばれていた。

問1　下線部ⓐに関して，当時の集落の形態の一つである「環濠集落」の特徴を説明しよう。

問2　下線部ⓑに関して，次のa〜dの内容が書かれている中国の歴史書を次のア〜ウから選ぼう。

　　a　倭国王の帥升が奴隷160人を中国の皇帝に献上した。

　　b　邪馬台国の女王卑弥呼は鬼道で国をおさめていたが，女王に属さない国もあった。

　　c　楽浪郡の海のかなたに倭人が住んでおり，倭国は百余りの国に分かれていた。

　　d　57年に倭の奴国の使いが貢物をもってきて光武帝に印を授けられた。

　　ア　『後漢書』東夷伝　　　イ　『魏志』倭人伝　　　ウ　『漢書』地理誌

問1				
問2	a	b	c	d

3 次の文章を読んで，問いに答えよう。

　3世紀なかごろ，ⓐ前方後円墳が，複数のクニの王を従える大王の墓として大和盆地につくられた。のちに，ⓑ地方にも大王の墓にならった古墳がつくられ，これらの古墳にはひろく共通点がみられた。また，ⓒ古墳に副葬されるものは時期によって異なることから，王に求められる性格が変化していったことがわかる。

　6世紀になり，中国や朝鮮半島からⓓ横穴式石室が導入されると，地域の農民や，手工業にたずさわる人々も，横穴式石室をもつ古墳をつくるようになり，各地に群集墳があらわれた。

問1　下線部ⓐなどの墳丘上に並べられた土製品の総称を答えよう。

問2　下線部ⓑからどのようなことが考えられるか説明しよう。

問3　下線部ⓒに関して，古墳時代前期(3世紀後半〜4世紀)と古墳時代中期(5世紀)の副葬品の違いを答えよう。

問4　下線部ⓓの導入によって，埋葬方法はどのように変化したか説明しよう。

問1		問2	
問3	3世紀後半〜4世紀	5世紀	
問4			

4 次の地図をみて，文章を読んで，問いに答えよう。

　5世紀になると，ⓐ倭国は中国の南朝に使いを送るなど，積極的な外交を展開した。また，中国や朝鮮半島との交流のなかで，日本列島に多くのモノがもたらされた。なかでも，朝鮮半島からの（　①　）によって，多方面にわたる技術が伝えられた。5世紀ころに（　②　）や儒教といった中国の文化も百済を通じてもたらされ，6世紀には（　③　）や暦の知識なども伝えられた。ヤマト政権は，（　①　）を品部に編成にして各地に居住させるとともに，ⓑ5世紀末から6世紀にかけて，支配体制をつくりあげていった。

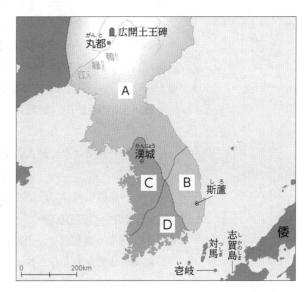

問1　右の地図(4世紀後半〜5世紀ころの朝鮮半島)のA〜Dにあてはまる国名を答えよう。

問2　空欄にあてはまる語句を答えよう。

問3　下線部ⓐの理由を「朝鮮半島」をキーワードに説明しよう。

問4　下線部ⓑに関して，中央・地方の豪族をヤマト政権の政治体制に組みこむ制度を答えよう。

問1	A	B	C	D
問2	①	②	③	
問3			問4	

15

6 飛鳥の朝廷

確認しよう

隋の成立と東アジア

◆［①　　　　　　　　　］：奈良県飛鳥地方に大王宮（朝廷）がおかれる

・中国では，［②　　　　　　　］が国内を統一する（589年）

　→高句麗に大軍派遣，周辺諸国への圧力を強める

・朝鮮半島では，南部の加耶諸国が百済や新羅の支配下に入る

　→朝鮮半島における倭国の影響力は後退する（6世紀後半）

　　→倭国は政治体制をととのえる必要にせまられる

遣隋使の派遣と国政改革

◆［③　　　　　　　　］倭国伝：［④　　　　　　　　］が持参した国書が，隋の皇帝と対等関係
を示す→隋の皇帝煬帝の怒りを買う

←隋は，［⑤　　　　　　　　］との対抗関係から倭国との外交を重視

　→倭国と隋の関係は断絶せずに続けられる

・遣隋使とともに留学生・学問僧らが派遣される

　→中国から様々な知識をもちかえる→国政改革に大きな役割をはたす

◆蘇我馬子：渡来人と深い関係をもつ

　→対立する豪族の物部守屋，崇峻天皇を滅ぼす→大臣として権力を掌握

◆〈⑥　　　　　　　　　〉：崇峻天皇のあとに即位した女性

　→厩戸王（聖徳太子），蘇我馬子とともに政治改革をおこなう

　　→・［⑦　　　　　　　　］を定める（603年）

　　　　→世襲ではなく個人の才能や功績に応じて官位が与えられる

　　　・［⑧　　　　　　　　］を定める（604年）

　　　　→豪族に向けて政治をおこなう心がまえを定める

古墳から寺院へ─飛鳥文化─

◆仏教伝来：6世紀前半，百済の聖明王が仏像や経典を贈る

　→倭国に仏教がもたらされ，仏教文化が花ひらく［＝⑨　　　　　　　　　］

　　→渡来人や蘇我氏が中心となり豪族たちの間でひろまる

◆寺院の建立：百済の技術者が主導，蘇我馬子により［⑩　　　　　　　　］（法興寺），厩戸王に
より［⑪　　　　　　　　］（斑鳩寺）が建立される

　←豪族が結集する場，［⑫　　　　　　　］にかわる権威の象徴

◆仏教経典の注釈書：［⑬　　　　　　　　　　］（法華経・維摩経・勝鬘経）

◆仏像彫刻：法隆寺金堂の［⑭　　　　　　　　　　］（北魏様式），広隆寺や中宮寺の［⑮
　　　　　　　］（南朝様式）など

用語を確認しよう

①豪族に向けて政治の心がまえを定めたものは何か？　　　　　　　　［　　　　　　　　　　］

②厩戸王が著したと伝えられる経典の注釈書は何か？　　　　　　　　［　　　　　　　　　　］

（1）教科書p.26図**2**（広隆寺の半跏思惟像と金銅弥勒菩薩半跏思惟像）・**7**（飛鳥の軒丸瓦と朝鮮半島（新羅）の軒丸瓦）をみて，問いに答えよう。

問1　二つの半跏思惟像と軒丸瓦をそれぞれ比較して特徴を書いてみよう。

【半跏思惟像】	【軒丸瓦】

問2　整理した特徴から，日本の文化にはどのような影響がみられるか考えてみよう。

（2）教科書p.26史料**4**（『隋書』倭国伝）をみて，問いに答えよう。

問1　国書を隋に持参するために派遣された使節名を答えよう。　　　　　　　　　　[　　　　　　　]

問2　倭国が隋と対等の関係を示す言葉をぬきだしてみよう。　　　　　　　　　　[　　　　　　　]

（3）教科書p.27図**5**（天皇家と蘇我氏の関係）をみて，問いに答えよう。

問1　蘇我氏と天皇家はどのような関係にあったか読みとろう。

（4）教科書p.27史料**6**（憲法十七条のおもな内容）をみて，問いに答えよう。

問1　豪族に対してどのような心がまえを定めたか，一つあげてみよう。

（5）教科書p.27図**8**（発掘された飛鳥時代の水時計）をみて，問いに答えよう。

問1　空欄にあてはまる語句をぬきだしてみよう。

　　暦は6世紀なかごろに，[A　　　　　　　]の暦が[B　　　　　　　　　]を経由して倭国に伝わり，政治をおこなううえで欠かせない存在となった。当時の暦は，二つの周期を調整しながらつくりあげた[C　　　　　　]であり，この[　C　]は，1872（明治5）年まで使われ続け，翌1873年に[D　　　　　　　　]が採用された。

MEMO

TRY　この時代の国政改革や文化には，どのような特徴がみられるだろうか。

7 大化改新から壬申の乱へ

MEMO

確認しよう

大化改新

◆隋の滅亡，[① 　　　　　]の成立(618年)

　→[② 　　　　　]を基本とする中央集権的な政治を充実させる

　　←高句麗・百済・新羅も国家に権力を集中させる

　　　…同じころヤマト政権では，蘇我蝦夷・入鹿の父子が権力をにぎる

◆留学生・学問僧の唐からの帰国：唐の政治のしくみが伝えられる

　→中央集権国家をつくる動きが高まり，中臣鎌足と中大兄皇子は，645年に蘇我蝦夷・入鹿
　を倒す[＝③ 　　　　　　　]

　→中大兄皇子は孝徳天皇をたて，みずからは皇太子となる

　　→中臣鎌足を内臣，僧旻と高向玄理を国博士とする

　　　→都を飛鳥から難波に移し，年号を大化と定める

　　　　→[④ 　　　　　　　]を発し，政治の基本方針を示す(646年)

　　　　　…これら一連の政治改革を[⑤ 　　　　　　　]とよぶ

白村江の戦いとその敗戦

◆百済の滅亡と新羅の朝鮮半島統一

　・朝鮮半島では，新羅が唐と連合して百済を滅ぼす(660年)

　　←倭国は，百済に援軍を送るが，朝鮮半島西岸の[⑥ 　　　　　　]の戦いで唐・新羅連
　　合軍にやぶれ，朝鮮半島から撤退する

　　　…新羅は，高句麗も滅ぼし，唐も追い出し，朝鮮半島を統一する

◆白村江での敗戦：国家づくりをすすめることの必要性を高める

　→・九州や瀬戸内海沿岸に山城をきずく＝唐や新羅に対する防備を固める

　　・都を近江の大津宮に移し，中大兄皇子は，即位して天智天皇となる

　　・[⑦ 　　　　　　　]をつくり，人民に対する支配を強める(670年)

壬申の乱と天武天皇の即位

◆[⑧ 　　　　　　　]：大海人皇子(天智天皇の弟)と大友皇子(天智天皇の子)との間で王位
　をめぐる争い(672年)→大海人皇子が内乱に勝利

　→・[⑨ 　　　　　　　]で即位し天武天皇となる

　　・[⑩ 　　　　　　　]を定め，豪族の身分秩序を再編する

　　・律令の制定，国史の編纂，都城の造営がすすむ

◆持統天皇：天武天皇の皇后，天武天皇の改革をひきつぐ

　→[⑪ 　　　　　　　]の施行(689年)，[⑫ 　　　　　　　]に都を移す(694年)，
　[⑬ 　　　　　　　]という称号が定められる

用語を確認しよう

①663年に朝鮮半島西岸でおこった戦いを何というか？　　　　　　　[　　　　　　　]

②672年におこった王位継承をめぐる争いを何というか？　　　　　　[　　　　　　　]

（1）教科書p.28図**1**（7〜8世紀の東アジア）をみて，問いに答えよう。

問1　空欄にあてはまる語句をぬきだしてみよう。

> 　周辺諸国の使節が中国の皇帝に貢ぎ物を贈ることを[A　　　　　　]といい，それに応じて皇帝がその国の首長を[B　　　　　　]として認めることを[C　　　　　　]という。

問2　唐と冊封・朝貢関係にあった諸国を二つずつ書きだしてみよう。

【冊封国】	【朝貢国】

（2）教科書p.28史料**2**（大化改新の詔のおもな内容）・図**3**（藤原京出土の木簡）をみて，問いに答えよう。

問1　空欄にあてはまる語句をぬきだしてみよう。

> 　改新の詔には，[A　　　　　]という表記がみられるが，[　A　]は701年の大宝律令のときにはじめてあらわれる行政区分であり，それ以前は[B　　　　　]と表記されていた。このことから，『日本書紀』にみえる改新の詔は，後世の律令をもとに表現がつくりかえられたことがわかる。

（3）教科書p.28図**4**（天皇家系図）をみて，問いに答えよう。

問1　系図内の即位順序から皇統の変化を「天智系」「天武系」という語句を使って答えよう。

（4）教科書p.29図**5**（鬼ノ城跡）をみて，問いに答えよう。

問1　九州や瀬戸内海沿岸に山城がきずかれた理由を書き出してみよう。

（5）教科書p.29図**8**（高松塚古墳壁画）をみて，問いに答えよう。

問1　高松塚古墳の壁画との類似が指摘されている国を二つぬきだしてみよう。

[　　　　　]・[　　　　　　]

TRY　壬申の乱を経て，天皇と豪族の関係はどのように変化していったのか，考えてみよう。

MEMO

8 律令国家の形成

確認しよう

律令国家の構造

◆[① 　　　　　　　]：701年に完成，律令による政治制度がととのえられる

…[② 　　　　　　　]という国号が使われるようになる

→・政治の最高機関として[③ 　　　　　　　]がおかれ，その下に八省，さらにその下には職務に応じた役所がおかれる

・各役所は，[④ 　　　　　　　]（長官・次官・判官・主典）の下で，役人たちが実務を担当する

・役人は位階をもち位階に応じた役職につく，貴族の子弟は父祖の位階に応じて自動的に位階が与えられる[＝⑤ 　　　　　　　]

平城京と国土の建設

◆[⑥ 　　　　　　　]：唐の開元通宝にならった銭貨

→平城京の周辺など限られた範囲で流通，都の消費経済をささえる

◆[⑦ 　　　　　　　]：藤原京から都が移される（710年）

◆列島南北の支配：北九州に[⑧ 　　　　　　　]をおき，外交と防衛の拠点とし，東北地方に[⑨ 　　　　　　　]をおき，[⑩ 　　　　　　　]（国家に服属しない北方の集団）に対する支配・軍事の拠点とする

◆行政区分：都を中心とする[⑪ 　　　　　　　]とそれ以外の[⑫ 　　　　　　　]に区分され，国・郡・里の行政組織が整備される

→・中央から派遣される[⑬ 　　　　　　　]，地域豪族である[⑭ 　　　　　　　]により地方支配がおこなわれる

・都と諸国をむすぶ官道が整備され，[⑮ 　　　　　　　]がおかれる

民衆の支配

◆[⑯ 　　　　　　　]：6年ごとに作成，民衆は「公民」として登録

→6歳以上の男女すべてに[⑰ 　　　　　　　]が与えられる

…土地を与えて耕作させ，死後に国家に戻す[＝⑱ 　　　　　　　]

◆[⑲ 　　　　　　　]：毎年作成，課税対象となる成人男性の数を把握

◆公民に課せられた税

・公民の男女は，収穫量の約3％を租として国に納める

・成人男性は，都まで運んで納める調・庸，地方で年間60日以内の労働に従事する雑徭，3～4人に一人の割合で兵役の義務が課される

用語を確認しよう

①701年に完成した律令を何というか？ 　　　　　　　　　　　　　　　[　　　　　　　]

②国家に服属しない北方の集団は何とよばれたか？ 　　　　　　　　　[　　　　　　　]

③土地を与えて耕作させ，死後に国家に戻すしくみを何というか？ 　[　　　　　　　]

（1）右図（律令官制）をみて，問いに答えよう。

問1　中央官制の太政官の構造を説明してみよう。

【地方官制】
諸国　国━郡━里(郷)
要地　軍団
　　　左・右京職(京中の民政)
　　　摂津職(難波の津の民政)
　　　大宰府(西海道諸国の統轄、防衛、筑前国の民政)
西・東市司

【中央官制】
神祇官
太政官(太政官)
　太政大臣
　左大臣・右大臣
　大納言
　少納言・左弁官・右弁官
中務省(詔勅など)・式部省(人事)・治部省(外交、僧尼)・民部省(財政、民政)・兵部省(軍事)・刑部省(裁判)・大蔵省(出納)・宮内省(宮中の諸事)
弾正台(官人の監察)
五衛府(宮城などの警備)
　衛門府
　左・右衛士府
　左・右兵衛府

（2）教科書p.31図5（平城京）をみて，問いに答えよう。

問1　平城京の特徴を読みとろう。

（3）教科書p.31図6（養老律令に定められた公民の負担）をみて，問いに答えよう。

問1　空欄にあてはまる語句を入れて表を完成させよう。

[A　　　]	田1段につき稲2束2杷 （収穫の約3％にあたる。田地にかかる租税で男女ともに負担した。地方の財源にあてる。）		
	正丁 （21〜60歳の男性）	次丁 （老丁） （61〜65歳の男性）	中男 （少丁） （17〜20歳の男性）
[B　　　]	絹・糸など郷土の特産物	正丁の2分の1	正丁の4分の1
[C　　　]	都の労役10日にかえ，塩など決められた生産物	正丁の2分の1	なし
[D　　　]	自分の住む地域での労役，60日以下	30日以下	15日以下

（4）教科書p.31図7（平城京跡から出土した荷札木簡）をみて，問いに答えよう。

問1　伯耆国から運ばれた荷物の中身を読みとろう。

TRY　律令国家は，民衆にどのような負担を強いたのだろうか。

MEMO

9 東アジアのなかの天平文化

確認しよう

東アジア諸国との外交

◆ [① 　　　　　]：白村江での敗戦後，遣唐使の派遣がとだえる

　→ 702(大宝2)年に派遣再開，8世紀は20年に1度の割合で派遣

◆ [② 　　　　　]：海外の制度・文化を学ぶうえで，大きな役割をはたす

　→ 外交上の上下関係をめぐって対立する

◆ [③ 　　　　　]：727(神亀4)年以降，日本に使者を送る

　← 唐や新羅からの圧力をかわす意味から日本と良好な関係を保とうとする

国際色ゆたかな天平文化

◆ 奈良時代の文化[＝④ 　　　　　]

　← 外交使節によって国際色ゆたかな文化がもたらされる

◆ 天平文化の代表：[⑤ 　　　　　]，[⑥ 　　　　　]の境内にたてられた校倉造

　の正倉院は，文物を良好な状態でいまに伝える

◆ [⑦ 　　　　　]による記録：口頭による伝達や記憶といった慣習をかえる

　・歴史書：『古事記』，[⑧ 　　　　　]

　・漢詩集：[⑨ 　　　　　]

　・和歌集：[⑩ 　　　　　]

　・地　誌：[⑪ 　　　　　]

国家仏教の展開

◆ 唐との交流と仏教文化

　・〈⑫ 　　　　　〉：留学僧として唐に渡り，帰国にしたがい経典(一切経)と仏像をもちか

　　える → 国家的な写経事業がすすめられる

　・〈⑬ 　　　　　〉：唐の高僧，仏教の戒律を伝えるため日本に渡航する

　　→ 平城京に[⑭ 　　　　　]を建立，戒律の普及につとめる

　・都には，興福寺，薬師寺，大安寺，東大寺などの大寺院がつくられる

　　→ 仏教の教えを研究する[⑮ 　　　　　]という学派が形成される

　・〈⑯ 　　　　　〉：民間に仏教を布教する

用語を確認しよう

①白村江での敗戦後，派遣がとだえた外交使節は何か？　　　　　　　　　[　　　　　　]

②727年以降，日本に使者を送ってきた国はどこか？　　　　　　　　　　[　　　　　　]

③東大寺の境内にたてられた校倉造の建物は何か？　　　　　　　　　　　[　　　　　　]

④中国文化の影響を受けた漢詩集を何というか？　　　　　　　　　　　　[　　　　　　]

⑤日本に仏教の戒律を伝えた唐の高僧はだれか？　　　　　　　　　　　　[　　　　　　]

（1）教科書p.32図**1**（遣唐使船）・**2**（鑑真和上像）をみて，問いに答えよう。

問1　どのような人が遣唐使船にのって唐に渡ったか書き出してみよう。

（凡例）
—— 遣唐使の航路（推定）
------ 渤海からの航路（推定）

東京竜原府
渤海
五台山 卍
登州 北路
青州
長安
洛陽
揚州 蘇州
杭州 明州
天台山 卍
東シナ海
唐
日本海
新羅
博多津
松原客院
能登客院
大宰府
種子島
屋久島
奄美島
難波津
日本
阿児奈波（あこなわ）
南路
0　　　　1000km

問2　鑑真が遣唐使船にのりこんだ理由を書き出してみよう。

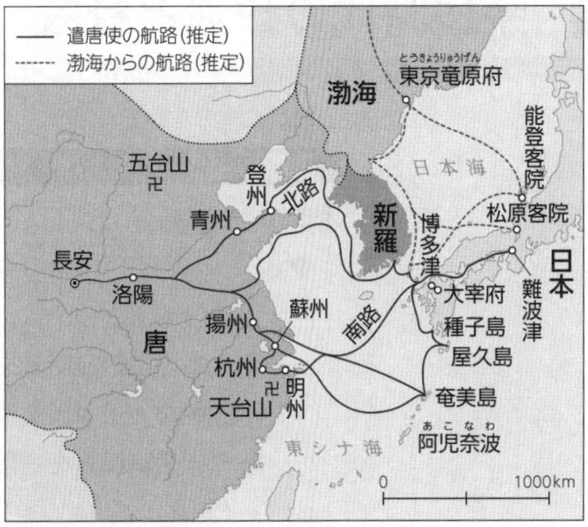

（2）右図（遣唐使船航路図）をみて，問いに答えよう。

問1　空欄にあてはまる語句をぬきだしてみよう。

　　　7世紀には朝鮮半島の西岸ぞいの[A　　　　　　　]をとったが，[B　　　　　　　]との関係が悪化してから，8世紀には東シナ海を横断する[C　　　　　　　]をとった。

（3）教科書p.32図**4**をみて，問いに答えよう。

問1　吉備真備や玄昉らと同じ年に唐にわたった留学生をぬきだしてみよう。　　　　　　　[　　　　　　　]

（4）教科書p.33図**5**（正倉院正倉）をみて，問いに答えよう。

問1　正倉院に納められている文物を三つ書き出してみよう。

（5）教科書p.33図**6**（紺瑠璃杯）・**7**（螺鈿紫檀五弦琵琶）をみて，問いに答えよう。

問1　空欄にあてはまる語句をぬきだしてみよう。

　　　正倉院に残る国際色ゆたかな文物のなかには，中国や朝鮮半島の品ばかりではなく，シルクロードを経た[A　　　　　　　]や[B　　　　　　　]などの品も含まれており，これらはおもに，遣唐使や[C　　　　　　　]の商人などを通じて日本にもたらされた。

TRY　天平文化の特徴をまとめてみよう。

MEMO
....
....
....
....
....
....

10 奈良時代の政治と社会

確認しよう

あいつぐ政変

◆〈①　　　　　　　　　〉：律令制の確立に大きな役割を果たす

・不比等の4人の子は，皇族の〈②　　　　　　　　〉を自害に追いこむ

・不比等の娘の光明子を〈③　　　　　　　　〉の皇后とする

・不比等の4子が天然痘で亡くなると，皇族出身の〈④　　　　　　　　〉が唐から帰国した玄昉や吉備真備らを登用して権力をにぎる

　　←〈⑤　　　　　　　　〉が大宰府で反乱をおこすが，鎮圧される

・政変，疫病，飢饉などにより社会不安が増大する

大仏の造営と土地政策の転換

◆[⑥　　　　　　　　]の思想：仏教の力で社会の不安を鎮める

→・741(天平13)年，[⑦　　　　　　　　　]を出す

　　→国ごとに国分寺と国分尼寺を建立することを命じる

・743(天平15)年，[⑧　　　　　　　　]を出す

　　…孝謙天皇の752年，東大寺で大仏完成を祝う儀式がおこなわれる

◆荒廃する口分田

・税負担に苦しむ民衆が口分田を捨てて逃亡する＝土地が荒れる

　→723(養老7)年，[⑨　　　　　　　　]を定める

　　→3代の間の土地私有を認める＝土地の耕作を奨励する

　　　→土地を返す時期が近づくと再び土地が荒れる

・743(天平15)年，[⑩　　　　　　　　]を定める

　→位階に応じて一定の面積に限り，開墾した田の私有を認める

　　→貴族や有力寺社は，地方豪族とともに大規模な土地開発をすすめる

　　　→土地を農民に貸し与えて土地経営をおこなう[＝⑪　　　　　　　　]

藤原仲麻呂と道鏡

◆〈⑫　　　　　　　　〉(恵美押勝)：光明皇太后の信任を得る

　→橘諸兄の子の〈⑬　　　　　　　　〉の反乱を鎮圧し，権力をにぎる

　　←光明皇太后の死によってうしろ盾を失う

◆〈⑭　　　　　　　　〉：孝謙太上天皇(後に再度即位して称徳天皇)の信任を得て，政界に進出

　←藤原仲麻呂は対抗して反乱をおこすが失敗

　→道鏡は法王の地位を与えられ，天皇の位につこうとする

　　←藤原百川・和気清麻呂らに妨げられ，称徳天皇の死後に追放される

◆皇統の交替：称徳天皇を最後に天武天皇の血筋を引く子孫はとだえる

　→藤原百川らは天智天皇の孫の光仁天皇をたて，律令政治の再建をはかる

用語を確認しよう

①743年に制定され，開墾した田の私有を認めた法は何か？　　　　　[　　　　　　　　　]

（1）教科書p.34図**1**（東大寺大仏）・**2**（都の変遷）をみて，問いに答えよう。

問1　聖武天皇が都を転々と移した理由を書き出してみよう。

問2　聖武天皇が大仏を造営した目的を書き出してみよう。

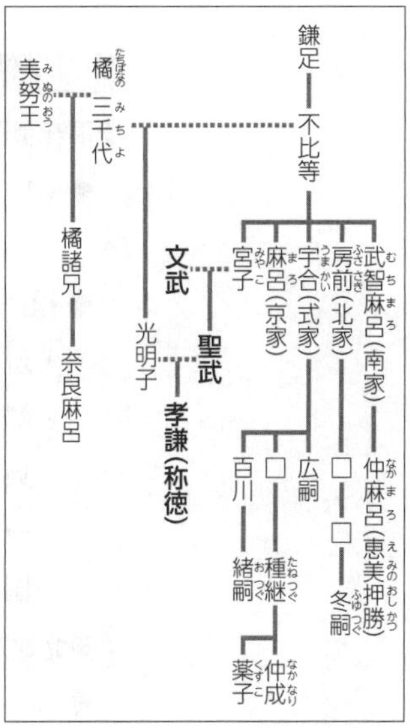

（2）右の図（天皇家と藤原氏・橘氏の関係）をみて，問いに答えよう。

問1　藤原氏と橘氏，藤原氏・橘氏と天皇家の関係をそれぞれまとめてみよう。

【藤原氏と橘氏】

【藤原氏・橘氏と天皇家】

（3）教科書p.35史料**5**（三世一身法）をみて，問いに答えよう。

問1　新たに開墾した土地の所有について読みとろう。

（4）教科書p.35史料**6**（墾田永年私財法）をみて，問いに答えよう。

問1　土地の所有は（3）と比較して，どのように変化したか読みとろう。

（5）教科書p.35図**8**（水城）をみて，問いに答えよう。

問1　空欄にあてはまる語句をぬきだしてみよう。

　663年の［A　　　　　　　　　］の戦いでやぶれたあと，倭国は北九州沿岸を防備するために，［B　　　　　　　］とよばれる兵士を配置した。のちに［　B　］は［C　　　　　　　　］（関東地方）の地域の出身者から選ばれるようになり，［D　　　　　　　　］には，［　B　］たちが家族への思いを歌った歌が，数多く残されている。

TRY　奈良時代の仏教はどのような役割をはたしていただろうか。

ヒント：「大仏」や「道鏡」をキーワードに考えてみよう。

MEMO

25

11 平安時代初期の政治と文化

MEMO

確認しよう

平安京遷都と政治改革

◆〈①　　　　　　　　　〉：784（延暦3）年に［②　　　　　　　　　］，794（延暦13）年に［③

　　　　　　　］に都を移す←平城京の寺社勢力の影響を退ける

◆桓武天皇の政策

　・班田を「6年ごと」から「12年ごと」に変更

　・雑徭を年間「60日」から「30日」に半減

　・東北の陸奥・出羽，九州をのぞき兵役の義務を廃止

　　　→郡司の子弟で武芸に優れた者を［④　　　　　　　］として編成

　・国司の交替を監督する［⑤　　　　　　　　］をおく

東北地方の支配の拡大

◆律令国家と東北地方：律令制の支配を東北地方に拡大する

　　←東北地方の各地で蝦夷による反乱がおこる

　　　→坂上田村麻呂は，蝦夷の首長〈⑥　　　　　　　　〉を降伏させる

　　　　→鎮守府を多賀城から胆沢城に移し，その北に志波城をきずく

◆都の造営，蝦夷との戦争：藤原緒嗣の進言により，事業はうち切られる

平城太上天皇の変と律令の修正

◆平城天皇の退位と嵯峨天皇の即位

　・平城太上天皇は，内侍の藤原薬子・兄仲成とともに権力回復をはかる

　　←嵯峨天皇は，宮中の機密保持のために［⑦　　　　　　　　］をおく

　　　→〈⑧　　　　　　　　　〉を蔵人頭に任命し，鎮圧する

　　　　→太上天皇の政治的影響力が弱まる

◆律令の見直し

　・律令を改正・補足した［⑨　　　　　　　］，施行細則である［⑩　　　　　　　　］を整備

　・養老令の公式注釈書である［⑪　　　　　　　　　　］を編集

　・新しい官職の制定：京中警備のための［⑫　　　　　　　　　］など

平安時代初期の文化

◆最澄：比叡山に延暦寺を開いて［⑬　　　　　　　　］をひろめる

◆空海：京都の東寺，高野山の金剛峯寺で［⑭　　　　　　　　　］をひろめる

◆［⑮　　　　　　　　］：最澄・空海が伝える，貴族の間で流行

　　→・曼荼羅，不動明王像がつくられる

　　・［⑯　　　　　　　　　］の仏像が主流になる

　　・神々への信仰と仏教をむすびつける［⑰　　　　　　　　　］がひろまる

　　　→神社の境内に神宮寺を建てる，神前読経がおこなわれる

用語を確認しよう

①宮中の機密保持のために置かれた官職は何か？　　　　　　　　　　　［　　　　　　　］

（1）教科書p.38図**1**（平安京）をみて，問いに答えよう。

問1　平安京が模範とした唐の都をぬきだしてみよう。

[　　　　　　　　]

（2）教科書p.38図**2**（古代の東北地方と北方世界との交流）・**3**（多賀城の復元模型）をみて，問いに答えよう。

問1　東北地方に城柵が多く置かれた理由を考えてみよう。

問2　東北地方と北方世界でおこなわれた交易品を書き出してみよう。

【東北地方　→　北方世界】	【北方世界　→　東北地方】

（3）教科書p.38図**4**（長岡京出土の鬼瓦）をみて，問いに答えよう。

問1　不遇の死をとげた早良親王のたたりが噂されたことは，のちにどのような思想のはじまりとなったかぬきだしてみよう。

[　　　　　　　　]

（4）教科書p.39図**6**（宝生寺金堂）をみて，問いに答えよう。

問1　山岳寺院の特徴を書き出してみよう。

（5）教科書p.39ひと　をみて，問いに答えよう。

問1　空欄にあてはまる語句をぬきだしてみよう。

　　[A　　　　　　　　]は，胆沢地方（岩手県南部一帯）に勢力をもっていたとされる[B　　　　　　]の首長である。桓武天皇は788年，[　B　]を制圧しようとしたが，[　A　]の活躍により大敗した。
　　その後，[C　　　　　　　　　]が，[　A　]とその同志であるモレ（母礼）を帰順させて胆沢地方を制圧した。

TRY　平城太上天皇の変は，その後の政治にどのような影響を与えたのだろうか。

MEMO

12 摂関政治と国風文化

確認しよう

藤原北家の発展と幼帝の誕生

◆藤原北家の台頭：藤原良房は，[①　　　　　　　　]により，仁明天皇と良房の妹の間にうまれた道康親王(のちの文徳天皇)を皇太子とする

→天皇の[②　　　　　　](母方の親戚)として政治的地位を固める

→天皇の位が父から男子へ継承される原則が定まる

◆幼帝の即位：858(天安2)年，9歳の〈③　　　　　　　　〉が即位する

→良房は，[④　　　　　　]として天皇にかわって政治をおこなう

・良房の養子基経は，幼い陽成天皇の外戚として摂政になる

→884(元慶8)年，55歳の光孝天皇が即位する

→基経は[⑤　　　　　　]として天皇を補佐する

◆[⑥　　　　　　]：外戚が幼少の天皇の摂政となり，天皇が成人すると関白となって政権を運営する体制

摂関政治の確立

◆[⑦　　　　　　]：左大臣の源高明を失脚させる(969(安和2)年)

→摂政・関白を常置，藤原北家がその地位を独占するようになる

◆藤原道長：後一条・後朱雀・後冷泉の3代の天皇の外戚となる

→道長の子頼通も母方の伯父(外伯父)として，摂政・関白をつとめる

東アジアの変動と国風文化

◆唐の衰退と滅亡：内乱と黄巣の乱で国内が乱れる

←〈⑧　　　　　　　〉は，遣唐使の派遣停止を意見する

→894(寛平6)年に遣唐使が停止される

…唐は907年に滅亡，960年に[⑨　　　　　]が成立する

◆渤海の滅亡：遼(契丹)に滅ぼされる(926年)

◆新羅の滅亡：高麗に滅ぼされる(936年)

◆国風文化：唐を中心とする東アジアの秩序が崩れ，周辺諸国では，独特の文化がはぐくまれる

→・[⑩　　　　　　　]の使用，物語や日記などが書かれる

・貴族は[⑪　　　　　　]とよばれる和風建築に住む

・屏風や襖には日本画の源流となる[⑫　　　　　　]が描かれる

・男性は衣冠・束帯，女性は十二単のような女房装束が一般的となる

・不吉なことを避けて家に閉じこもる[⑬　　　　　　]，外出の方向を変えたりする

[⑭　　　　　]などをおこなう←陰陽道の影響

用語を確認しよう

①外戚が幼少の天皇の摂政となり，天皇が成人すると関白となって政権を運営する体制を何というか？　　　　　　　　　　　　　　　　　　[　　　　　　]

（1）教科書p.40図**1**（応天門の変）をみて，問いに答えよう。

問1　空欄にあてはまる語句をぬきだしてみよう。

> 　866年，平安京の応天門が放火され，炎上した。大納言［A　　　　　　　］の告発で，左大臣［B　　　　　　　　］
> が犯人とされたが，のちに真犯人は［　A　］であるとの告発があり，［　A　］は流罪となった。［C
> 　　　　　］は，清和天皇の摂政として事件の収拾にあたることで，他氏を排斥し，藤原北家の権力を確立した。

（2）教科書p.40図**2**（平等院）をみて，問いに答えよう。

問1　平等院鳳凰堂の構成の特徴をぬきだしてみよう。

>

（3）右の図（10世紀後半〜11世紀はじめごろの東アジア）をみて，
　　問いに答えよう。

問1　京都から汴京までの入宋交通路（坊津経由）を作成してみよう。

> 京都　→　大宰府　→　　　　　　→　　　　　　→　　　　　　→　　　　　　→　汴京

（4）教科書p.41図**5**（「紫式部日記絵巻」の「白氏文集」をまなぶ中宮彰子の場面）をみて，問いに答えよう。

問1　空欄にあてはまる語句をぬきだしてみよう。

> 　平安時代になり［A　　　　　　　］が使われるようになると，公的文書などに使用する［B　　　　　　　］を男手，
> 私的な手紙や物語に使用する［C　　　　　　　　］を女手と称するようになった。男性の日記は［　B　］，女性
> の日記は［　A　］で書かれるという規範がうまれたが，女性たちも［D　　　　　　　］を学び，［　B　］を書くこ
> とができた。

TRY　この時期に国風文化がなぜうまれたのだろうか。東アジアとのかかわりからまとめてみよう。

>

MEMO

----

13 摂関期の社会と経済

確認しよう

地方政治の転換

◆9世紀から10世紀にかけて，政府は行政の運営を国司にまかせる

→任国に赴任する最上席の国司[=①   ]に権限を与えた。

◆国司への任官

→私財を投じて官職を得る[②   ]，再任[=③   ]を求めたりするなど，国司の官職が利権化

→国司に任命されても現地におもむかない[④   ]も多くなった

◆10世紀に戸籍・計帳や班田収授の制度がとだえる→新たな課税政策

・公地は口分田から[⑤   ]へと編成

・[⑥   ]とよばれる有力農民に耕作を請け負わせる

→大規模な土地開発をおこなう大名田堵もあらわれた

◆租税の変化→租税をかける単位を人から土地へと変更

・税の名称…官物・臨時雑役

武士のおこり

◆地方における武士の誕生

939年[⑦   ]…下総国の平将門は常陸国府をおそい，反乱に発展。関東地方の大半を征服して新皇となのった。

941年[⑧   ]…伊予の国司だった藤原純友は瀬戸内海の海軍をひきいて反乱をおこした。

◆都における武士の誕生

・[⑨   ]…京都の治安維持にあたった。

・[⑩   ]…宮廷の警備にあたった。

・[⑪   ]…貴族の身辺警護にあたった。

平安時代末期の仏教文化

◆11世紀ころ，都では疫病や火災などが頻発し，社会不安が増大

→[⑫   ](仏教の教えが衰えて末法の世が到来)の影響。

◆念仏を唱えることで極楽浄土にうまれかわるとする[⑬   ]がおこる。

→〈⑭   〉などにより信仰がひろまり，各地に阿弥陀堂が建立。

用語を確認しよう

①任国に赴任した国司のうち最上席の者は？   [   ]

②939年に常陸国府をおそって反乱をおこし，関東地方の大半を征服した人物は？

〈   〉

③現世を否定し，念仏を唱えることで極楽浄土にうまれかわれるとする教えは？

[   ]

（1）教科書p.42図**1**（戸籍）では，女性の数が男性の数にくらべてはるかに多いが，その理由を説明してみよう。

（2）教科書p.42図**2**では，受領が任国におもむく様子を示しているが，一方で国司に任命されても現地におもむかないことを何というか，答えよう。　　　　　　　　　　　　　　　　　　　　　　　　[　　　　　　　]

（3）教科書p.42のTopicには尾張国郡司百姓たちが文書を作成しているが，なぜこのようなものを作成したのか，その理由を説明してみよう。

（4）次の史料に登場する田中豊益は大規模な土地開発をおこなっている。このような人物を何というか史料からぬきだそう。　　　　　　　　　　　　　　　　　　　　　　　　　　　　　　　　　[　　　　　　　]

『新猿楽記』
　三の君の夫は，出羽の権の介，田中豊益である。もっぱら農耕を生業とし，ほかに生計をたてるすべがない。ひろい土地を所有する大名田堵である。かねてより水害・干ばつの年を予想して，鋤や鍬を調達し，それとなく肥沃・不毛の土地を調べて，馬や犂を修繕している。また一方では堰・堤防や堀・溝・畔，畔道の仕事において農夫たちを養い，一方では，種まき，苗代や耕作・播殖の作業において五月男女をいたわりねぎらう熟練者である。

（5）教科書p.43図**6**（富貴寺大堂）は平安時代末期につくられたたてものであるが，このたてものがつくられた理由について正しく説明しているものを選ぼう。
　　ア　受領たちが莫大な財力により建立したものである
　　イ　元伊予国の国司であった藤原純友が建立した建物である
　　ウ　浄土教の教えが空也などの民間宗教者により地方へひろまったため　　　　　[　　　　　　　]

TRY 関東一円を支配下においた平将門は，なぜあっけなく鎮圧されてしまったのだろうか。

MEMO

次の二つの語句や図**7**（平将門の乱関係図）をヒントに，平将門が鎮圧された理由を考えてみよう。

押領使…地方の内乱や暴徒を鎮圧するために臨時で地方豪族などが任命された役職。

藤原秀郷…平安中期の関東の豪族。下野国の押領使に任命された。

この編で学んだことをふりかえってみよう。→p.176

教科書 ▶ p.26〜43

1 次の文章を読んで，問いに答えよう。

589年に（　Ａ　）が中国国内を統一し，強力な支配体制のもとで周辺諸国へ大軍を派遣するなど，圧力を強めていった。このような東アジア情勢において，倭国は強力な政治体制をととのえる必要にせまられていった。倭国は，倭の五王以来とだえていた中国との国交を回復し，ⓐ遣隋使の派遣をおこなったり，唐の時代になると遣唐使を断続的に派遣したりするなど，中国との関係性をきずいていった。

倭国の内政では，蘇我氏が物部氏やⓑ崇峻天皇を滅ぼし，新たに推古天皇をたてて政治改革をすすめていった。しかし，ヤマト政権で勢力を強める蘇我氏に対して，新たに天皇を中心とした中央集権国家をつくろうとしたⓒ中臣鎌足や中大兄皇子によって，蘇我氏は滅ぼされた。中大兄皇子は（　Ｂ　）をたてて，ⓓ新たに政治改革を推進していった。

問1　空欄Ａ，Ｂにあてはまる語句を答えよう。

問2　下線部ⓐに関して，遣隋使の派遣に関する説明として誤っているものを一つ選ぼう。

　　ア　倭国は遣隋使の大使として小野妹子を派遣した。

　　イ　倭国の国書が，隋の皇帝と対等の関係を示すものとして煬帝の怒りを買った。

　　ウ　隋の国書をみておこった煬帝は，日本との外交関係を断絶した。

　　エ　遣隋使には留学生や学問僧が同行し，中国から様々な知識などをもちかえった。

問3　下線部ⓑに関して，推古朝の時期に関するできごとや政策として誤っているものを一つ選ぼう。

　　ア　法隆寺の建設　　イ　冠位十二階の制定　　ウ　改新の詔を発する　　エ　憲法十七条の制定

問4　下線部ⓒの蘇我氏が滅ぼされた事件を何というか答えよう。

問5　下線部ⓓに関して，中大兄皇子らによる一連の政治改革を何というか答えよう。

問1	A	問1	B	問2	
問3		問4		問5	

2 次の年表をみて，問いに答えよう。

663年　（　①　）で倭国は敗れる	694年　藤原京へ遷都
668年　天智天皇が即位	701年　ⓐ大宝律令を制定
672年　大海人皇子と大友皇子の間での争いが勃発	710年　平城京へ遷都
673年　飛鳥浄御原宮で天武天皇が即位	

問1　空欄①にあてはまる語句を答えよう。

問2　672年の争いを何というか答えよう。

問3　天武朝の政策として正しいものを一つ選ぼう。

　　ア　飛鳥浄御原令を施行　　イ　和同開珎の発行　　ウ　庚午年籍の作成　　エ　八色の姓を制定

問4　藤原京へ遷都した時の天皇がだれか答えよう。

問5　下線部ⓐに関して，律令に関する説明として誤っているものを一つ選ぼう。

　　ア　父祖の位階に応じて位階が自動的に与えられる蔭位の制があった。

　　イ　全国を都を中心とする畿内とそれ以外の七道に区分した。

　　ウ　6年ごとに戸籍が作成され，それに基づいて12歳以上の男女に口分田が支給された。

　　エ　中央政府は，調や庸といった税を徴収するために計帳を毎年作成した。

問1		問2		問3	
問4		問5			

3　次の文章Ⅰ～Ⅴを読んで，問いに答えよう。

Ⅰ：私は国を仏教の力で守るため，各国ごとに国分寺を建立したり，巨大な大仏を造立した。

Ⅱ：私は4人の娘を天皇の后とし，後一条・後朱雀・後冷泉天皇の外戚として力をにぎった。

Ⅲ：私は幼少の清和天皇が即位すると，摂政として天皇にかわって政治をおこなった。

Ⅳ：私は平安京へ都を移したり，民衆の負担を軽減するために税の削減をおこなったりした。

Ⅴ：私は下総国出身で，関東地方の大半を武力で征服し，自ら新皇と称するまでにいたった。

問1　Ⅰ～Ⅴの人物はだれか，それぞれ答えよう。

問2　下記の史料は，Ⅰの人物のときに出されたものであるが，この法令は何か答えよう。

天平十五年五月二十七日，天皇が詔を下した。「(略)今後は，土地を開墾した者の意のままに私有地と認め，三代までとか一代の間などといわず，みなことごとく永久に収公してはならない。(後略)」

問3　Ⅱの人物のときには国風文化が開花したが，10～11世紀の文化に関するものとして誤っているものを一つ選ぼう。

　　ア　浄土教がおこった　　イ　寝殿造の建物がつくられた　　ウ　かな文字が使われた

　　エ　神仏習合の考えがひろまった

問4　Ⅲの人物が摂政として勢力をふるっていたときにおきた事件として正しいものを一つ選ぼう。

　　ア　安和の変　　イ　藤原純友の乱　　ウ　長屋王の変　　エ　応天門の変

問5　Ⅳの人物がおこなった政策として誤っているものを一つ選ぼう。

　　ア　勘解由使の設置　　イ　健児の制　　ウ　蔵人所を設置　　エ　蝦夷の征討

問6　Ⅴの人物がいた10世紀ごろの社会に関する説明として正しいものを一つ選ぼう。

　　ア　元伊予国司だった藤原隆家が海軍をひきいて反乱をおこして，大宰府を攻め落とした。

　　イ　国司に任命されても現地におもむかない重任が多くなった。

　　ウ　国司は名とよばれる公地を，田堵とよばれる有力農民に耕作を請け負わせた。

　　エ　空海と最澄によって真言宗や天台宗といった密教が日本に伝えられた。

問1	Ⅰ		問1	Ⅱ		問1	Ⅲ		問1	Ⅳ	
問1	Ⅴ		問2			問3		問4		問5		問6

14 院政と中世荘園

確認しよう

院政の開始と荘園整理

◆1068年〈①　　　　　　　　　　〉が即位…摂関家藤原氏を外戚としない

　→中・下級貴族を登用し，国政改革に取り組んだ。

◆10世紀以降荘園が増加し，朝廷の財政を圧迫

　→荘園の増加を防ぐ政策をだす。

　・[②　　　　　　　　　　　　]…荘園の増加をおさえるために出された法令。

　・[③　　　　　　　　　]を設置…荘園の証拠書類を審査する機関。

◆後三条天皇ののち，〈④　　　　　　　　　〉が即位

　→1086年，子の〈⑤　　　　　　　　　〉に譲位し，[⑥　　　　　　　　　]として政治を主導。

◆幼い天皇を父や祖父が後見し，実権をにぎる専制政治[＝⑦　　　　　　]

　・院政は鳥羽・後白河・後鳥羽と続いた。

　・院は中・下級貴族を側近[⑧　　　　　　　　]に登用

　・院御所を警備する[⑨　　　　　　　　　]を組織

中世荘園と知行国

◆財政の悪化などで，貴族や寺社に対する朝廷からの給付は減少

　・白河院政期になると，新しい形式の荘園が成立(中世荘園)。

　・国司が税を徴収できる土地は[⑩　　　　　　　　]とよばれ，荘園と併存

◆[⑪　　　　　　　　　]…知行国主として一国の支配権を院や上級貴族に与える制度

　→知行国主は子弟や近臣を受領とすることで公領からの収益を得た。

浄土信仰と庶民文化のひろがり

◆浄土信仰が浸透するなか，天皇家の祈願をおこなう寺院(御願寺)を造営

　→信仰は庶民や地方へもひろがり，熊野詣が流行

◆庶民の芸能であった流行歌謡[＝⑫　　　　　　　　]が貴族社会にも受容

◆民間の舞楽である[⑬　　　　　　　]や[⑭　　　　　　　　]も貴族にひろまるなど，身分をこえた文化交流がすすんだ。

用語を確認しよう

①幼い天皇を直系の父や祖父の院が後見し，実権をにぎる政治は？　　　　　　　[　　　　　　　]

②知行国主として一国の支配権を院や上級貴族に与える制度は？　　　　　　　　[　　　　　　　]

③院政期に庶民にひろまった流行歌謡は？　　　　　　　　　　　　　　[　　　　　　　]

（1）教科書 p.52 図**1**（法勝寺復元模型）はある人物がたてた寺院である。この寺院をたてた人物はだれか。

[　　　　　　　　　　]

（2）平安時代の末期に，院政はなぜはじまったのだろうか。後三条天皇や白河天皇の政治をふまえて，空欄にあてはまる語句を答えよう。

後三条天皇：藤原氏を[A　　　　　　　　]としない天皇であり，天皇がみずから政治をおこなった。
白 河 上 皇：幼少の天皇に位をゆずり，その後も[B　　　　　　　　]として政治を主導した。

（3）院政に関する文章Ⅰ～Ⅲの正誤の組み合わせとして正しいものを一つ選ぼう。

Ⅰ：後一条天皇は，荘園を整理するために，延久の荘園整理令を発布した。
Ⅱ：白河天皇は，位を堀河天皇に譲ったのちも上皇として政治を主導していた。
Ⅲ：院は院御所を警備するために西面の武士を設けた。
ア　Ⅰ：正　Ⅱ：正　Ⅲ：誤　　イ　Ⅰ：誤　Ⅱ：正　Ⅲ：誤　　ウ　Ⅰ：誤　Ⅱ：誤　Ⅲ：正

[　　　]

（4）教科書 p.53 図**4**（備中国足守荘絵図）には黒い点が記されている。この黒い点は何をあらわしているか，一つ選ぼう。

ア　家屋の場所を示している
イ　井戸のある場所を示している
ウ　公領の領域を示している
エ　荘園の領域を示している

[　　　]

TRY 平安時代の終わりに，どのような政治・社会・文化の変化がおきたのだろうか。

二つの観点（政治と文化）でまとめてみよう。政治は（2）の問題をヒントにしよう。文化は「浄土信仰」「貴族」「庶民」といった語句を使おう。

MEMO

政治の変化	
社会の変化	貴族や武士の所領が寄進され，院や女院・摂関が公認することで成立する新しい形式の荘園が登場した。また荘園と公領が併存する状況が生じた。
文化の変化	

15 奥州藤原氏と平氏

確認しよう

東北の富と奥州藤原氏

◆東北で馬や金が産出したほか，交易を通じて北方の産物も集積

　→富をめぐり，貴族や武士と現地の豪族の間で争いが生じる。

◆1062年[① 　　　　　　　　]…陸奥の豪族安倍氏と陸奥守源頼義との間で戦闘がおこり，安倍氏を滅ぼす。

◆1087年[② 　　　　　　　　]…清原氏内部でおきた紛争。清原（藤原）清衡が争いに勝利。

　→清衡は[③ 　　　　　　]に拠点を移し，東北地方に勢力をきずいた。

　→清衡に続く[④ 　　　　　　　]は，北方との交易で繁栄。

◆平泉では浄土信仰にもとづく華やかな仏教文化が誕生

　→金色堂のある[⑤ 　　　　　　　　]をはじめ，毛越寺や無量光院など，平泉には浄土式庭園の寺院がたち並んだ。

保元・平治の乱

◆平氏や源氏は，天皇家や摂関家に仕えることで，貴族として地位を上昇

　→平正盛・忠盛父子は白河院や鳥羽院の近臣となる。

　→鳥羽法皇死去後，政局が乱れる。

◆1156年[⑥ 　　　　　　　]…崇徳上皇を支持する勢力と後白河天皇を支持する勢力との間でおきた争い。

　→勝利した〈⑦ 　　　　　　　　〉は譲位して院政を開始

　→近臣の藤原通憲（信西）と藤原信頼が対立

◆1159年[⑧ 　　　　　　　]…藤原信頼は源義朝らと通憲を殺害したが，〈⑨ 　　　　　　〉にやぶれた。

平氏の繁栄と日宋貿易

◆平清盛は，武士で初の太政大臣となり，子弟も高位高官にのぼった。

　→平氏一門は朝廷での発言力が強まる。

◆平氏の経済基盤

　・多くの知行国や荘園の獲得

　・中国との貿易[=⑩ 　　　　　　　　]による利益

◆摂津福原の近くに港湾[⑪ 　　　　　　　　]を修理して貿易を推進

用語を確認しよう

①1062年，陸奥の豪族安倍氏を滅ぼした争いは？　　　　　　　　　　[　　　　　　]

②崇徳上皇と後白河天皇を支持する勢力同士の争いは？　　　　　　　[　　　　　　]

③平氏の経済基盤となった中国との貿易は？　　　　　　　　　　　　[　　　　　　]

（1）教科書p.54図**1**（『平治物語絵巻』）をみて，何がおきている様子をあらわしているのだろうか答えよう。

[   ]

（2）教科書p.54本文と図**2**（北方の産物）をみて，当時の東北地方の産出品と北方の産物を書き入れてみよう。

東北地方の産出品	
北方の産物	

（3）東北地方の遺跡では，渥美焼，常滑焼など国内産の陶器や中国産の陶磁器が出土しているが，このことから何が推測できるか答えよう。

（4）平泉では浄土信仰にもとづくはなやかな仏教文化もうまれたが，建立した人物とたてものの組み合わせとして正しいものを一つ選ぼう。

    ア　藤原基衡―無量光院　　　イ　藤原秀衡―毛越寺　　　ウ　藤原清衡―中尊寺　　　[   ]

（5）右図に関して，問いに答えよう。

問1　右図のたてものは何か答えよう。

                  [   ]

問2　右図のたてものはどういうところにあるか答えよう。

（6）教科書p.55図**8**（蓮華王院）は，平清盛が造営責任者となってたてたものであるが，このたてものや仏像を大量に納めることができた平氏の経済基盤は何か。多くの荘園や知行国以外で答えよう。

[   ]

TRY　奥州藤原氏や平氏の繁栄をもたらしたものが何かまとめてみよう。

ヒント：①は「交易」「経済力」という語句を使おう。

       ②は「上皇」「知行国や荘園」「貿易」という語句を使おう。

MEMO

①奥州藤原氏が繁栄できた理由は？	
②平氏が繁栄できた理由は？	

16 治承・寿永の乱と鎌倉幕府

確認しよう

治承・寿永の乱と奥州合戦

◆平氏の権力が強まると，平清盛と後白河法皇の関係がしだいに悪化

　　→1179年，清盛は法皇を幽閉して実権をにぎる。

◆平氏への不満

　　→法皇の子〈①　　　　　　　　〉が挙兵するが，平氏が鎮圧

　　→平氏は福原へ都を移すが，反発をまねき京都へ都を戻す

◆全国の武士の挙兵

　伊豆の〈②　　　　　　　　　　〉や信濃の源義仲ら各地の武士が挙兵

　　・1183年　義仲が京都にせまると平氏は都落ち

　　・1185年　壇の浦で平氏を滅ぼした。[＝③　　　　　　　　　　　　　]

◆平氏追討後

　源義経は，頼朝と対立して奥州藤原氏をたよって平泉へのがれた

　　→頼朝の圧力に屈した藤原泰衡によって義経は自害に追いこまれた

　　→1189年[④　　　　　　　　　]…頼朝は奥州藤原氏を滅ぼす→全国を制覇

鎌倉幕府の成立

◆頼朝は鎌倉を本拠に定め，南関東に独自の支配圏をきずいた

　　→頼朝と主従関係をむすぶ武士[＝⑤　　　　　　　　　]の増加

　　・[⑥　　　　　　　　　]の設置…荘園や公領の現地管理にあたった。

　　・[⑦　　　　　　　　　]の設置…各国の治安維持や御家人の統率になった。

◆鎌倉の機関

　　・[⑧　　　　　　　　　]…御家人の統率や軍事・警察をになう

　　・公文所(のち政所)…一般政務を担当

　　・[⑨　　　　　　　　　]…裁判を担当

◆本格的な武家の政権である[⑩　　　　　　　　　]が成立

　　→1192年　頼朝が[⑪　　　　　　　　　　]に任命される

仏教の改革運動と大仏の再建

◆1180年の平氏による南都焼打ちで，東大寺大仏殿が焼失

◆東大寺再建の責任者…〈⑫　　　　　　　〉

　　→宋人技術者の協力で，大陸的な建築様式[⑬　　　　　　　　]を採用。

用語を確認しよう

①1180〜85年にかけて源氏と平氏による内乱は？　　　　　　　　　[　　　　　　　　　]

②鎌倉幕府が国ごとに御家人の統率や警察権を行使するために設置したものは？

　　　　　　　　　　　　　　　　　　　　　　　　　　　　　　[　　　　　　　　　]

③朝廷から東大寺再建の責任者に任じられた人物は？　　　　　　　〈　　　　　　　　　〉

（1）教科書p.58図■をみて，大きな堀がきずかれた理由は何か，空欄にあてはまる語句を答えよう。

> [　　　　　　　　　　]で奥州藤原氏が鎌倉幕府との対決を前にきずいた防衛設備で，長距離に及ぶ大規模な堀と
> 土塁は，この合戦の大きさを示している。

（2）教科書p.58図❷をみて，右の地図に「平氏・奥州藤原氏・源頼朝」が勢力をきずいていた場所をそれぞれ書き入れよう。

（3）教科書p.59図❺や教科書の本文を参考にして，鎌倉幕府の職制表を完成させよう。

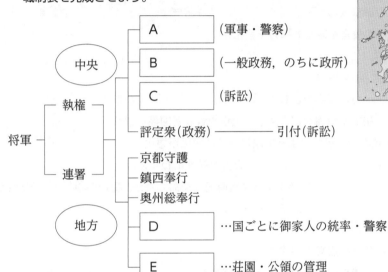

×おもな合戦（発生年月）

A
阿津賀志山（1189.8）　平泉
倶利伽羅峠（1183.5）
壇の浦（1185.3）　B
厳島　源義仲　鎌倉
福原　京都　C
南都　石橋山（1180.8）
屋島（1185.2）　生田の森・一の谷（1184.2）　富士川（1180.10）

将軍 ─ 執権 / 連署

中央
- A（軍事・警察）
- B（一般政務，のちに政所）
- C（訴訟）
- 評定衆（政務）──── 引付（訴訟）

- 京都守護
- 鎮西奉行
- 奥州総奉行

地方
- D …国ごとに御家人の統率・警察
- E …荘園・公領の管理

（4）教科書p.59図❹（東大寺南大門と金剛力士像）をみて，問いに答えよう。

問1　東大寺南大門にはどのような建築様式が採用されているのか。　　　　　[　　　　　　　]

問2　金剛力士像を作成した仏師とはどのような人たちだったか。また，どのような技法だったのか。

[仏師：　　　　　　　][技法：　　　　　　　]

TRY 治承・寿永の乱は，政治や文化にどのような影響を与えたのだろうか。

ヒント：①は「軍事・政治・裁判をになう機関」「朝廷」といった語句を使おう。

　　　　②は「南都焼打ち」という語句を使おう。

		MEMO
①政治に与えた影響		
②文化に与えた影響		

17 承久の乱と公武関係

確認しよう

北条氏と執権政治

◆1199年に源頼朝没後，御家人の勢力争いが勃発

◆頼朝の妻北条政子の父時政は他氏を排斥し，政所の長官となって力を掌握

　→時政は2代将軍源頼家を追放したが，子の政子・義時と対立して隠退に追いこまれた。

◆時政の子義時は有力御家人の〈①　　　　　　　　〉を滅ぼす。

　→義時は政所と侍所の長官を兼ねて権力を強化

　→北条氏の地位[＝②　　　　　　　]

後鳥羽上皇と承久の乱

◆〈③　　　　　　　　〉が軍事力として[④　　　　　　　　　　]を新設

◆3代将軍源実朝は，和歌や蹴鞠などを通じ，上皇や貴族と関係を構築

　→1219年　実朝が頼家の子公暁によって暗殺→公武関係が悪化

　→幕府は摂関家出身の〈⑤　　　　　　　　〉を将軍候補にむかえた。

◆1221年[⑥　　　　　　　　]…後鳥羽上皇は義時追討を命じたが，義時の弟時房と子泰時が
　　　　　　　　　　　　　　　　上皇方をやぶった。

承久の乱後の公武関係

◆朝廷の政治に対する幕府の影響力が強まる

◆幕府は上皇方の武士や貴族の所領約3000か所を没収

　→新たに[⑦　　　　　　　　]をおく

◆[⑧　　　　　　　　　]を設置…朝廷の監視などをおこなう

　→幕府の西国支配が強化

公武における裁判制度の充実

◆3代執権北条泰時の治世

　・執権の補佐役[＝⑨　　　　　　　　]を設置

　・藤原頼経を正式に将軍とした[＝⑩　　　　　　　　　　]→朝廷との協調

　・[⑪　　　　　　　　]を新設し，有力御家人の合議政治をおこなった。

　・1232年[⑫　　　　　　　　]を制定

　　→頼朝以来の先例や武士社会の慣習を参考に裁判の基準を明文化。

◆5代執権時頼の治世

　・裁判の迅速化を目的に[⑬　　　　　　]を設置

　・後嵯峨天皇が院政をはじめると，院政の制度的確立をはたしていった。

用語を確認しよう

①将軍を補佐する北条氏の地位は？　　　　　　　　　　　　　　　　　　　　[　　　　　　　]

②1221年に後鳥羽上皇が北条義時追討を命じておきた争いは？　　　　　　　[　　　　　　　]

③1232年に定められた武家最初の法律は？　　　　　　　　　　　　　　　　[　　　　　　　]

（1）承久の乱に関する説明として正しいものを一つ選ぼう。　　　　　　　　　　［　　　　　］

　　　ア　後鳥羽上皇は北面の武士を設けて，幕府との争いに備えた。

　　　イ　乱後，幕府は上皇方の武士や貴族の所領を没収し，新たに地頭をおいた。

　　　ウ　乱後，幕府の政治に対する朝廷の影響力が強まっていった。

（2）次の史料を読んで，問いに答えよう。

> 一　女人養子の事
>
> 　　右，法意の如くんば，これを許さずと雖も，大将家の御時以来当世に至るまで，其の子無きの女人等，所領を養子に譲り与ふる事，不易の法勝計すべからず。加之，都鄙の例先蹤惟れ多し。評議の処，尤も信用に足るか。
>
> 一　奴婢雑人の事
>
> 　　右，右大将家の御時の例に任せて，その沙汰なく十箇年を過ぐれば，理非を論ぜず，改め沙汰に及ばず。次に奴婢生む所の男女の事，法意の如くんば，子細有りと雖も，同じき御時の例に任せて，男は父に付し，女は母に付すべきなり。

問1　この史料は1232年に出された武士の法律である。名称を答えよう。　　　　　［　　　　　］

問2　教科書p.61史料6（北条泰時書状）を読んで，問1の法律をなぜ制定したのか，空欄にあてはまる語句を答えよう。

> 　従来の法律（朝廷の律令）は難解で［A　　　　　　　　　］たちには理解がむずかしい。彼らが無知ゆえに不利益をこうむらないよう，わかりやすい［B　　　　　　　　　］の基準を明文化しようとしたから。

問3　この法律では男女の扱いはどのように規定されているか，正しいものを一つ選ぼう。　　　　［　　　　　］

　　　ア　子どもがいない女性は，所領を養子に譲ってはならないとされた。

　　　イ　律令のほうが女性にさまざまな権限を与えていた。

　　　ウ　男性と女性を同等に扱っている。

TRY　承久の乱は，政治や社会のあり方にどのような影響を与えたのかまとめてみよう。

次の二つのヒントをふまえてまとめてみよう。

　①幕府が支配する地域や朝廷との関係はどうなったのかな。

　②御家人が西日本に進出したことでどんなことがおきたのだろう。

MEMO

18 地頭・御家人と荘園制の変質

確認しよう

幕府の経済基盤と御家人制

◆幕府の経済基盤…将軍の知行国(関東御分国)と荘園(関東御領)

◆幕府と御家人は，[①　　　　　　　　]と[②　　　　　　　　]の関係で成立

　・御恩→[③　　　　　　　　]…先祖伝来の領地の支配を認める

　　　　　[④　　　　　　　　]…新たな領地などを与える

　・奉公→御家人は戦時に幕府方として参戦(軍役)，平時には将軍御所や天皇御所の警備(番
　　　　　役)，幕府行事などの費用負担をになった。

◆幕府の御家人となっていない武士[＝⑤　　　　　　　　]

地頭の所領支配と荘園制の変質

◆武士は，領地に館をかまえ所領支配の拠点とした。

　→館は堀や塀で囲まれ，周囲に年貢などが免除される直営地を設けた。

◆地頭はみずからの収益を増やすために農地開発をすすめる。

　→一方，荘園領主への年貢を滞納し，荘園領主との対立も増加。

◆紛争の解決策

　・[⑥　　　　　　　　]…荘園領主が地頭に現地支配をまかせるかわりに，一定額の年貢納入
　　　　　　　　　　　　を請け負わせる。

　・[⑦　　　　　　　　]…荘園領主と地頭の間で土地を折半する。

◆徴税や災害に苦しむ百姓は年貢の減免などを求める。

　→[⑧　　　　　　　　]の提出，山林への[⑨　　　　　　　]をおこなう

惣領制と列島のネットワーク

◆武士は血縁集団(一門)を形成

　・[⑩　　　　　　　　]…本家の嫡子[⑪　　　　　　　　]が[⑫　　　　　　　　]を統率して軍事活
　　　　　　　　　　　　動や祖先祭祀をおこなう。

　・[⑬　　　　　　　　]…所領は惣領と女性も含めた庶子で分割して相続。

　・幕府の役職は男性が占めたが，地頭には女性もいた。

◆御家人は所領群を，惣領を中心に一門で一体的に経営

　→庶子や家来(被官)が現地と鎌倉や京都との間を行き来した。

用語を確認しよう

①幕府が御家人に対して，先祖伝来の領地の支配を認めることは？　　　　[　　　　　　　]

②土地紛争において，荘園領主と地頭の間で土地を折半する方法は？　　　[　　　　　　　]

③本家の嫡子が分家の庶子を統率して軍事活動や祖先祭祀をおこなうといった体制は？

[　　　　　　　]

（1）教科書p.64図1（鎌倉時代の武士の館）をみて，武士のたてものにはどのような特徴があるか書き出してみよう。

（2）武士の武芸として騎射三物があるが，それにあてはまらないものはどれか。

　　ア　流鏑馬　　イ　逃散　　ウ　犬追物　　エ　笠懸　　　　　[　　　　　　　]

（3）右図には，赤い線が記されているが，それは何を意味しているのだろうか。

（4）下記の史料を読んで，問いに答えよう。

阿テ河ノ上村百姓ラツヽシテ言上
一，ヲンサイモクノコト，アルイワチトウノキヤウシヤウ，アルイワチカフトマウシ　カクノコトクノ人フヲ，チトウノカタエセメツカワレ候ヘハ，ヲマヒマ候ワス候，ソノヽコリ，ワツカニモレノコリテ候人フヲ，サイモクノヤマイタシエイテタテ候エハ，テウマウノアトノムキマケト候テ，ヲイモトシ候イヌ，ヲレラカ，コノムキ，マカヌモノナラハ，メコトモヲヲイコメ，ミヽヲキリ，ハナヲソキ，カミヲキリテ，アマニナシテ，ナワホタシヲウチテ，サエナマント候ウテ，（後略）

問1　この史料名は何というか。　　　　　　　　　　　　　　　[　　　　　　　　　　　]
問2　地頭は荘民に対して，もし麦をまかなかったらどうするといっているのか，下線部の現代語訳の空欄A〜Cにあてはまる語句を答えよう。

　[A　　　　　　]を追いつめ，耳を切り，[B　　　　　　]を削ぎ髪を切りて，[C　　　　　　]になして，縄でしばりあげる

TRY　御家人はどのように所領支配をおこなっていたのだろうか。

空欄にあてはまる語句を答えよう。

MEMO

　武士は館をかまえて，そのまわりに[A　　　　　　　　　]を設けて百姓に耕作させていた。地頭はみずからの利益を増やすために農地開発をすすめるいっぽうで，荘園領主への年貢を滞納するなど，対立が徐々に増加していった。それを解決する手段として，荘園領主が地頭に一定額の年貢納入を請け負わせる[B　　　　　　]などがおこなわれるようになった。また，地頭は百姓たちに強圧的に年貢を要求するなどして，暴力的な支配をおこなう者もいた。御家人たちは列島各地に散らばる所領を，[C　　　　　　]を中心に一門で経営した。

19 鎌倉時代の経済・産業と自然環境

MEMO

確認しよう

渡来銭と貨幣経済

◆11世紀後半，日宋貿易を通じて[① 　　　　　　　]が流入

→12世紀に急速に普及し，交換手段として定着。

・[② 　　　　　　　]…年貢納入も現物にかわり銭が用いられる

・[③ 　　　　　　]…遠隔地間の決済や商取引では手形による送金

・[④ 　　　　　]…高利貸の金融業者

商品生産と流通ネットワーク

◆比較的安価な手工業製品が大量生産

・[⑤ 　　　　　　　]…農産物や手工業製品は，月三回の定期市で販売

・[⑥ 　　　　　　]…年貢や商品の輸送・保管から委託販売までおこなう業者

・[⑦ 　　　　　]…商工業者などが特権的な同業者集団を結成

◆京都や鎌倉などをむすぶ，全国的な流通・交通ネットワークが発達

→[⑧ 　　　　　]や[⑨ 　　　　　　]の設置

災害・気候変動と村落の生業

◆13世紀の気候は，冷涼で干ばつが多発→飢饉による餓死や人身売買が増加

◆生産力を高める工夫がすすみ，肥料が普及

→京都周辺や西国では米と麦をつくる[⑩ 　　　　　　　]がおこなわれた。

→災害に強く収穫量の多い大唐米，牛馬耕や鉄製農具の普及。

◆13〜14世紀，近畿では用水などを共同で管理するために集村化がすすむ

仏教の新たな潮流

◆戦乱や飢饉があいつぐなか，難解な修行や学問ではなく，内面の信仰心を重視する新たな仏教の潮流が生じた。

・[⑪ 　　　　　　]…開祖は法然。念仏さえ唱えれば極楽往生できるとした(専修念仏)。

・[⑫ 　　　　　　　]…開祖は親鸞。罪を自覚する悪人こそ阿弥陀仏により救われると説いた(悪人正機説)。

・[⑬ 　　　　　]…開祖は一遍。鼓や鉦の拍子に合わせて踊りながら念仏を唱える，踊念仏をひろめた。

・[⑭ 　　　　　　]…開祖は日蓮。法華経への信仰を徹底し，題目を唱えるだけで救済されると説いた。

用語を確認しよう

①京都をはじめ各地にいる高利貸の金融業者は？　　　　　　　　　　　　　　[　　　　　　]

②交通の要地などに月に三回開かれる市は？　　　　　　　　　　　　　　　　[　　　　　　]

③親鸞が罪を自覚する悪人こそ阿弥陀仏により救われると説いた教えは？

　　　　　　　　　　　　　　　　　　　　　　　　　　　　　　　　　　　[　　　　　　]

（1）下図（備前国福岡の市）と（信濃国伴野の市）をみて，問いに答えよう。

問1　図の市場では何が売られているか，三つ書いてみよう。　　[　　　　　　　　　　　　　]

問2　図では大きくて重い荷物はどのようにして運ばれたのだろうか。　　[　　　　　　　　　　]

問3　二つの図を比較して，どちらも市場だが様子がちがう理由は何か。

（2）教科書p.66図❸は，女性が借上からお金を借りている様子である。当時のお金は重かったため，遠隔地間の決済では手形による送金がおこなわれたが，それを何というか。　　　　　　[　　　　　　]

（3）教科書p.67図❻は，農業をおこなうさいに使用されたものだが，この名称として正しいものを一つ選ぼう。
　　ア　槍鉋　　イ　鍬　　ウ　石皿　　エ　鎌　　　　　　　　　　　　　　　　　[　　　　　]

（4）鎌倉時代には新たな宗派が誕生したが，その説明として正しいものを一つ選ぼう。
　　ア　浄土宗の開祖である法然は，念仏さえ唱えれば極楽往生できる専修念仏を説いた。
　　イ　浄土真宗の開祖である一遍は，悪人こそ阿弥陀仏により救われる悪人正機説を説いた。
　　ウ　時宗の開祖である親鸞は，念仏を唱えながら踊る踊念仏をひろめた。
　　エ　日蓮宗の開祖である阿仏尼は，題目を唱えるだけで救済されると説いた。　　[　　　　　]

> **TRY**　鎌倉時代にはいり経済・産業や信仰のあり方に，なぜ変化が生じたのだろうか。

MEMO

空欄にあてはまる語句を答えよう。

　　日宋貿易による[A　　　　　　　　　]の流入や商品の流通により，商業や金融のシステムが発達した。一方で13世紀は気候が冷涼で干ばつも多かったため，[B　　　　　　　　]が続発して人々の生活は苦しかった。格差や貧困がひろがるなかで，内面の信仰心を重んじる仏教の新たな潮流が生じ，法然が[C　　　　　　　　]をひらき，一遍が時宗をひらいた。

モンゴル襲来と日宋・日元交流

確認しよう

モンゴル帝国と東アジア

◆1206年，〈①　　　　　　　　　　　〉が［②　　　　　　　　　　　］を建国

　→領域：ユーラシアの大半，複数の国を分割統治

◆東アジアを管轄したチンギスの孫〈③　　　　　　　　　　〉

　→1259年，高麗を屈服させ，1261年に南宋へ侵攻

　→1271年，国号を中国風の［④　　　　　］とした。

◆対南宋戦略からフビライは日本に通交を求めたが，日本は応じず。

　→幕府は御家人に博多湾沿岸を防備させた［＝⑤　　　　　　　　　　　］。

◆元軍の2度の襲来

　・1274年［⑥　　　　　　　　］

　　→日本は元の集団戦法に苦戦したが，はげしい抵抗にあった元は撤兵

　・1281年［⑦　　　　　　　　］

　　→上陸せず海上に停泊していた元軍は台風におそわれて撤退

　　→モンゴル襲来後，博多に［⑧　　　　　　　　　］を設置…九州での裁判を担当

宋・元との貿易

◆宋や元と正式な国交はなかったが，民間貿易は活発

　　→輸出品：金や銅・硫黄など　　　輸入品：陶磁器や銅銭・書籍など

宋元文化と禅律仏教

◆大陸へ渡った日本僧や日本をおとずれた中国僧は，仏教や医学・芸能の知識を伝え，文化の
国際化を促進→室町文化の基盤を形成

◆禅律仏教のひろまり

　・［⑨　　　　　　　　］…日本に伝えた人物〈⑩　　　　　　　〉

　　→坐禅をくみ師から与えられる公案を解決して悟りに達する。

　　→宋から蘭渓道隆・無学祖元をまねき建長寺や円覚寺を創建。

　・［⑪　　　　　　　　］…日本に伝えた人物〈⑫　　　　　　　〉

　　→目的をもたずひたすら坐禅にはげむ只管打坐を実践する。

◆戒律の復興

　　→俊芿は戒律を重視し，貞慶や叡尊らの戒律復興運動に影響を与えた。

　　→律宗の叡尊や弟子の〈⑬　　　　　　　　〉は，奈良や鎌倉で貧民や病人を救済する施設をつ
くった。

用語を確認しよう

①1274年，元軍によるはじめての襲来は？　　　　　　　　　　　　　　　　［　　　　　　　　］

②モンゴル襲来後，九州で御家人を統率したり，裁判を目的として設置された機関は？

　　　　　　　　　　　　　　　　　　　　　　　　　　　　　　　　　　　　［　　　　　　　　］

③宋で只管打坐を会得した道元が開祖の宗派は？　　　　　　　　　　　　　　［　　　　　　　　］

（1）教科書p.68図■や本文を読んで，①モンゴル帝国の範囲を右の地図に，②どのような統治をおこなったのか書き出してみよう。

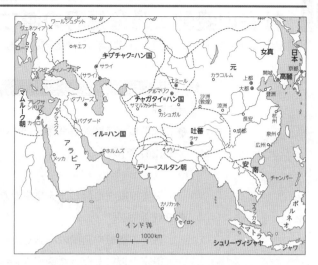

②

（2）教科書p.68史料■（蒙古国書）を読んで，フビライが日本に何を期待したのか，空欄にあてはまる語句を答えよう。

　フビライは日本との[A　　　　　　　　]を期待しており，[B　　　　　　　]はのぞんでいないとも記している。要求を受け入れない場合は，軍事的な侵攻をほのめかしている面もある。

（3）モンゴル襲来に関する文章として誤っているものを一つ選ぼう。

　　ア　元軍がはじめて日本に侵攻してきたことを文永の役という。
　　イ　元軍の集団戦法や火薬を使った攻撃に対し，日本軍は苦戦した。
　　ウ　元軍が退去したあと，幕府は博多に鎮西探題をおいた。
　　エ　元軍が襲来したあと，日本は元と民間貿易も含めておこなわなかった。　　　　　[　　　　　]

（4）教科書p.69図■をみて，頂相の特徴を記した文章の空欄にあてはまる語句を答えよう。

　頂相は禅宗の肖像画である。[A　　　　　　]宗では法は人によって伝わるとするため，師を重んじてその頂相も尊重する。図像は椅子に座り右手に竹製の杖をもっている。この頂相は[　A　]宗の[B　　　　　　]を描いたものである。

TRY 宋や元との関係はどのようなものだっただろうか。

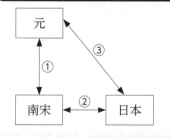

ヒント：③は「国どうしの関係」
　　　　と「民間貿易」に注目
　　　　してみよう。

①	1261年当時，南宋と元は対立関係にあった
②	日本と南宋は交易がさかんであった
③	

MEMO
....
....
....
....
....
....
....

21 社会の変動と鎌倉幕府の滅亡

確認しよう

得宗専制

◆5代執権北条時頼→北条一門の家督[①　　　　　　　　]の権力が強まる

・1247年[②　　　　　　　　]…5代執権北条時頼は三浦泰村ら将軍派の有力御家人を滅ぼした。

・摂家将軍を追放し，天皇家から新将軍をむかえた[=③　　　　　　　]

◆8代執権〈④　　　　　　　〉→得宗として権力を集中

・幕府の要職や諸国の守護も北条一門が独占

・得宗の被官となった御家人[=⑤　　　　　　　]の影響力が強まる。

　→将軍権力は弱まり，得宗の専制政治が確立[=⑥　　　　　　　　]。

社会の変化と悪党問題

◆困窮する御家人の増加

　→分割相続による土地の細分化，貨幣経済の浸透，モンゴル襲来による負担

◆幕府による御家人救済策

1297年[⑦　　　　　　　]…御家人が売却などで失った所領を無償でとりもどせるようにした。

　　　　　　　　　　　→社会の混乱をまねいた。

◆所領をめぐる対立

　→荘園領主や武士，有力百姓など多様な階層をまきこんだ紛争がおきる。

　→武力行使に及んだ相手を被害者側が[⑧　　　　　　]とよび幕府に処罰を求めた。

両統迭立と鎌倉幕府の滅亡

◆皇統の分裂

・兄後深草天皇の系統[=⑨　　　　　　　]

・弟亀山天皇の系統[=⑩　　　　　　　]

→幕府により両統が交互に皇位につくことになった[=⑪　　　　　　　]。

◆1318年，大覚寺統の〈⑫　　　　　　　〉が即位

・二度の討幕計画は失敗→隠岐に配流後，子の護良親王や河内の悪党〈⑬　　　　　　　〉が討幕の兵をあげた。

◆得宗への権力集中や所領紛争，悪党問題を解決できない幕府への不満

　→〈⑭　　　　　　　〉が天皇方に寝返り，六波羅探題を攻める。

　→〈⑮　　　　　　　〉が鎌倉を攻め，1333年，鎌倉幕府は滅亡。

用語を確認しよう

①北条一門の家督が中心となっておこなう専制政治は？　　　　　　　　[　　　　　　　]

②1297年に幕府が出した御家人救済の法令は？　　　　　　　　　　　[　　　　　　　]

③持明院統と大覚寺統から交互に皇位についた原則は？　　　　　　　　[　　　　　　　]

（1）教科書p.72図**2**（全国68か所の守護）を参考にして，北条氏が権力をにぎっていったことがわかるのはどのような点か，下記の文章にあてはまる数字を答えよう。

> 北条氏が守護に占める割合が，1199年は［A　　　　　　］/68であったが，1230年代には［B　　　　　　］/68となり，1331年には［C　　　　　　］/68に上昇している。

（2）下記の史料を読んで，問いに答えよう。

> 一　質券売買地の事　永仁五年三月六日
> 　右，地頭御家人買得の地に於いては，本条を守り，廿箇年を過ぐるは，本主取り返すに及ばず，非御家人並びに凡下の輩買得の地に至りては，年紀の遠近を謂はず，本主これを取り返すべし，

問1　この史料名は何か。　　　　　　　　　　　　　　　　　　　　　　　　［　　　　　　　　　］

問2　この史料の説明として正しいものを一つ選ぼう。　　　　　　　　　　　［　　　　　　　　　］

　　ア　御家人が御家人に対して売買や質入れした所領は，永久にとりもどすことができる。

　　イ　御家人が非御家人に対して売買や質入れした所領は，永久にとりもどすことができる。

　　ウ　御家人が非御家人に対して売買や質入れした所領は，二十年以内であればとりもどすことができる。

（3）教科書p.73史料**6**を読んで，悪党とよばれた人たちのなかには，どのような姿をして，どのような行動をとる人がいたのか，空欄にあてはまる語句を答えよう。

> ところどころで［A　　　　　　　］をはたらいたり，海賊・強盗などをおこなったりしていた。また，悪党は［B　　　　　　　］の風体をして，柿色の着物に女性用の笠を着て，烏帽子・袴を着ている。

TRY 鎌倉時代後期の政治や社会にどのような変化がおこり，鎌倉幕府の滅亡へとつながったのだろうか。

ヒント：①は「得宗の専制政治」「幕府への不満」という語句を使おう。

　　　　②は「分割相続」「困窮する御家人」という語句を使おう。

①鎌倉時代後期の政治の変化は？	
②鎌倉時代後期の社会の変化は？	

MEMO

1 次の文章を読んで空欄にあてはまる語句を答えよう。

> 　1068年，藤原氏を外戚としない（　A　）が即位した。天皇は自ら国政改革に取り組み，荘園の整理などをおこなうことで財政再建をすすめた。その後，その政策をひきついだ白河天皇は，1086年に幼少の堀河天皇に譲位し，その後も（　B　）として政治を主導した。
>
> 　白河院政期には，新しい形式の荘園があらわれたり，知行国主として一国の支配権を院や上級貴族に与える（　C　）が定着した。また，浄土信仰がひろがるなか，院も熊野三山を詣でるなど，熊野詣が院や庶民など幅ひろく流行した。
>
> 　11世紀なかごろ以降，東北地方では争いがあいつぎ，1062年には（　D　）がおき，1083年には後三年合戦がおきた。これらの争いのなか奥州藤原氏は，東北地方で勢力を伸ばしていった。
>
> 　12世紀なかごろになると，源氏や平氏が天皇家や摂関家に仕えることで地位を上昇させ，とくに1156年の保元の乱や1159年の（　E　）で活躍した平清盛は勢力を伸ばしていった。その後，清盛は太政大臣に就任したり，中国と（　F　）をおこなったりするなど，繁栄を極めていった。

A		B		C	
D		E		F	

2 次の年表をみて，問いに答えよう。

1180年	以仁王が挙兵	1213年	北条義時が和田義盛を滅ぼす
1185年	ⓐ壇の浦の戦い	1221年	ⓑ承久の乱
1189年	源頼朝，奥州藤原氏を滅ぼす	1224年	北条泰時が執権となる
1192年	源頼朝，征夷大将軍に就任	1249年	引付を設置

問1　下線部ⓐに関して，壇の浦の戦いまでの源氏と平氏による一連の争いを何というか答えよう。

問2　1189年の争いを何というか答えよう。

問3　鎌倉幕府に関する説明として正しいものを一つ選ぼう。

　　ア　軍事や警察をになう公文所が鎌倉におかれた。

　　イ　裁判をつかさどる侍所が京都におかれた。

　　ウ　国ごとに御家人を統率したり，警察をになう守護がおかれた。

　　エ　荘園や公領から年貢の収公にあたる政所がおかれた。

問4　下記の図は，幕府と御家人との関係を示した図である。御恩にはどのようなものがあるか，二つ答えよう。

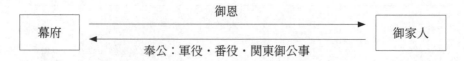

問5 下線部ⓑの争いをおこした上皇はだれか次のなかから一つ選ぼう。

　　ア　後鳥羽上皇　　イ　後嵯峨上皇　　ウ　後白河上皇　　エ　後深草上皇

問6 北条泰時がおこなった政策として誤っているものを一つ選ぼう。

　　ア　藤原頼経を正式な将軍としてむかえた。　　イ　執権を補佐する連署を設けた。

　　ウ　御成敗式目を制定した。　　　　　　　　　エ　西面の武士を設けた。

問1		問2		問3	
問4		問5		問6	

---

3 次のⅠ～Ⅲの史料を読んで，問いに答えよう。

> Ⅰ：ヲンサイモクノコト，アルイワチトウノキヤウシヤウ，アルイワチカフトマウシ　カクノコトクノ人フヲ，チトウノカタエセメツカワレ候ヘハ，ヲマヒマ候ワス候，(後略)
>
> Ⅱ：上天の眷命せる大蒙古皇帝，書を日本国王に奉る。朕惟んみれば，古より小国の君，境土相接すれば，尚ほ務めて信を講じ睦を修む。(後略)
>
> Ⅲ：問云ク，諸国同事ト申ナカラ，当国ハ殊ニ（　A　）蜂起ノ聞へ候。何ノ比ヨリ張行候ケルヤラム。
> 　答云ク，(中略)正安・乾元ノ比ヨリ，目ニ余リ耳ニ満テ聞へ候シ。(後略)

問1 史料Ⅰに関して，このころ地頭と荘園領主との所領をめぐる争いが頻発したが，荘園領主と地頭の間で土地を折半する解決策を何というか答えよう。

問2 鎌倉時代の社会に関する文章a～cの正誤の組み合わせとして正しいものを一つ選ぼう。

　　a　武士は惣領と庶子からなる一門を形成し，所領は分割相続がおこなわれていた。

　　b　遠隔地間の決済や商取引では借上とよばれる手形による送金もおこなわれた。

　　c　京都周辺や西国では麦が裏作の二毛作がおこなわれ，草木灰といった肥料が普及した。

　　ア　a：正　b：正　c：誤　　イ　a：正　b：誤　c：正

　　ウ　a：誤　b：正　c：正　　エ　a：誤　b：誤　c：正

問3 史料Ⅱに関して，この国書が日本にもたらされたあと，元軍による襲来があったが，1度目の襲来を何というか答えよう。

問4 史料Ⅲの空欄Aにあてはまる語句を答えよう。

問5 史料Ⅲに関して，鎌倉時代後期以後になると，朝廷では持明院統と大覚寺統の両皇統が交互に皇位につくようになるが，それを何というか答えよう。

問6 鎌倉時代に誕生した宗派と教義の組み合わせとして，正しいものを一つ選ぼう。

　　ア　浄土宗―踊念仏　　イ　浄土真宗―悪人正機説　　ウ　曹洞宗―専修念仏　　エ　時宗―只管打坐

問1		問2		問3		問4	
問5		問6					

22 南北朝の内乱

確認しよう

建武の新政

◆1334年，後醍醐天皇による新たな政治[＝① 　　　　　　　　　]

・[② 　　　　　　　　　]の設置…領地争い増加のため，書類審査をおこなう

・地方には国司・守護をおいて支配体制をととのえた。

　→領地をめぐる混乱は続き，不満をいだく武士も多かった。

南北朝の内乱

◆1335年[③ 　　　　　　　　]…執権北条高時の子時行が鎌倉を占領

　→〈④ 　　　　　　　〉はこれを鎮圧後，後醍醐天皇と対立。

◆1336年，尊氏は戦いのすえに京都を制圧

　→光明天皇を即位させて政治方針を示した[⑤ 　　　　　　　]を発表

　→後醍醐天皇は吉野にのがれ，建武の新政は３年で崩壊。

◆南北朝の内乱

　→京都の[⑥ 　　　　　]と吉野の[⑦ 　　　　　]に朝廷が分裂し，約60年間にわたって

　　抗争が続く。

内乱の背景

◆南朝の情勢

・一時期は東北・関東・九州に基盤をきずいたが，しだいに劣勢になった。

◆北朝の情勢

・弟直義は治安と政治秩序の回復につとめたが，しだいに尊氏と対立

・1350〜52年[⑧ 　　　　　　　]が勃発

　→両者は戦況に応じて南朝を味方につけたため，直義派・尊氏派・南朝の三勢力による複

　　雑な勢力争いが展開

◆モンゴル襲来以降，各地の武士団で惣領制が崩壊

　→惣領と庶子の対立と，三勢力の対立とがむすびついて争いが拡大

◆地方の有力武士[＝⑨ 　　　　　]は南朝か北朝のどちらかに味方した。

　→たがいに協力して問題解決にあたる[⑩ 　　　　　]も結成

内乱期の文化

◆[⑪ 　　　　　]…南北朝の動乱を記した軍記物語。

◆[⑫ 　　　　　]…南朝の皇位継承の経緯を記した。

◆俳諧の源流である[⑬ 　　　　　]や闘茶も流行→バサラの登場

用語を確認しよう

①後醍醐天皇が中心になっておこなった政治は？　　　　　　　　　　　[　　　　　　]

②足利尊氏と弟直義による対立から発展した全国的な争いは？　　　　　[　　　　　　]

③南北朝の動乱を描いた軍記物語は？　　　　　　　　　　　　　　[　　　　　　]

（1）下記の史料を読んで，設問に答えよう。

此比都ニハヤル物。夜討強盗謀綸旨。召人早馬虚騒動。生頸還俗自由出家。俄大名迷者。安堵恩賞虚軍。本領ハナルヽ訴訟人。文書入タル細葛。追従讒人禅律僧。下克上スル成出者。器用ノ堪否沙汰モナク。モルヽ人ナキ決断所。キツケヌ冠上ノキヌ。持モナラハヌ笏持テ，内裏マシハリ珍シヤ。

問1　この史料名は何か。　　　　　　　　　　　　　　　　　　　　　　　　　　　[　　　　　　　　　]

問2　この史料を読んで，京都では何がおきていたと書かれているか，二つ程度書いてみよう。

（2）南北朝の動乱が長期化した理由とは何か，空欄にあてはまる語句を答えよう。

　　モンゴル襲来以降，各地の武士団では[A　　　　　　　　]が崩壊し，内部で[B　　　　　　]の自立化や惣領と[　B　]の抗争がおきていた。この一族内の対立が，三勢力（直義派・尊氏派・南朝）の対立とむすびついたため。

（3）南北朝内乱期の文化に関する説明として正しいものを一つ選ぼう。
　　ア　足利尊氏は新田義貞の冥福を祈って京都に天龍寺をたてた。
　　イ　北畠親房は『梅松論』のなかで，南朝の皇位継承の経緯について記した。
　　ウ　南北朝の動乱を描いた軍記物語として『太平記』があげられる。
　　エ　俳諧の源流である連歌や侘茶も流行した。

　　　　　　　　　　　　　　　　　　　　　　　　　　　　　　　　　　　[　　　　　　]

TRY　争いのなか，地方の武士や百姓たちは，どのような行動をとったのだろうか。

空欄にあてはまる語句を答えよう。

　　地方の武士たちは，みずからが生き残るために[A　　　　　　]か北朝か，どちらに味方すべきかをみきわめてどちらかへ味方したり，近隣の武士たちと協力して[B　　　　　]を結成したりした。
　　百姓たちも，領主である武士の戦いを支援することもあった。また，ときには百姓をはじめとする民衆たちによる落書・[C　　　　　]といった言説が，社会を動かす原動力になることもあった。

MEMO

23 足利義満と室町幕府

確認しよう

南北朝の合一と京都支配

◆1392年，3代将軍〈① 　　　　　　　　〉は，南北両朝を合体させた。

・義満は京都室町の邸宅で政治をおこなった［＝② 　　　　　　　　］。

・義満は朝廷の高い官位につき，公家社会でも存在感を発揮。

◆幕府の財源

・［③ 　　　　　　　　　　　］…京都で金融業を営む土倉・酒屋の営業税。

・関銭・津料…京都周辺の道や川に設置した関で徴収した礼金。

足利義満と室町文化

◆義満は，臨済宗をはじめとする禅宗寺院を保護

→禅宗寺院には渡来僧も多く，中国の文化や書籍を日本へもたらした。

◆義満は，京都北山に邸宅（北山殿）を建設

・［④ 　　　　　　　］…北山殿の中心建物で，公家文化と禅宗文化が融合。

◆田楽や猿楽は，将軍義満の保護を受けた。

・猿楽は大和の観阿弥・［⑤ 　　　　　　　］によって，芸能的な［⑥ 　　　　　　　］へと高められた。

・能のあい間に演じられる［⑦ 　　　　　　　］も人気を集めた。

幕府の地方支配

◆国ごとに任命された守護は京都に住む。

→各国では守護の代官［＝⑧ 　　　　　　　］が統治。

◆守護の権限の拡大

・［⑨ 　　　　　　　］…荘園年貢の半分を守護に与える。

・［⑩ 　　　　　　　］…荘園・国衙領で守護に一定の年貢徴収を任せる。

◆鎌倉に［⑪ 　　　　　　　］をおく…関東8か国と伊豆・甲斐を支配

→鎌倉府の長官［＝⑫ 　　　　　　　　］，長官の補佐（関東管領）

→鎌倉公方はしだいに関東における支配を強め，幕府と対立

→1439年［⑬ 　　　　　　　］…6代将軍足利義教は，鎌倉公方を攻めて自害させた。

用語を確認しよう

①室町幕府が金融業者から徴収した営業税は？ 　　　　　　　　［　　　　　　　　］

②猿楽はのちに芸術的な能へと高められたが，それを高めた親子は？

〈　　　　　　　　　　　〉

③幕府が守護に対して与えた，荘園年貢の半分を与える権限は？ 　　　　［　　　　　　　　］

（1）教科書p.76図**1**のたてものはだれによってつくられ，何とよばれていたか。

[人物名：　　　　　　][たてもの名：　　　　　]

（2）室町幕府に関する説明として正しいものを一つ選ぼう。

ア　侍所は行政や司法を担当していた。

イ　管領は天皇を補佐する役職として設置された。

ウ　幕府は土倉・酒屋からの営業税を徴収していた。

エ　鎌倉には鎌倉府がおかれ，その長官を関東管領といった。

[　　　　　]

（3）足利義満による保護を受けた芸能は何か，二つ答えよう。

[　　　　　][　　　　　]

（4）なぜ足利義満は金閣をたてたのだろうか。

問1　金閣はどのようなつくりで，どのような文化が融合しているのか，書き出してみよう。

問2　足利義満は，金閣をどのような場所にしたいと考えていたのか，空欄にあてはまる語句を答えよう。

[A　　　　　　　　]で来日する客をもてなす場や[B　　　　　　　]の中心地となることを考えていた。

TRY　南北朝の合一は，政治や文化にどのような影響を与えたのだろうか。

南北朝の合一による，政治体制や社会情勢の変化。

政治体制	政治が安定し，将軍足利義満が中心となって政治を牛耳るようになった。
社会情勢	社会情勢も安定し，民衆たちの間では猿楽や田楽がさかんになった。 公家文化や禅宗文化の融合などによって新たな文化が形成された。

南北朝の合一が政治や文化にどのような影響をもたらしたのか，まとめてみよう。

MEMO

24 東アジアの海をゆきかう人々

MEMO

確認しよう

倭寇

◆倭寇

14世紀のなかごろ，東アジアの海をゆきかう人々のなかに，朝鮮半島や中国大陸沿岸で米穀や住民などを略奪する[①　　　　　　]とよばれる人々がいた

◆明の倭寇対策

1368年，中国では〈②　　　　　　　〉が元を倒し，漢民族の[③　　　　　]を建国した。明は[④　　　　　　　]をとり貿易を認めた国に，[⑤　　　　　]を与えて使節に携帯させた[＝⑥　　　　　　　]

◆朝鮮王朝の倭寇対策

高麗の武将〈⑦　　　　　　　〉が，1392年に建国した朝鮮王朝も倭寇対策につとめた。1419年には，倭寇の根拠地とされた対馬を襲撃した[＝⑧　　　　　　　]

明・朝鮮王朝との交易

◆明との交易

〈⑨　　　　　　　〉は明の皇帝から「日本国王」と認められ，勘合貿易を開始した。15世紀後半には，博多商人とむすんだ大内氏と，堺商人とむすんだ細川氏がその実権をにぎった。1523年に両者は勘合船発着港である明の寧波で衝突した[＝⑩　　　　　　　]

◆朝鮮との交易

対馬の宗氏や大内氏など西日本の大名は，漂流民や倭寇にとらわれた人々の送還をきっかけに朝鮮と国交をむすんだ。倭寇対策として朝鮮との貿易は三港に限定され，貿易船の数も限定された。宗氏の支援を得た三浦の人々は暴動をおこした[＝⑪　　　　　　　]

琉球王国と北方の交易

◆琉球王国との交易

海禁政策をとる明と東南アジア・日本をむすびつけたのが[⑫　　　　　　]である。15世紀はじめ，〈⑬　　　　　　〉が琉球を統一し，拠点の那覇の港には東アジア各地から船が集まった

◆北方との交易

[⑭　　　　　　]は蝦夷ヶ島・樺太や北東北で漁労・狩猟をおこなっていたが，なかには中国と交易する者もいた

北方でアイヌと和人の共生がすすんだが，貿易をめぐる対立も生じ，1457年，アイヌの首長〈⑮　　　　　　　〉は蜂起した。この戦いを鎮圧した蠣崎氏はのちに蝦夷ヶ島南部を支配した

用語を確認しよう

①朝鮮半島や中国大陸沿岸で米穀などを略奪した集団は？　　　　　　　[　　　　　]

②明が貿易を認めた国に与えた渡航許可証は何？　　　　　　　　　　　[　　　　　]

③海禁策をとる明と東南アジア・日本をむすびつけた国は？　　　　　　[　　　　　]

（1）教科書p.78図**1**（倭寇）をみて，問いに答えよう。

問1　倭寇と明の軍隊の服装や武器の違いについてまとめよう。

```
倭寇　服装…


　　　武器…
```

```
明軍　服装…


　　　武器…
```

（2）倭寇の活動場所として適切でないものを一つ選ぼう。

　　　ア　朝鮮　　イ　対馬　　ウ　壱岐　　エ　蝦夷ヶ島　　　　　　　　　　　[　　　　　]

（3）人々が東アジアの海を行き来する理由は何か，適切でないものを一つ選ぼう。

　　　ア　倭寇として活動するため　　イ　米などの食糧を手に入れるため

　　　ウ　キリスト教を伝えるため　　エ　貿易で利益をあげるため　　　　　　[　　　　　]

（4）右図のたてものと関係の深い人物を一つ選ぼう。

　　　ア　朱元璋　　イ　李成桂

　　　ウ　尚巴志　　エ　蠣崎季繁

　　　　　　　　　　　　　　　　[　　　　　]

（5）教科書p.79図**5**（アジア海域の航路・港湾）をみて，
　　次のa～cの都市の国名を一つずつ選ぼう。

　　都市：　a　寧波　　　b　三浦　　　c　那覇

　　国名：　ア　琉球　　イ　明　　　ウ　朝鮮

　　　　　　[a　　　　][b　　　　][c　　　　]

 TRY　地域の視点にたつと，世界はどのようにみえるだろうか。

空欄にあてはまる語句を選ぼう。

```
　　p.79図5に博多を中心に円を描く。すると，博多からは[A　　京都　・　三浦　　]より
も[B　　京都　・　三浦　　]のほうが近い。このことから，当時は，現在の日本という国
の枠組みを[C　　こえた　・　こえない　　]，地域社会がひろがっていたと考えられる。
```

25 惣村と一揆

確認しよう

惣村

◆惣村の形成

人々は自分たちの力で災害や戦乱，領主や近隣との対立などから生活を守り生きぬくために団結し，[① 　　　　　]を成立させた

◆自治組織

・惣村の運営は[② 　　　　　]・沙汰人とよばれる有力百姓を中心に，惣村をささえる家の代表者たちの[③ 　　　　　]とよばれる会議ですすめられた

・村の法である[④ 　　　　　]を定め，村の事件をみずから解決する警察権・裁判権を行使した

・年貢などの納税を村として請け負う[⑤ 　　　　　(地下請)]を実現した村もあった

環境と人々の生業

◆農業の進歩

・背景…気候の寒冷化→冷害や干ばつの被害を受ける

・肥料…[⑥ 　　　　　]，草木灰，人糞尿，干鰯(魚)

・技術…[⑦ 　　　　　]の品種改良(早稲・中稲・晩稲)

◆商品生産

・製塩…瀬戸内海沿岸で大規模に

・絹織物…明の機織り技術の影響，養蚕もおこなわれた

・[⑧ 　　　　　]…宇治(京都)などが産地

・木綿…15世紀末に国内栽培がはじまる

徳政令を求める土一揆

◆正長の土一揆

1428年…近江の馬借による蜂起→畿内周辺へのひろがり

→土倉・酒屋・寺院などを襲撃[＝⑨ 　　　　　]

→貸借関係の破棄を認める[⑩ 　　　　　]を出して事態を沈静化

◆嘉吉の土一揆

1441年…将軍〈⑪ 　　　　　〉の暗殺[＝⑫ 　　　　　]

→京都周辺の馬借・惣村が将軍の代替わり徳政を主張し蜂起

→幕府は徳政令を出す[＝⑬ 　　　　　]

用語を確認しよう

①百姓たちが生きぬくために自治をおこなった村は？　　　　　[　　　　　]

②嘉吉の乱で暗殺された将軍は？　　　　　〈　　　　　〉

③正長の土一揆や嘉吉の土一揆で人々が要求したことは？　　　　　[　　　　　]

（1）教科書p.80図**1**（『月次風俗図屏風』）をみて，次の会話文の空欄にあてはまる語句を選ぼう。

先　　生：田植えをしている人はどのような格好をしていますか。

しょうた：[A　　頭巾　・　笠　　]をかぶり，華やかな着物を着ています。このことから，田植えをしているのは

　　　　　　[B　　男性　・　女性　　]だと思います。

先　　生：では，田植えをしている人以外は何をしていますか。

しょうた：[C　　踊っている　・　寝ている　　]人や，太鼓をたたく[D　　男性　・　女性　　]がいます。

先　　生：この人たちの近くにある桶や器は何のために使われたのでしょうか。

しょうた：[E　　入浴　・　飲食　　]をするために使われたと思います。

（2）教科書p.80史料**3**（惣の掟）をみて，惣村のルールとして正しいものを一つ選ぼう。

　　　ア　他の村に住む人も，許可なく惣村に滞在することができた。

　　　イ　村の土地と私有地の境界線争いは，話しあいで解決することとされた。

　　　ウ　惣村の銭（財産）があり，そこから神社の神事に祝儀が出された。

　　　エ　犬を飼うことが認められていた。　　　　　　　　　　　　　　　　　　　　　[　　　　]

（3）惣村に関する説明として正しいものを一つ選ぼう。

　　　ア　代表者の会議（寄合）は田畑などでおこなわれた。

　　　イ　村での事件は警察権と裁判権を行使しみずから解決した。

　　　ウ　水や山をめぐり近隣の村々との争いはなかった。

　　　エ　神社での秋の収穫祭では，村のなかで絶えず争いがおきた。　　　　　　　　[　　　　]

（4）次の史料を読んで，問いに答えよう。

> 九月　日，一天下の（　A　）蜂起す。（　B　）と号し，酒屋・土倉・寺院等を破却せしめ，雑物等恣にこれを取り，借銭等悉くこれをやぶる。管領これを成敗す。凡そ亡国の基，これに過ぐべからず。日本開白以来，土民蜂起是れ初めなり。

問1　この史料は何について書かれたものだろうか。　　　　　　　　[　　　　　　　　　　]

問2　空欄にあてはまる語句を答えよう。　　　　　　　　　[A　　　　　]　[B　　　　　]

問3　下線部が襲撃された理由を答えよう。

　　　　　　　　　　　　　　　　　　　[　　　　　　　　　　　　　　　　　　　]

TRY　百姓たちが借金帳消しを要求するメリットとデメリットは何だろうか。

MEMO

空欄にあてはまる語句を選ぼう。

| メリット | 百姓たちは借金が帳消しになると，[A　　貸付　・　返済　　]をしなくてよくなる。 |
| デメリット | 百姓たちはお金を新たに[B　　借りる　・　貸す　　]ことが難しくなる。 |

26 戦国時代の幕あけ

確認しよう

享徳の乱

鎌倉府では，足利持氏の遺児〈①　　　　　　　　〉が鎌倉公方に就任

→1454年，対立する関東管領の上杉氏を暗殺[＝②　　　　　　　　　]

→以後，成氏は下総の古河へ移り関東管領の上杉方と24年にわたり対立

応仁・文明の乱

飢饉が続く[③　　　　　　　　]では8代将軍〈④　　　　　　　　　　〉の後継者争いに加え，管領畠

山氏や斯波氏の後継者争いもおきていた

→1467年細川勝元と〈⑤　　　　　　　　　〉がこれらの争いに介入

→東軍・西軍に分かれ11年も争う[⑥　　　　　　　　　　　　]へと発展

京都に住む多くの守護が参戦

飢饉の影響で傭兵の[⑦　　　　　　　]になる者も多かった

応仁・文明の乱と文化

乱後，足利義政は京都東山の山荘(のちの慈照寺)へと移り住む

・庭には水を用いず砂と石で自然を表現した[⑧　　　　　　　　]

・銀閣や東求堂の書斎にみられる[⑨　　　　　　　]

・床の間の掛け軸や襖には[⑩　　　　　　]が好まれた

　→明で学んだ〈⑪　　　　　　　〉は独自の画法を確立した。狩野正信・元信父子は水墨画に大

　　和絵の技法をとりいれた[＝⑫　　　　　　　　　]

・床の間に花を飾る立花(のちの華道)や，茶道のもととなる[⑬　　　　　　　　]もおこなわれる

　ようになった

惣国一揆と宗教一揆

◆惣国一揆

1485年南山城の国人たちは，戦闘をくりかえす畠山氏の軍を撤退させ，約8年にわたって自

治組織による支配を続けた[＝⑭　　　　　　　　　　]

◆宗教一揆

浄土真宗は本願寺の蓮如のもとに結束した→しかし，教団の急成長は延暦寺や大名に警戒さ

れ弾圧を受けたため，武装蜂起した(＝一向一揆)

1488年には，守護の富樫政親を攻め滅ぼし，その後，約100年にわたり自治的な政治をおこ

なった[＝⑮　　　　　　]

用語を確認しよう

①応仁・文明の乱がはじまったときの8代将軍は？〈　　　　　　　　　　〉

②水を用いずに砂と石で自然を表現した庭園様式は？[　　　　　　　　　]

③守護畠山氏の軍を国外に退去させ，1485年から約8年にわたる自治支配をおこなった一揆は？

[　　　　　　　　　]

（1）教科書p.84図■をみて，問いに答えよう。

問1　どのようなかっこうの人が描かれているのだろうか。

問2　この人たちは何をしているのだろうか。

問3　描かれている人たちは何とよばれたのだろうか。　　　　　　　　　[　　　　　]

（2）このころの文化の説明として正しくないものはどれか，一つ選ぼう。　　　　[　　　　　]

　　ア　庭には水を用いず砂と石で自然を表現した枯山水が用いられた。

　　イ　床の間の掛け軸や襖には水墨画が好まれ，飾られた。

　　ウ　銀閣や東求堂の書斎にみられる寝殿造りは，その後の和風建築に影響を与えた。

　　エ　仏に花をそなえる供花から，住宅で花を観賞する立花へと発展した。これがのちの華道である。

（3）教科書p.84史料■（戦乱と山城の国一揆）をみて，山城の国一揆に関して正しくないものを一つ選ぼう。

　　ア　畠山氏は山城の国で戦闘をくりかえしていた。　　　　　　　　　　[　　　　　]

　　イ　15〜60歳までの国人や土民たちが集まった。

　　ウ　この文書を書いた僧はこの一揆は下剋上の極みであるとしている。

　　エ　山城国の国人や土民たちは一向宗を信仰していた。

（4）次のA〜Dのできごとと関係が深い人物をそれぞれ選ぼう。

できごと　A　享徳の乱　B　応仁・文明の乱　C　山城の国一揆　D　加賀の一向一揆

人物　　　ア　富樫政親　　イ　畠山政長　　ウ　足利成氏　　エ　足利義政

　　　　　　　　　　　[A　　　　　][B　　　　　][C　　　　　][D　　　　　]

TRY　長引く戦乱は，社会にどのような影響を与えたのだろうか。

空欄にあてはまる語句を下の語群からそれぞれ選ぼう。

　・[A　　　　　　]を中心とする政治・経済の体制が[B　　　　　　]。
　・文化が[C　　　　　　]へ普及した。

語群　京都　地方　崩れた　復活した

MEMO

27 室町・戦国時代の流通経済

MEMO

確認しよう

京都に集まる人とモノ

◆市の発達

京都には近郊の村々から商人が集まり，炭や薪，鮎を売る商人などに女性が多くみられた。市場には[①　　　　　]とよばれる常設の店も増えてにぎわった。商工業者は同業者ごとに[②　　　　]を組織して活動していた

◆交通・運送業の発達

商船によって日本海や瀬戸内海で陸揚げされた物資は，坂本・大津・淀に集められ，米商人でもある[③　　　　　]や車借によって京都へ運ばれた

幕府や公家・寺社は水陸の交通の要所に関をおき，[④　　　　　]や[⑤　　　　]を徴収した。これらは幕府や公家・寺社の重要な財源であった

応仁・文明の乱と流通経済

◆京周辺の経済

応仁・文明の乱では，大名たちが瀬戸内海の制海権を争ったため，瀬戸内海の兵庫ではなく薩摩・土佐経由で[⑥　　　　]へ船がはいった

→堺は博多とともに海外貿易の重要拠点として成長した

◆地域の経済

京都の戦乱をさけ守護も帰国したため，地域経済は活性化した。町の市は月6回ひらかれる[⑦　　　　　]が増え，市をわたる商工業者が宿泊する[⑧　　　　　]は商人を誘致して商品取引の仲介もおこなった

貨幣の流通

◆撰銭

15世紀には日本製の私鋳銭も流通した。しかし，私鋳銭は新しい明の銭貨とともにきらわれた[＝⑨　　　　　]。そのため，大名や幕府は人々が銭を選ぶためのルールを定め対応した[＝⑩　　　　　]

◆銭不足の影響

16世紀なかば，明の倭寇規制のため，銭不足は深刻化した。そのため，16世紀後半には年貢などの税を米などで納入することが増え，金銀も流通するようになった。また，商品や土地の生産量は，京都などの枡[＝⑪　　　　　]ではかった米の量で表示する[⑫　　　　　]も使われはじめた

用語を確認しよう

①商工業者が結成した同業者の組合は？　　　　　　　　　　　　　　　　　[　　　　　]

②博多とともに海外貿易の重要拠点として成長した都市は？　　　　　　　[　　　　　]

③幕府や大名がさだめた人々が銭を選ぶさいのルールは？　　　　　　　　[　　　　　]

（1）教科書p.86図**1**（さまざまな職業）をみて，次の会話文の空欄にあてはまる語句を選ぼう。

先　生：中世にはどのような仕事があったでしょうか。

あおい：[A　　水売り・　油売り　　]という仕事がありました。

　　　　このころの油の利用方法ってなんですか。

先　生：[B　　灯用　・　食用　　]として使っていました。

　　　　ほかに何か絵をみて気づくことはありますか。

あおい：白いもの売りや帯売り，機織り，そうめん売りなどから[C　　男性　・　女性　　]の職人も多くいたと考
　　　　えます。

（2）右図をみて，問いに答えよう。

問1　絵には何が描かれているだろうか。

問2　絵をみて，年貢はどのように運ばれたと
　　　考えられるだろうか。

（3）教科書p.87史料**4**（撰銭令）をみて，次の文章が正しければ○，間違っていれば×を書こう。

　　・日本でつくられた私鋳銭はきらわれていたため，全く使用されなかった。　　　　　　　[　　　　]

　　・永楽通宝・洪武通宝などの明銭が使用されていた。　　　　　　　　　　　　　　　　　[　　　　]

（4）このころの流通に関する説明として正しくないものを一つ選ぼう。　　　　　　　　　　[　　　　]

　　ア　座とよばれる同業者組合がつくられた。

　　イ　町でひらかれる市は，月に3回ひらかれる三斎市が増えた。

　　ウ　幕府や・公家寺社は津料や関銭を徴収した。

　　エ　日本銭や明でつくられた銭はきらわれていた。

TRY　どのようにして地方と都市はむすばれ，経済は動いていたのだろうか。

教科書p.87図**3**（中世の航路）をみて，空欄にあてはまる語句を下の語群から選ぼう。

全国各地に[A　　　　　　]があり，[B　　　　　　　　]で地方と都市がむすばれており，
[C　　　　　　]を使用して年貢米や商品が運ばれていた。

語群　駅　　港　　陸路　　航路　　台車　　舟

MEMO

28 戦国時代の政治と社会

確認しよう

戦国大名と領国

畿内や地方で戦乱が続くなかで，[①　　　　　　　　]（分国）とよばれる一定の領域を実力で支配する[②　　　　　　　]があらわれた

戦国大名は家臣団をまとめ，領国内の秩序を維持のために対処し[③　　　　　　　]とよばれる法令をつくることもあった

→[④　　　　　　　　　　]によって家臣どうしの争いを禁じた

領国をつくる村・町

◆都市の発展

日明貿易で栄えた堺・博多などでは[⑤　　　　　　　]などの有力な[⑥　　　　　　　]を中心に自治的な政治がおこなわれた

紀伊の高野山などの[⑦　　　　　　　]，大坂や河内の富田林など浄土真宗寺院を中心とする町，戦国大名の[⑧　　　　　　　]や港町・宿場町などの町がうまれた

◆戦国大名の領国経営

戦国大名は座の特権を廃止して自由な市場を保障した[＝⑨　　　　　　　　　]。これは町を活性化させるためである。また，領国内の道路や大規模灌漑用水の整備，堤防をきずく治水工事や鉱山開発をおこなった

戦国大名は新たな征服地で，村ごとに村の者と田畑の課税額を確認し（[⑩　　　　　　]），帳簿（[⑪　　　　　　　]）をつくって支配体制をととのえた

文化と生活

◆学問の発達

戦国大名は，文化による交流や新たな知識を求め，文化人である公家や僧を受けいれた。禅僧の〈⑫　　　　　　　〉は肥後の菊池氏や薩摩の島津氏のもとで儒教の一つである朱子学をひろめた。関東管領の保護を受けた下野の[⑬　　　　　　　]では僧や武士の子弟が学んだ

◆民衆の文芸

連歌は民衆にもひろまり，寄り集まって連歌をつくった。また，踊念仏や風流もさかんとなり，やがて盆踊りに発展した

町衆の間では[⑭　　　　　　]が普及し，「一寸法師」「浦島太郎」などの童話の原型ができあがった

用語を確認しよう

①戦国大名が制定した領国支配のための法令は？　　　　　　　　　　[　　　　　　]

②戦国大名は商工業の発展のために座の特権を廃止して自由な市場を保障した。このことを何というか？　　　　　　　　　　[　　　　　　]

（1）教科書p.90 図1（戦場の略奪）をみて，次の会話文の空欄にあてはまる語句を選ぼう。

先　生：略奪をしている人物はどのような格好をしていますか。

あおい：[A　刀　・　鉄砲　]などの武器はもっていますが，鎧などは身につけていない人が多いです。

先　生：略奪をしている人はどのような人々かわかりますか。

　　　　絵の右上には，「塩崎百姓，越後小荷駄ヲ奪」と書いてあります。

あおい：普段はたたかわず村で生活している[B　　武士　・　百姓　　]たちですね。

（2）戦国大名が領国支配のためにおこなったこととその理由が正しい組み合わせとなるよう，線でむすんでみよう。

おこなったこと　　　　　　　　　　　　　　　理由

喧嘩両成敗など家臣どうしの争いを禁じる・　　　・領国経済の発展

大規模な堤防をきずくなどの治水工事・　　　　・家臣団をまとめる

座の特権を廃止し自由な市場の保障・　　　　　・町や村の生活の維持

（3）戦国大名が教科書p.91 史料5（戦国家法）に書かれていることを認めた理由は何か。空欄にあてはまる語句を語群から選ぼう。

　　戦国大名にとって[A　　　　　　　]がおき，領国を統治できなくなると，[B　　　　　　　]から敵が侵入し戦いとなることがある。そのため，領国内では[C　　　　　　　]を模索する必要があった。

語群　隣国　　内乱　　平和

（4）教科書p.91 図4（戦国大名の勢力範囲）に書かれていない人物を1人選ぼう。　　[　　　　　]

　　ア　織田信長　　イ　毛利元就　　ウ　上杉謙信　　エ　北条時宗

（5）このころの文化の記述として，正しくないものを一つ選ぼう。　　[　　　　　]

　　ア　禅僧の桂庵玄樹は肥後や薩摩で朱子学をひろめた。

　　イ　下野の足利学校では僧や武士の子弟が学んだ。

　　ウ　各地を旅して戦国大名に連歌を指導し，連歌の寄り合いをひらく者もいた。

　　エ　町衆の間では浮世草子が普及し，童話の原型となった。

TRY　あなたが戦国大名の領国の境目に住む村人なら，どうしただろうか。

村人たちは生きるために，ときには略奪行為をおこなわなければいけません。あなたが村人ならどう考えますか。自分の立場を明確にし，その理由も書きましょう。

略奪行為に　賛成する　・　反対する
理由

MEMO

この編で学んだことをふりかえってみよう。→p.176

教科書▶ p.74〜91

1 右図をみて，問いに答えよう。

問1　図の建築物を何というか。

問2　図の建築物と関連の深い人物を選ぼう。
　　　ア　足利義満　　イ　北畠親房
　　　ウ　細川勝元　　エ　富樫政親

問3　図の建築物について正しく書かれた文
　　　を選ぼう。
　　　ア　建物のなかにみられる書院造りは，
　　　　　その後の和風建築に影響を与えた。
　　　イ　寝殿造り風の公家文化と中国から
　　　　　の禅宗文化が融合している。
　　　ウ　宋人技術者の協力のもと大陸的な
　　　　　建築様式が採用された。

問1		問2		問3	

2 対外政策に関して書かれたⅠ〜Ⅳのカードをみて，問いに答えよう。

Ⅰ

足利義政の後継者をめぐる対
立に端を発する（　A　）の乱
がおきた。

Ⅱ

足利尊氏が征夷大将軍に任じ
られ，弟の直義と政務を分担
して政治をとった。

Ⅲ

足利義教が（　B　）の足利持
氏を攻め，自害させた。（永享
の乱）

Ⅳ

足利義満は分裂していた南北
両朝を合体させ，内乱を終わ
らせた。

問1　上のカードの空欄にあてはまる語句を答えよう。

問2　カードを年代順に並べよう。

問3　下線の人物たちが任じられた役職は何だろう。

問1	A		B		問2		→	→	→
問3									

3 次の史料を読み，問いに答えよう。

Ⅰ正長の土一揆

九月　日，一天下の土民蜂起す。徳政と号し，酒屋・土倉・寺院等を破却せしめ，雑物等恣にこれを取り，借銭等悉くこれをやぶる。管領これを成敗す。凡そ亡国の基，これに過ぐべからず。日本開白以来，土民蜂起是れ初めなり。　　　　　　　　　　　　　　　　　　　　　　　　　　　　　　　（『大乗院日記目録』）

Ⅱ戦国家法

たよりなき者訴訟のため，目安の箱，毎日門の番所に出し置く上は，たしかに箱に入れて，毎月六度の評定にこれをひらき，名を沙汰し定むべきなり。　　　　　　　　　　　　　　　　　　　　　　　　　　（『今川仮名目録』）

Ⅲ二条河原落書

此比都ニハヤル物。夜討強盗謀綸旨。召人早馬虚騒動。生頸還俗自由出家。俄大名迷者。安堵恩賞虚軍。本領ハナルヽ訴訟人。文書入タル細葛。追従讒人禅律僧。下克上スル成出者。器用ノ堪否沙汰モナク。モルヽ人ナキ決断所。キツケヌ冠上ノキヌ。持モナラハヌ笏持テ，内裏マシハリ珍シヤ。　　　　　　　　　（『建武年間記』）

問1　Ⅰの史料に書かれている土民たちが求めたことを一つ選ぼう。

　　ア　借金の帳消し　　イ　税の免除　　ウ　米の配布

問2　Ⅱの史料に関して書いた下の文の空欄Aにあてはまる語句を答えよう。

　　この法を制定した今川氏のように，領国を実力で支配するようになったものを（　A　）という。

問3　Ⅲの史料に書かれた都の混乱の様子と関連のあるできごとを一つ選ぼう。

　　ア　観応の擾乱　　イ　建武の新政　　ウ　応永の外寇

問4　Ⅰ～Ⅲの史料を古い順に並べよう。

問1		問2		問3		問4	→	→	

---

4 右図をみて，問いに答えよう。

問1　右側の舟にのる集団は何とよばれただろうか。

問2　左側の舟にのる軍は，どこの国の軍だろうか，一つ選ぼう。

　　ア　高麗　　イ　琉球　　ウ　明

　　エ　元

問3　問2の国の皇帝から日本国王と認められ，勘合貿易を開始した人物はだれだろうか。

問1		問2		問3	

29 「南蛮」との出逢い

確認しよう

東アジアにおけるヨーロッパ人

◆倭寇と海禁政策

明は皇帝に貢ぎ物を献上する国との朝貢貿易のみを認め，民間の商人などによる貿易を禁じていた[=①　　　　　]。そのため，倭寇による活動がふたたび活発になった。この時期の倭寇は，東シナ海の中継貿易にたずさわり，略奪などの海賊行為に及んだ

◆大航海時代

15世紀後半から16世紀のヨーロッパは，[②　　　　　]とよばれる時代にはいっていた。スペイン・ポルトガルの宣教師や商人は東アジアで布教や貿易の拡大をめざした。東シナ海周辺でおこなわれていた中継貿易に加わった

南蛮貿易とキリスト教の伝来

◆南蛮貿易

ポルトガル人・スペイン人らがおこなった，中国・日本・東南アジアをむすぶ中継貿易を[③　　　　　]という

◆キリスト教の伝来

南蛮貿易は，キリスト教の布教活動と一体化しておこなわれた。[④　　　　　]の宣教師〈⑤　　　　　〉が1549年鹿児島に上陸し，大内義隆（周防山口），〈⑥　　　　　〉（豊後府内）らの戦国大名の保護を得て布教に成功した。その後も〈⑦　　　　　〉は織田信長・豊臣秀吉の保護を受け布教を拡大し，〈⑧　　　　　〉はセミナリオやコレジオをたてた

九州の大名のなかには洗礼を受けて[⑨　　　　　]となる者もあった。彼らのうち大友義鎮・大村純忠・有馬晴信は，ヴァリニャーノのすすめで，1582年4人の少年をローマ教皇のもとに派遣した[=⑩　　　　　]

南蛮文化と新しい技術

◆南蛮文化

商人や宣教師らは，地理学・天文学・暦学・医学などの学問や，地球儀・時計・活字印刷機などの文化を日本に伝えた。聖書の翻訳や[⑪　　　　　]による日本の文学作品の出版もおこなわれた[=⑫　　　　　]

◆新しい技術

ポルトガル人が[⑬　　　　　]に伝えた鉄砲の技術は，堺や紀伊の根来，近江の国友などにひろまった。その後，鉄砲は戦闘で使用されるようになった

用語を確認しよう

①1582年に派遣した4人の少年をローマ教皇のもとへ派遣した使節は？

[　　　　　]

②1543年に日本に鉄砲を伝えたとされるポルトガル商人が漂着した場所は？

[　　　　　]

（1）右図をみて，問いに答えよう。

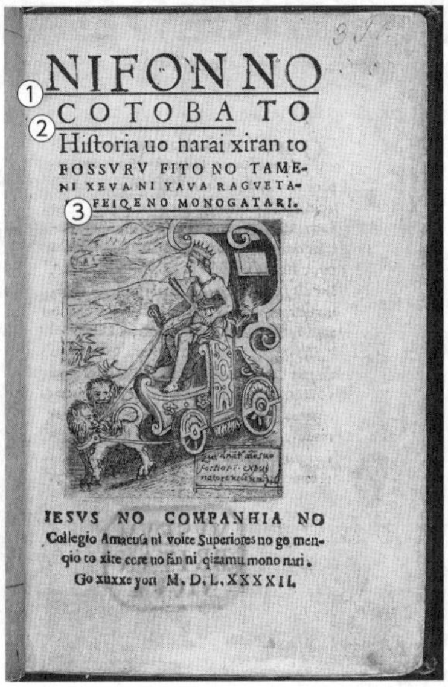

問1　下線部分は何と書いてあるだろう。下線部分①〜③にあてはまる
　　　語句を語群から選ぼう。

　　　　［①　　　　　　　］　［②　　　　　　］［③　　　　　　　　］

　　　語群　言葉　平家物語　日本の

問2　図の文字は何語の表記か。正しいものを選ぼう。　　　　［　　　　］

　　　ア　英語　　イ　ポルトガル語　　ウ　ラテン語

問3　なぜローマ字で日本の文学作品が出版されたのか。
　　　空欄にあてはまる語句を，語群から選ぼう。

> 　イエズス会の［A　　　　　　　　　　］たちが，活版印刷の［B　　　　　　　　］
> を日本に伝え，ローマ字による書物の出版をおこなった。彼らは
> ［C　　　　　　　］作品で日本の歴史や［D　　　　　　　　　］を学び日本の人々
> への布教をすすめようとした。

　　語群　技術　文学　言葉　宣教師

（2）ヨーロッパ人はなぜ東アジアに来航したのだろうか，正しいものを一つ選ぼう。　　　　［　　　　］

　　　ア　おいしい食べ物があるから　　イ　アメリカ大陸への航路の燃料補給基地だから
　　　ウ　キリスト教を布教するため　　エ　勘合貿易をおこなうため

（3）教科書p.98図3（『南蛮屏風』）をみて，問いに答えよう。

問1　南蛮船にはどのような特徴があるだろうか。

問2　右上の寺の屋根には何がついているか，一つ選ぼう。　　　　［　　　　］

　　　ア　十字架　　イ　風車　　ウ　ニワトリ

問3　絵にはどんな動物が描かれているだろうか。　　　　［　　　　］

TRY　南蛮貿易によってもたらされた文化や技術は，人々にどのような影響を与えたのだろうか。

MEMO

空欄にあてはまる語句を選ぼう。

> ・［A　　大砲　・　鉄砲　　］などの武器が各地にひろまり，戦国大名の戦闘や織豊政権の
> 　全国統一に影響を与えた。
> ・［B　　キリスト　・　仏　　］教がひろまったことで，信仰を基盤に人々がむすびついた。

30 織豊政権の全国統一

確認しよう

信長の入京と政策

◆信長の入京

1560年　今川義元を[① 　　　　　　　]でやぶる

1568年　京都にのぼり将軍となった〈② 　　　　　　　〉をささえる

1570年〜延暦寺の焼き討ち，一向一揆の鎮圧，石山本願寺に勝利

1573年　足利義昭を京都から追放＝室町幕府の滅亡

◆信長の政策

近江の[③ 　　　　　　　]の城下では，商工業者に営業の自由を保障して町の繁栄をはかった[＝④ 　　　　　　　]。また，関を撤廃し，撰銭令による流通や商取引の円滑化を試み，さらに，貿易港をもつ堺を支配下においた。

◆本能寺の変

1582年，家臣の明智光秀に攻められ自害した[＝⑤ 　　　　　　　]

豊臣秀吉の統一

◆秀吉の統一

1582年　明智光秀をうつ

1583年　柴田勝家を滅ぼす・[⑥ 　　　　　　　]をきずく

1584年　[⑦ 　　　　　　　]で家康・織田信雄とたたかい，有利な条件で和睦した

1585年　朝廷から[⑧ 　　　　　　　]に任じられ，翌年豊臣姓を与えられた

1590年　関東の北条氏を滅ぼし全国を統一

◆検地と刀狩

秀吉は，蔵入地で村ごとに検地をおこない，村の年貢を把握した。土地の生産力を米の量で示す[⑨ 　　　　　　]制で統一し，土地の面積表示や京枡の使用，田畑の等級づけなど畿内近辺の方式を統一基準とした[＝⑩ 　　　　　　　]

1588年には，各地でおきた一揆を防止するためにも百姓の武器所持を禁じ，農業に専念させる[⑪ 　　　　　　]を出した。

桃山文化

華麗な[⑫ 　　　　　　　]は巨大な石垣や堀，天守をもった城郭に象徴される。そこには書院造の邸宅がつくられ，壁や襖に[⑬ 　　　　　　　]の障壁画が描かれた。また，茶の湯もさかんで〈⑭ 　　　　　　〉は侘茶を大成した

用語を確認しよう

①1582年，織田信長が家臣の明智光秀に攻められて自害した事件は？　　[　　　　　　　　　]

②1588年，秀吉が出した百姓の武器所持を禁じ農業に専念させる法令は？　　[　　　　　　　　　]

③巨大な天守をもった城郭に象徴される文化は？　　　　　　　　　　　　[　　　　　　　　　]

（1）教科書p.100図❸（織豊政権の全国統一）をみて，問いに答えよう。

問1　次のア～エの戦いのうち信長の動向，秀吉の動向をそれぞれ選ぼう。

　　　ア　長篠合戦　　イ　小田原攻め　　ウ　桶狭間の戦い　　エ　山崎の戦い

　　　信長の動向[　　　　　・　　　　　]　　秀吉の動向[　　　　・　　　　　]

問2　問1のア～エの戦いを年代順に並び変えよう。

　　　[　　　　　→　　　　　→　　　　　→　　　　　]

問3　大きな戦いが続いたが，戦場では何がおきていたのだろうか。

　　　ヒント：p.84図❶やp.90図❶の絵を思い出してみよう

（2）右の史料をみて問いに答えよう。

問1　この法令を何というだろうか。　　　　　　　　　　　　[　　　　　]

問2　空欄Aにあてはまる語句を一つ選ぼう。　　　　　　　　[　　　　　]

　　　ア　百姓　　イ　武士　　ウ　皇族　　エ　商人

問3　空欄Bにあてはまる語句を答えよう。　　　　　　　　　[　　　　　]

問4　没収した武器は何に使うとしているか，一つ選ぼう。

　　　ア　朝鮮出兵時の武器として使用する　　イ　大仏のくぎなど

　　　ウ　煮炊きするための鍋として使用する。　　　　　　　[　　　　　]

（3）教科書p.101図❼（「唐獅子図屏風」）をみて，問いに答えよう。

問1　この絵はどこに描かれたのだろうか，一つ選ぼう。　　　[　　　　　]

　　　ア　障壁画として城の大広間や床の間

　　　イ　掛け軸として書院造の寺院

　　　ウ　天井画として大きな神社

問2　使われている色で特徴的な色は何色か。　　　　　　[　　　　色]

問3　この作品を描いた人物はだれか，答えよう。　　　　　[　　　　　]

一、諸国（　A　）・（　B　）・脇指・弓・やり・てつはう、其外武具のたぐひ所持候事、堅御停止候…

一、右取をかるべき（　B　）・脇指、ついえにさせらるべき儀にあらず候の間、今度大仏御建立の釘・かすかひに仰せ付けらるべし…

TRY　戦国時代は豊臣秀吉の全国統一によって終わりをとげた。生きるために傭兵となった人々はどうなったのだろうか。

空欄にあてはまる語句を答えよう。

ヒント：全国統一後，秀吉が2度にわたりおこなったこととは何だろう。

　荒廃した惣村では，多くの人が足軽（傭兵）となり戦場へ輩出されたが，秀吉が全国統一をしたのち，[　　　　　　　　]の兵力として動員された。

MEMO

31 東アジアの変動と豊臣政権

確認しよう

バテレン追放令

豊臣秀吉は当初，キリスト教の布教を容認していたが，キリシタン大名の〈①　　　　　　　　　〉が長崎をイエズス会に寄付していたことなどから，1587年，[②　　　　　　　　　　　]を出した。しかし，この法令では南蛮貿易船の来航は禁止されていなかった。それに加え，翌年には，倭寇などの海賊行為をやめさせる[③　　　　　　　　　]が出され，貿易の船の航路の安全が保障された

キリスト教の布教と一体であった南蛮貿易は推進されたため，キリスト教対策は徹底されなかった

朝鮮侵略

◆朝鮮への服属要求

　1587年，秀吉は対馬の〈④　　　　　　　〉に命じ朝鮮国王に服属を示すよう交渉させた。しかし，使節が持参した国書は全国統一を祝うものにすぎなかった。1590年には明への攻撃の先導を求めたが，宗氏は内容をすりかえた

◆文禄の役

　1592年，15万をこえる大軍が朝鮮に侵攻した[＝⑤　　　　　　　　　]。しかし，朝鮮各地で決起した[⑥　　　　　　　　]のはげしい抗戦にあい，海上では〈⑦　　　　　　　　〉のひきいる水軍にやぶれ，制海権を失い補給路がたたれた。また，明から朝鮮への援軍も到着し，戦局は悪化していった

◆慶長の役

　1597年，秀吉は再び朝鮮へ大軍を出陣させた[＝⑧　　　　　　　　　]が苦戦し，翌年に秀吉が病死したため撤兵した

　前後7年にわたる朝鮮侵略は，朝鮮では[⑨　　　　　　　　　　　]とよばれ，朝鮮の人々に甚大な被害を与え，陶工など多くの朝鮮人が日本へ連れてこられた

関ヶ原の戦い

秀吉の死後，豊臣政権は衰え〈⑩　　　　　　　　　〉の力がさらに強まった

1600年家康（東軍）と〈⑪　　　　　　　　　〉（西軍）が美濃の関ヶ原で戦闘し東軍が勝利した[＝⑫　　　　　　　　　　]。家康は西軍諸大名らの領地を没収・削減し，一部を徳川家直轄領，一部を東軍の諸大名らに与えた

用語を確認しよう

①1587年に秀吉が出した禁教政策の法令は？　　　　　　　　　　[　　　　　　　]

②文禄の役のとき，朝鮮水軍をひきいて奮戦した人物は？　　　　　〈　　　　　　　〉

③秀吉の死後，東軍と西軍にわかれ争った戦いは？　　　　　　　　[　　　　　　　]

（1）7年にわたる豊臣秀吉の侵略は，なぜおきたのだろうか。次の会話文の空欄にあてはまる語句を語群から選ぼう。

先　　生：秀吉がもっていた構想は何でしょうか。

しょうた：日本を中心に[A　　　　　　　　]をまとめることを考えていました。

先　　生：では，そのために明を攻撃したい秀吉は朝鮮にどんなことを要求したでしょうか。

しょうた：朝鮮国王が，自分に[B　　　　　　　]を示すよう要求しました。また，明を攻撃するときには[C　　　　　　]役をつとめることも要求しました。

先　　生：しかし，間に入った対馬の[D　　　　　　　]が交渉をうまくすすめなかったこともあり，交渉はまとまらず，秀吉は朝鮮侵略を開始しました。

語群　　先導　　服属　　宗氏　　東アジア

（2）朝鮮侵略に関する説明として誤っているものを一つ選ぼう。　　　　　　　　　　　　[　　　　　]

　　ア　肥前国に巨大な城（名護屋城）をたて拠点とした。
　　イ　戦功の証拠としてもちかえるため鼻切りがおこなわれた。
　　ウ　日本側は加藤清正や小西行長らがたたかった。
　　エ　海上で日本は李舜臣ひきいる朝鮮水軍に勝利した。

（3）下の史料（バテレン追放令）を読んで，問いに答えよう。

　一，日本は神国たるところ，（　A　）国より邪法を授け候儀，太だ以て然るべからず候事。
　一，伴天連儀，日本の地にはおかせられ間敷候間，今日より廿日の間に用意仕り帰国すべく候。
　一，黒船の儀は商売のことに候あいだ各別に候の条，年月を経，諸事売買致すべき事。

問1　空欄（　A　）にあてはまる語句を選ぼう。　　　　　　　　　　　　　　　　[　　　　　]
　　ア　きりしたん　　イ　くりすちゃん　　ウ　ばてれん　　エ　むすりむ

問2　下線部の黒船はどこの船をさすか，一つ選ぼう。　　　　　　　　　　　　　[　　　　　]
　　ア　イタリア　　イ　ポルトガル　　ウ　ドイツ　　エ　フランス

問3　この法令が不徹底におわった理由は何か，空欄にあてはまる語句を答えよう。

　キリスト教の布教と一体であった[　　　　　　　　　]が推進されていたため。

TRY　豊臣秀吉の死後，なぜ関ヶ原の戦いはおきたのだろうか。

空欄にあてはまる語句を選ぼう。

MEMO

　・秀吉の死後，豊臣政権の力は急速に[A　　伸びた　・　衰えた　　]。一方で，五大老の筆頭であった徳川家康の力は[B　　伸びた　・　衰えた　　]。
　・豊臣政権を守ろうとする西軍の[C　　大村純忠　・　石田三成　　]と東軍の徳川家康はぶつかった。

32 江戸幕府の支配のしくみ

確認しよう

江戸幕府の成立

◆幕府の成立

徳川家康は1603年[① 　　　　　　　　　]となり江戸幕府をひらいた

→2年後，将軍職を徳川秀忠にゆずった

◆[② 　　　　　　　　　]

1614年から翌年にかけ家康・秀忠は豊臣秀吉の息子〈③ 　　　　　〉を攻め，豊臣氏を

滅亡させた

◆法令

大名に対し[④ 　　　　　　]を発し統制した

→1635年，大幅に改訂され[⑤ 　　　　　　　]が制度として確立した

朝廷に対し[⑥ 　　　　　　　　　]を発し統制した

寺院に対し[⑦ 　　　　　]を発し統制した

江戸幕府の全国支配

◆幕府の軍事力

諸大名・[⑧ 　　　　　　]らは石高に応じて軍勢を動員し，幕府に軍事力を提供する義務が

あった

◆幕府の職制

将軍のもと政務をとりしきる[⑨ 　　　　　]

直轄領には郡代や代官を配置した

重要な直轄都市には[⑩ 　　　　　]や町奉行，奉行がおかれた

諸藩の政治

◆大名と藩

大名は将軍との関係の深さにより親藩・譜代・[⑪ 　　　　　]に区別された。大名の領地

とその支配組織を[⑫ 　　　　]とよんだ

◆江戸と大坂

大坂…[⑬ 　　　　　　]がおかれ全国市場の中心地

江戸…各藩の屋敷が設けられ，政治・経済の拠点

◆[⑭ 　　　　　　　]…幕府と藩による全国支配体制をこうよぶ

用語を確認しよう

①1603年に征夷大将軍となり江戸幕府をひらいた人物は？　　　　　　〈　　　　　〉

②大名が江戸と本国を1年交代で往復する制度は？　　　　　　　　　[　　　　　]

③将軍のもと政務をとりしきった江戸幕府の役職は？　　　　　　[　　　　　]

(1) 教科書p.106 図**1**(加賀藩の大名行列)をみて，問いに答えよう。

問1　どのような人物が描かれているでしょう。

```

```

問2　この行列の長さは約何mくらいになっただろうか。

　　　ア　40m　　イ　400m　　ウ　4000m　　　　　　　　　　　　　　　　[　　　　　]

問3　大名が江戸へいった理由は何だろうか。

　　　ア　観光のため　　イ　学問を学ぶため　　ウ　将軍にあい忠誠を示すため　　[　　　　　]

(2) 次の史料を読んで，問いに答えよう。

> 一，文武[　A　]の道，専ら相嗜むべき事。
> 一，大名・小名在[　B　]交替，相定むる所なり。
> 　　毎年四月中[　C　]致すべし。従者員数，近来甚だ多く，且つは国郡の費，且つは
> 　　人民の労なり。向後，其れ相応を以てこれを減少すべし。

問1　1635年にこの法令を出した将軍はだれだろうか。　　　　　　　　　[　　　　　]

問2　空欄にあてはまる語句を答えよう。　　　　　[A　　　　　][B　　　　　][C　　　　　]

(3) 教科書p.106 図**3**(江戸幕府の職制)をみて，役職を答えよう。

問1　政務統括をになう役職　　　　　　　　　　　　　　　　　　　[　　　　　]

問2　江戸の行政・裁判・警察をになう役職　　　　　　　　　　　[　　　　　]

問3　幕府財政の運営をになう役職　　　　　　　　　　　　　　　[　　　　　]

(4) 教科書p.107 図**4**(主要大名の配置図)をみて，問いに答えよう。

問1　幕府の直轄都市をあげよう。　　　　　　　　　　　[　　　　　]

問2　大きな石高の大名をあげよう。　　　　　　　　　　[　　　　　]

問3　親藩・譜代と外様の配置の違いは何だろうか。

　　　　　　　　　　　　親藩・譜代…[　　　　　]，外様…[　　　　　]

> **TRY**　将軍と大名の関係や，大名と家臣の関係は，徳川家によってどのようにかえられたのだろうか。

空欄にあてはまる語句を選ぼう。

> 将軍と大名の関係…戦国時代には対等な関係であったものが，徳川家の強大な軍事力と経済
> 　　　　　　　力を背景に，徳川家が諸大名[A　　に支配される　・　を支配する　]
> 　　　　　　　ようになった。
> 大名と家臣の関係…俸禄制や城下町への集住などで大名の家臣たちは
> 　　　　　　　[B　　軍役　・　土地　]との関係が薄まった。その結果，諸大名の
> 　　　　　　　藩内での力が[C　　強くなった　・　弱くなった　]

MEMO

33 江戸時代の対外関係

MEMO

確認しよう

アジア・西洋諸国との交流

◆アジアとの交流

徳川家康は対馬の〈①　　　　　　　　〉を通じて交渉し，朝鮮との講和が実現した。江戸時代,朝鮮から計12回の使節が来日した。薩摩の〈②　　　　　　　　　　〉は琉球王国を侵略し支配した。琉球王国は幕府に使節を送り，明との朝貢貿易を継続した。蝦夷ヶ島の和人地に勢力をもった蠣崎氏は〈③　　　　　　　　　〉と改称し，家康からアイヌとの交易の独占を認められた。

明とは正式な国交がむすばれず，幕府は大名や豪商に[④　　　　　　　]を発行して東南アジア諸国との貿易を許可し，中国産の生糸などを輸入させた[＝⑤　　　　　　　　]

◆ヨーロッパとの交流

家康は1600年に漂着したリーフデ号の乗組員を外交顧問とした。こののち，イギリス・オランダの貿易会社は[⑥　　　　　　　]に商館をおき，貿易を開始した。また，家康はスペイン領メキシコと通商をむすぼうとした。仙台藩主の〈⑦　　　　　　　〉もローマ教皇とスペイン国王のもとへ使節を派遣した

キリスト教の禁教

◆禁教

1612年　直轄領に[⑧　　　　　　　]

1614年　宣教師，キリスト教信徒を国外へ追放

1633年　奉書船以外の日本船の海外渡航禁止

1635年　海外への渡航，海外からの日本人の帰国禁止

◆島原・天草一揆

1637年，島原・天草地方で農民・キリスト教信徒・牢人たちが〈⑨　　　　　　　　〉を首領として原城跡にたてこもった[＝⑩　　　　　　　　]

「鎖国」政策と四つの口

◆「鎖国」政策

1639年　ポルトガル船の来航禁止

1641年　平戸のオランダ商館を長崎の出島にうつした

→キリスト教の禁止徹底，貿易の利益と海外情報を独占

→この政策はのちに[⑪　　　　　　　]とよばれた

◆四つの口

幕府は，長崎で中国・オランダと貿易をおこない，対馬（対朝鮮）・薩摩（対琉球）・松前（対アイヌ）では大名に外交・貿易を担当させた[＝⑫　　　　　　　　]

用語を確認しよう

①幕府が大名や豪商に朱印状を発行し許可した，東南アジア諸国との貿易は？

[　　　　　　　]

②1637年に九州でおきた一揆は？　　　　　　　　　　[　　　　　　　]

（1）教科書p.108図**1**をみて答えよう。

問1　どのような人が描かれているだろうか。

```



```

問2　この図に描かれた使節はどこから派遣されたのだろう。　　　　　　　　　　[　　　　　　]

問3　この使節はのちに何を祝う使節として日本へ派遣されただろうか。　　　[　　　　　　]の代替わり

（2）教科書p.108の地図**3**（朱印船航路図）をみて，日本町や日本人の住む町ではない場所を一つ選ぼう。

　　　ア　マラッカ（マレーシア）　　　イ　アユタヤ（タイ）　　　　　　　　　　　　[　　　　　　]

　　　ウ　プノンペン（カンボジア）　　エ　ハノイ（ベトナム）

（3）教科書p.109図**4**（出島オランダ商館の図）に描かれているような，ヨーロッパや東南アジア出身の人は出島で何のために雇われたでしょうか。正しくないものを一つ選ぼう。　　　　　　　[　　　　　　]

　　　ア　召使いとして　　　イ　貿易に携わる仕事のため　　　ウ　遊女として　　　エ　医師として

（4）「鎖国」体制下の四つの口の組み合わせになるように線でむすんでみよう。

　　　朝鮮　　　　　　中国・オランダ　　　　　　琉球　　　　　　アイヌ

　　　薩摩　　　　　　　　長崎　　　　　　松前　　　　　対馬

（5）四つの口についての説明として誤っているものを一つ選ぼう。

　　　ア　宗氏は朝鮮との貿易を認められた。　　　　　　　　　　　　　　　　　[　　　　　　]

　　　イ　松前氏はアイヌとの交易の独占を認められた。

　　　ウ　薩摩の島津氏は明を侵略し，支配下においた。

　　　エ　長崎の出島にはオランダ船が到着した。

TRY 幕府はなぜ対外関係の窓口を限定したのだろうか。また，「鎖国」政策は経済や文化にどのような影響を与えたのだろうか。

MEMO

空欄にあてはまる語句をそれぞれ選ぼう。

四つの口に限定した理由
　　[A　イスラーム　・　キリスト教　]の布教と[B　貿易　・　儀式　]を切りはなしておこなう国や地域とのみ関係をもったため。

経済や文化に与えた影響
　・経済…幕府が貿易の利益を[C　共有　・　独占　]し，大名が豊かになることをふせいだ。
　・文化…限定的ではあるが，四つの口を通し外国の文化や学問が日本に[D　伝わった　・　伝わらなかった　]。

34 身分制と村・町の生活

確認しよう

江戸時代の身分制

◆百姓と町人

社会の大半は被支配身分で，人口は，村に住む[①　　　　　　]が最も多かった。一方，都市に住む[②　　　　　　]には，手工業に従事する職人，商業・金融・流通・運輸にたずさわる商人などがいた

◆下位の身分

牛馬の死骸処理や刑罰執行をしたかわたや村や町の番・芸能・掃除・物乞いなどをして生活した[③　　　　　　]は，居住地・衣服・髪型などでほかの身分と区別され，差別を受けた

江戸時代の村と百姓の家

◆村請制

村では，領主から課される年貢や人馬の負担を，村単位でおさめた[＝④　　　　　　]。また，村は行政の単位であるとともに，村人の生産と生活をささえる共同体でもあった

◆村の自治的運営

村の各家は数戸ずつ[⑤　　　　　　]に編成され，年貢納入や犯罪防止の連帯責任を負った。村の運営は田畑・屋敷をもつ[⑥　　　　　　]によっておこなわれた。土地をもたない[⑦　　　　　　]などは，運営に参加できなかった。[⑧　　　　　　]とよばれる[⑨　　　　　　]・組頭・百姓代は本百姓から選出され，村の運営をおこなった。村は，用水・山・林野・複数の村が草木を採集する[⑩　　　　　　]を管理した

江戸時代の都市と町

◆都市

江戸時代は，各地に，[⑪　　　　　　]・門前町・港町・宿場町などさまざまな都市がつくられた。

◆町の自主的運営

商人や職人が居住・営業する町人地は[⑫　　　　　　]の集合体であった。町は，[⑬　　　　　　]の支配下で自治が認められ，町屋敷をもつ町人のなかから選ばれた代表者たちを中心に運営された。また，都市全体の代表として[⑭　　　　　　]がおかれた

用語を確認しよう

①村や町の番・芸能・掃除・物乞いなどをしていた人々は？　　　　　　　　　[　　　　　　]

②村の運営をおこない，田畑・屋敷をもつ百姓は？　　　　　　　　　　　　　[　　　　　　]

③都市に住む，職人や商人は？　　　　　　　　　　　　　　　　　　　　　　[　　　　　　]

（1）P110図3（村の景観）をみて，次の会話文の空欄にあてはまる語句を選ぼう。

先　生：村の人たちの家はどこにあるのかな。

あおい：[A　　道沿い　・　山の中　　]にあります

先　生：集落のまわりには何がひろがっているかな。

おあい：[B　　お店　・　田畑　　]や山林がひろがっています。

先　生：山林を百姓たちはどのように活用しましたか。

あおい：複数の村々が草木を採集する[C　　町人地　・　入会地　　]として活用しました。

（2）近世の村の特徴の説明として正しくないものを一つ選ぼう。[　　　　　]

　　ア　五人組に編成され年貢や犯罪防止のための連帯責任を負った。

　　イ　領主は年貢収入を確保するため，百姓たちの生活にさまざまな規制を加えた。

　　ウ　村方三役とよばれる名主・乙名・沙汰人が選出され，村の運営の中心となり村の代表をつとめた。

　　エ　田植え・稲刈りなどの際には，共同作業のため結・もやいとよばれる互助組織がつくられた。

（3）江戸時代の身分にはどのようなものがあったでしょうか。p.110・111を参考にたくさんあげてみよう。

（4）P111図6（姫路城下町（兵庫県）の構造）をみて空欄にあてはまる語句を答えよう。

　　姫路城のまわりは武家地がひろがり[A　　　　　　　　]が住んだ。一方，生野街道や西国街道などの街道沿いは[B　　　　　　　]となっている。さらにその外側が寺社地や武家地となっている。

TRY 江戸時代の村や都市の特徴を，現在の市・区・町・村と比べ，相違点・共通点を考えてみよう。

相違点

ヒント：みなさんの住む地域は昔からその地名ですか。

共通点

ヒント：人々が納めるものは何かを考えよう。

MEMO

1 次の（A）〜（C）の人物に関する説明として正しいものを，①〜⑥よりそれぞれ選ぼう。

（A）織田信長　　（B）豊臣秀吉　　（C）徳川家康

①この人物は，関ヶ原の戦いに勝利し，江戸幕府をひらいた。

②この人物は，関白に任じられ，全国の大名を降伏させ全国を統一した。

③この人物は，桶狭間の戦いで勝利し，京都にのぼり将軍義昭をささえた。

④この人物は，朝鮮に侵攻したが，その途中で病死した。

⑤この人物は，家臣の明智光秀に攻められ自害した。

⑥この人物は，将軍職を息子の秀忠にゆずった。

(A)		(B)		(C)	

2 対外政策に関して書かれた I 〜 IV のカードをみて，問いに答えよう。

I

幕府は，ポルトガル船の来航を禁止し，オランダの商館を長崎の（　①　）に移した。

II

秀吉は，バテレン追放令を出したが，南蛮船との貿易は禁止しなかった。

III

南蛮貿易は，宣教師の布教活動と一体化しておこなわれ，宣教師の来日が続いた。

IV

幕府が発行した貿易許可証を用いた，（　②　）貿易がおこなわれた。

問1　上のカードの空欄にあてはまる語句を答えよう。

問2　カードを年代順に並べよう。

問3　下線部バテレンとはどのような人か。語群から選ぼう。　語群　貿易商人　宣教師　陶工

問1	①	②	問2	→ 　 → 　 →
問3				

3 次の写真Ⅰ・Ⅱをみて，問いに答えよう。

Ⅰ

Ⅱ

問1　Ⅰ・Ⅱの建築物の名称を選ぼう。

　　ア　日光東照宮　　イ　姫路城　　ウ　首里城　　エ　厳島神社

問2　Ⅰ・Ⅱがつくられたころの文化の特色をそれぞれ選ぼう。

　　ア　公家・武家・京都の上層町人などの文化的交流で形成された江戸時代初期の文化

　　イ　新興の大名や南蛮貿易などで富を得た富豪の気風を繁栄した文化

　　ウ　南蛮の宣教師や商人たちが，地理学などの学問や活字印刷機などの文化を日本に伝えた

問3　Ⅰ・Ⅱ同様に，「長崎と天草地方の潜伏キリシタン関連遺産」が世界遺産に登録されているが，
　　この地で1637年におきた一揆を何というか。

問1	Ⅰ		Ⅱ		問2	Ⅰ		Ⅱ		問2		一揆

4 江戸時代の対外関係に関連する右の地図をみて，問いに答えよう。

問1　「鎖国」政策のなか，海外の窓口となったＡ～Ｄの四つの口の
　　名称をそれぞれ選ぼう。

　　ア　対馬口　　イ　長崎口　　ウ　松前口　　エ　薩摩口

問2　地図中Ｂの口と関係が深い記述を選ぼう。

　　ア　江戸時代に朝鮮から計12回の使節が来日した。

　　イ　出島にオランダの商館がつくられた。

　　ウ　松前氏がアイヌとの交易を独占した。

　　エ　琉球王国は明との朝貢貿易をおこなった。

問3　秀吉が朝鮮国王に服属を示すよう交渉させた宗氏がおさめて
　　いた場所はどこか。右の地図のＡ～Ｄから選ぼう。

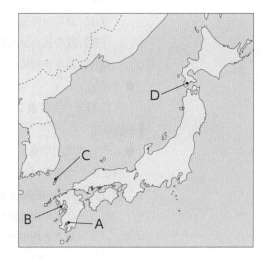

問1	Ａ	Ｂ	Ｃ	Ｄ	問2		問3	

35 幕府政治の転換

確認しよう

徳川家綱政権と東アジア

◆将軍の交代…3代将軍徳川家光から4代将軍〈①　　　　　　　　　〉へ

・1651年に由井正雪が牢人を集め反乱を企図［＝②　　　　　　　　　］＊未遂

→幕府の対応…牢人や［③　　　　　　　　　］を取り締まり，［④　　　　　　　　　　］を
緩和した

◆17世紀後半の東アジアの状況

・［⑤　　　　　　　　］王朝の安定が，国際秩序の安定へつながる

・日本も平和な時代がおとずれ，政治のあり方もそれに応じた

徳川綱吉の政治

◆綱吉による新しい政治の秩序

・1680年5代将軍〈⑥　　　　　　　　〉は武威を後退させ，［⑦　　　　　　　　　］による
秩序をうちたてた

→例えば，［⑧　　　　　　　　　］が設けられ，［⑨　　　　　　　］が重視された

他にも犬や鳥などの殺生を禁じた［⑩　　　　　　　　　］の発布，［⑪
　　　　　　　　　］によって死や血をきらう意識がつくられた

◆幕府による経済政策

・財政支出の増大…諸寺社の造営・修復や1657年におきた［⑫　　　　　　　　　　］からの復
興による＊一方で鉱山収入の減少

（対応）勘定吟味役〈⑬　　　　　　　　　〉による貨幣改鋳がおこなわれた

（内容）質の劣る貨幣の発行　（結果）幕府は巨利を得た

（影響）物価が高騰して，人々の生活が苦しくなった

◆その他

・1703年…大地震　・1707年…大地震と富士山の噴火

正徳の治

◆6代将軍徳川家宣，7代将軍徳川家継の時代

→ささえた学者〈⑭　　　　　　　　〉・側用人間部詮房

（内容）・物価の高騰を抑制するため品質を戻した［⑮　　　　　　　　］を発行

・金銀の海外流出をふせぐため，［⑯　　　　　　　　　　］で貿易額を制限

・将軍の権威を高めるため，朝鮮からの国書にある将軍呼称を日本国王に改めた。他
にも朝鮮通信使の待遇を簡素化

・［⑰　　　　　　　　　］を新設して，朝廷との関係を強化

用語を確認しよう

●末期養子の禁をゆるめるきっかけとなった事件は？　　　　　　　　　　　［　　　　　　　］

●1657年江戸でおきた大火事は？　　　　　　　　　　　　　　　　　　　［　　　　　　　］

●金銀の流出を防ぐための貿易額制限令は？　　　　　　　　　　　　　　　［　　　　　　　］

（1）教科書p.114図**1**（かぶき者のけんか）を参考に考えてみよう。

問1　なぜかぶき者は増えたのだろうか。

　①どのような人たちがかぶき者となったのか…[　　　　　　　　　　　　　　　　　　　　]

　②なぜ異様な格好をしているのか…[　　　　　　　　　　　　　　　　　　　]

（2）**読み解きのツボ**　貨幣改鋳はどのような理由でおこなわれたのだろうか。p.115**5**の資料を参考に考えてみよう。

問1　空欄にあてはまる語句の組み合わせとして正しいものを一つ選ぼう。　　　　　　　　[　　　　　]

> 　幕府は財政収入を増やすために，慶長小判と比べて（　A　）の含有量を減らし，品質を（　B　）元禄小判を発行した。このことにより，大きな差額収入を得た。

　ア　A：金　B：上げた　イ　A：金　B：下げた　ウ　A：銀　B：上げた　エ　A：銀　B：下げた

問2　慶長小判と元禄小判を比較したとき，金の重さにどのくらいの差額がうまれるか右の表を参考に計算してみよう。

> ●慶長小判の重さ4.76g
>   （金の含有量86.8%　銀の含有量13.2%）
> ●元禄小判の重さ4.76g
>   （金の含有量57.4%　銀の含有量42.6%）

TRY　東アジアの平和と安定の中で，日本の政治と社会はどのように変化したのだろうか。

武威を後退させ忠孝と礼儀を重視	
徳川家綱の治世	①末期養子の禁をゆるめる　↔かぶき者や牢人の取り締まり
徳川綱吉の治世	①武家諸法度の変更…「[A　　　　　　　　　　]の道，専ら相嗜むべきこと」→「[B　　　　　　　　]を励まし，[C　　　　　　]を正すべき事」とした ②儒学を重視する…[D　　　　　　　　]を設置 ③生類の殺生を禁じる法令の制定…[E　　　　　　　　　] ④死や血をきらう意識をつくる…[F　　　　　　]の制定
徳川家宣・家継の治世	①生類憐みの令を廃止する ②物価の高騰をおさえるため，[G　　　　　　　　　]を発行 ③金銀流出を防ぐため，貿易額を制限…[H　　　　　　] ④朝鮮通信使の待遇を変更する 　…「日本国大君殿下」から「日本国王」に改めさせる 　…[I　　　　　　　]の待遇簡素化 ⑤朝廷との関係強化…[J　　　　　　　]の設置

②生類憐みの令の意義を東アジアの国際関係の変化のなかで考えてみよう。

> （意義）[K　　　　　]の安定が[L　　　　　　　]の安定をもたらし，これが日本の武威の後退につながった。そのなかで[M　　　　　]を軽んじる風潮をかえ，[N　　　　　]に手をさしのべようとする法令がつくられた。

MEMO

36 産業の発展

確認しよう

新田開発と農業経営

◆耕地面積増大の背景

- ・幕府や藩による[①　　　　　　　　　]や大規模治水・灌漑工事による
- ・百姓によって山野が切り開かれて新田となった

◆肥料の工夫…油粕や干鰯などの[②　　　　　　　　　]が商品作物の生産地で使用

◆商品作物…四木(桑・楮・漆・茶)と三草(紅花・藍・麻)が代表

農山漁村の技術改良

◆農村における新しい技術や知識

- ・田や畑を深く耕す[③　　　　　　　　　]の普及。他にも，千歯扱，唐箕，千石簁
- ・各地で[④　　　　　]が著され，道具・肥料・農法が伝えられた

◆山村…林業：秋田や木曽で特産品が誕生。有力商人が城下町で薪や炭を販売

◆漁村…漁業：17世紀半ば以降，網漁が全国に伝わる

　　　　　　　蝦夷地では，和人の参入で昆布や[⑤　　　　　　　]が生産された

　　　　　　　＊[　⑤　]は長崎貿易で中国への主要な輸出品

　　　　　製塩業：瀬戸内海沿岸部を中心に[⑥　　　　　　　　]によって量産可

さまざまな産業

◆木綿…衣類として普及すると河内や尾張で栽培がさかんになる

◆染料…出羽最上地方の[⑦　　　　　　]や阿波の[⑧　　　　　]が栽培された

◆醸造業：伏見，伊丹，灘の酒

◆醤油：野田，銚子

◆鉱山業：金銀の産出量が減少していったため，足尾や別子で産出される[⑨　　　　　　]が輸
　　　　出された

◆製鉄業…中国地方などで[⑩　　　　　　　]がおこなわれ，農具にも加工

用語を確認しよう

①田や畑を深く耕すための道具は？　　　　　　　　　　　　　　　[　　　　　]

②桑・楮・漆・茶・紅花・藍・麻といった商品作物の総称は？　　　[　　　　　]

③木綿が衣類として普及すると河内や尾張で何が栽培された？　　　[　　　　　]

（1）江戸時代の農作業について下の図をみて答えよう。

問1　農家は　A田おこし　→　B田植え　→　C収穫・脱穀　を毎年おこなっている。

次の資料はA～Cの作業工程のどれにあてはまるか整理してみよう。

ア

イ

ウ

エ

オ

A	
B	
C	

問2　農作業では男女の役割に違いがみられるが，上記の資料ア～オのなかから，おもに男性がになったと考えられるものを二つ選ぼう。

［　　　　　］

（2）**読み解きのツボ**　右の資料「醤油番付」は，江戸での醤油の売り上げを番付に見立てて示したものである。

問1　みたことがある商標をさがして，資料に赤で○をつけてみよう。

問2　人気のあった醤油醸造家はだれか答えよう。

［　　　　　　　　　　　］

問3　醤油の産地として有名な場所はどこか答えよう。

［　　　　　　　　　　　］

TRY　江戸時代における産業の発展は，どのような背景によってうまれたのだろうか。

①生産者側の視点にたって考えてみよう。

…交通網の発達によって，必要な道具や肥料を取り寄せた

→（例）河内や尾張でさかんに栽培された［A　　　　　　　］は，栽培が難しく即効性のある肥料が欠かせなかった。そのため，［B　　　　　　　］である干鰯が関東から大坂へ［C　　　　　　　］で運ばれ，肥料として使用された。

②消費者側の動向に注目して考えてみよう。

…農村にも［A　　　　　　　　　　］が浸透し，商品作物や特産品を求める人が増えた。

→（例）特に重要な商品作物を四木［＝B　　　　　　　　　　］三草［＝C　　　　　　　］という

MEMO

----

37 交通網の発達と都市の繁栄

確認しよう

水陸の交通網…(陸路)人の移動　(水路)大量の物資輸送

◆陸上交通

・幕府は江戸を起点とする[① 　　　　　　　　　]を直轄し，2〜3里ごとに[② 　　　　　　]
をおいた。治安維持のために[③ 　　　　　　]を設けた

・交通制度が整備されると，[④ 　　　　　　　　]の制度が発達

◆水上交通

・17世紀初頭に京都の商人〈⑤ 　　　　　　　　　〉が舟運を開発(富士川，高瀬川など)

・17世紀後半に〈⑥ 　　　　　　　　〉が東廻り航路・西廻り航路を開発

　→全国各地と江戸・大坂がむすばれた

・江戸〜大坂間の南海路は[⑦ 　　　　　　　　]や樽廻船が定期的に運行

・西廻り航路では[⑧ 　　　　　　]が活動

三都の繁栄と元禄文化

◆三都…市場が発達し，商人の分業化や同業者同士で[⑨ 　　　　　　　　]を結成

　　　＊三貨の両替や為替業務をおこなう[⑩ 　　　　　　]が成長

◆江戸…幕府の施設や大名の屋敷が集まり，多数の武士が住んだ

　　　武士の生活をささえる商人・職人・日用らも住んだ(消費都市)

◆大坂…物資が集まり，加工された商品が全国へ出荷された(商業都市)

　　　年貢米をおさめる藩の[⑪ 　　　　　　　]が多く，米の先物取引が実施

◆京都…天皇や公家が居住。寺院や神社を訪れる人々が集まる

　　　手工業技術の伝統が継承された

・＊上方では豊かな商人などの町人を中心に[⑫ 　　　　　　　　]がはぐくまれた

学問の展開

◆儒学の重用…上下の身分や忠孝・礼儀を重んじる

　→朱子学は幕府や藩で受け入れられ，幕府の教育政策が林家中心におこなわれた

◆陽明学…知識と行為の一致を説く：〈⑬ 　　　　　　　　〉や熊沢蕃山

◆孔子・孟子の古典に学ぶ儒学：〈⑭ 　　　　　　　　〉，伊藤東涯

◆学問・生活での個性尊重を説く儒学：〈⑮ 　　　　　　〉

　＊儒学の興隆にともなう合理的で現実的な思考の発達が，他の学問へ影響

(例)歴史書編纂，本草学，和算，国文学の発展

　　天文学の発展：貞享暦の採用

用語を確認しよう

①江戸・大坂間の南海路を運行したのは菱垣廻船ともう一つは？　　　　　[　　　　　　]

②金銀銭の両替や為替業務などをおこなう商人は？　　　　　　　　　　　[　　　　　　]

③知識と行為の一致を説く儒学は？　　　　　　　　　　　　　　　　　　[　　　　　　]

（1）教科書p.118図**1**（江戸時代の都市と交通網）などを参考に考えよう。

問1　新しい航路ではおもに何が運ばれていたのだろうか。

西廻り航路	蝦夷地と大坂をむすんだ[A　　　　　]には，[B　　　　　]が積まれ，大坂へ運ばれた。各地の[C　　　　　]や[D　　　　　]も大坂に運ばれた。[　D　]は藩の蔵屋敷におさめられた。
南海路	[E　　　　　]や樽廻船が運行し，樽廻船はもともと[F　　　　　]を運んでいたが，のちに[　F　]以外も運ぶようになった。

問2　交通網の発達は，①や②のように社会をかえた。その理由を考えてみよう。

①商工業の発展…[　　　　　　　　　　　　　　　　　　　　　　　　　　　　　　　　]

②都市のにぎわい…[　　　　　　　　　　　　　　　　　　　　　　　　　　　　　　　]

> **TRY** 私たちがくらしている地域は，江戸時代に，江戸・大坂・京都とどのようにむすびついていただろうか。

政治・経済・文化の観点から一つを選び，むすびつきを考えてみよう。

【選んだ観点】	【むすびつき】

●元禄文化の作者と作品を一つとりあげ，その詳細について調べてまとめてみよう。

作者	
作品名	

調べるために参考にしたもの（インターネットサイトや書籍など）

MEMO

87

38 徳川吉宗・田沼意次と財政問題

確認しよう

享保の改革…紀伊藩主をつとめた〈①　　　　　　　〉が8代将軍となっておこなう

◆改革の柱：財政再建

・年貢収入を増やすため新田開発をおこなう

・検見法から[②　　　　　　　]へ変更し，年貢増徴をねらった

・1万石につき100石の割合で米を納めさせる[③　　　　　]を実施

　→かわりに参勤交代を緩和した

・産業の育成…甘藷や朝鮮人参などの栽培奨励

＊他にも倹約の実施や物価の安定にも力をつくした

　（改革の結果）全体的に見れば幕府財政に一定の安定がもたらされた

◆法と裁判制度の改革

・金銭貸借については[④　　　　　　　　]を発布

・[⑤　　　　　　　　]を編纂して，裁判に一定の規定や基準を設けた

　＊他にも[⑥　　　　　]を設置して民衆の意見や訴えを聞いた

　→（成果）医療施設である[⑦　　　　　　　]を設置した

◆江戸の都市政策

・〈⑧　　　　　　　〉が町奉行となり，火事対策として[⑨　　　　　　]を設置

田沼意次の時代：江戸の経済が著しい成長を遂げていた

…10代将軍徳川家治のもと側用人や老中として権力をにぎる

◆商業・商品流通の面から幕府収入の増加をはかる

・商人や職人の仲間を[⑩　　　　　　]として公認し，[⑪　　　　　　　]を納めさせた

・大坂の商人らに御用金を課す

◆下総の[⑫　　　　　]や[⑬　　　　　　]の干拓工事の開始　＊1786年中止

◆蝦夷地開発やロシアとの貿易への関心　＊町人の力を活用

◆[⑭　　　　　　]がはじまり，浅間山が噴火するなか，百姓一揆や打ちこわしが頻発した

用語を確認しよう

①人材登用のために設けられた制度は？　　　　　　　　　　　　[　　　　　　　]

②甘藷の栽培や普及に活躍したのは？　　　　　　　　　　　　　〈　　　　　　　〉

③10代将軍徳川家治のもとで側用人や老中として政治をおこなったのは？　〈　　　　　　　〉

④天明の飢饉と同時期に噴火したのは？　　　　　　　　　　　　[　　　　　　　]

（1）教科書p.122図**2**（幕府年貢収納高の推移）をみて答えよう。

問1　石高が増加した時期を二つみつけ，だれの時代か書いてみよう。

問2　なぜ石高が増加したのだろう。　　　　　　　　　　　　　　　　　　[　　　　　　　　　　　]

（2）吉宗と意次の政治は，どのようなことを背景におこなわれたか，下の語群からあてはまる語句を選ぼう。

吉宗の改革	江戸幕府が成立してから約100年が経った。幕藩体制や朝幕関係は安定していたが，法・政治・財政のあり方と現実の社会・経済のあり方に[A　　　　　]が生じたため。 最大の問題は[B　　　　　]問題である。元禄期の支出増大，[C　　　　　]の減少，[D　　　　]の下落などがその背景にある。
意次の政治	吉宗の改革によって幕府の年貢収入は一時的に安定したが，18世紀なかば以降，年貢収納率は[E　　　　　]。　＊p.122**2**のグラフを参照のこと そのため，吉宗の改革の延長線上に，[　B　]問題に取り組まねばならない事情があったと考えられる。

語群　米価　財政　下がった　鉱山収入　ズレ

TRY　徳川吉宗と田沼意次の政治について，共通点と異なる点を具体的に考えてみよう。

	吉宗の改革	意次の政治
共通点 民間の力を利用		
相違点 ①権力基盤	・[A　　　　]である吉宗が改革の中心	意次は[B　　　　]や[C　　　　]として改革をすすめる →将軍の死とともに失脚し改革を完遂できず
②財政政策の柱		
③外国とのかかわり	・表面化せず	[D　　　　]の脅威が表面化 [例]工藤平助『[E　　　　]』

MEMO

89

39 商品経済の発達と民衆の運動

確認しよう

手工業生産と地域市場の形成

◆手工業生産が農村でもおこなわれる

・農村に道具・原料・資金を前貸して製品を受け取る[①　　　　　　　　　　]

・分業と協業による[②　　　　　　　　　　]　＊マニュファクチュア

◆商品生産のあり方の変化…三都や城下町以外での需要増加

・株仲間商人主導の三都と城下町の流通ルートに加え，各地の市場や河岸がにぎわう

・北前船や内海船などを用いる海に面した地域の海運業の発達

都市と村の変容

◆商品作物や手工業製品の生産がさかんになり，貨幣経済が都市以外に浸透

（農村）

・18世紀なかばころの百姓：土地にあった副業的な農業や賃稼ぎをおこなう

・豪農のなかには[③　　　　　　　　　]として成長する者もいた

・田畑を手放した百姓は[④　　　　　　　　]になったり都市で出稼ぎをしたりした

　　→百姓が減った農村では田畑が荒廃することもあった

（都市）

・江戸では日雇いや行商で生活する下層農民や無宿が増加

一揆と打ちこわし

◆百姓一揆…百姓が生活を守るためにおこす行動

・17世紀の一揆…村役人などが領主に[⑤　　　　　　　]する形式が多い

・18世紀以降の一揆…村の全百姓やひろい地域の百姓が団結する形式もある

・19世紀の一揆…畿内1100以上の村の百姓と[　③　]が株仲間商人の流通独占に対抗する

　[⑥　　　　　　　]をおこした。また，各地で豪農と貧農が対立する[⑦　　　　　　　　]

　が増加

◆[⑧　　　　　　　　　　]…都市では買い占めをおこなった米商人などの家屋や家財を破壊

　　　　　　　　　する[　⑧　]が増加

◆幕府や藩の対応

・強訴の禁止。指導者を厳重に処罰。凶作などの際は年貢の減免や米を施す

◆関東での対応…19世紀には村々を巡回する[⑨　　　　　　　　　　]設置

用語を確認しよう

①分業と協業による工場制手工業を何というか？　　　　　　　　　[　　　　　　　　　]

②農村で貧しい百姓に金を貸す地主になるような百姓を何というか？

　　　　　　　　　　　　　　　　　　　　　　　　　　　[　　　　　　　　　]

③百姓が自分たちの生活を守るためにおこす行動とは？　　　　　[　　　　　　　　　]

（1）教科書p.124図2と図3をみて，2の工場制手工業による生産の特徴を，3の問屋制家内工業と比べながらまとめてみよう。

> 工場制手工業による生産の方が…
>
>
>
> という特徴がある。

（2）**読み解きのツボ** 百姓たちが署名を円形に並べているのはどうしてだろうか。空欄にあてはまる語句・文章を答えよう。

> 百姓たちは幕府や領主の政策によって暮らしや生産活動が大きな影響を受けると，自分たちの生活を守るために行動をおこすことがあった。たとえば，百姓一揆にさいして[A　　　　　　]がつくられ，百姓の署名は円形になされている。
> その理由として，B _____
> ためということが考えられる。

（3）一揆や打ちこわしは，なぜ増加したのだろうか。空欄にあてはまる語句を答えよう。

> 幕府や領主から課せられた[A　　　　　　]の負担が重く，さらには[B　　　　]や[C　　　　]がたびたび発生し，生産活動やくらしが圧迫されたから。

（4）「百姓」は農業に従事した民衆以外も含まれるが，①農民以外の民衆とはどのような民衆か，
②そのような民衆たちにとって災害による生業への影響とは具体的にどのようなものであったか考えてみよう。

①	
②	

TRY 商品経済の発達により，都市や村にはどのような変化がおき，どのような運動がみられたのだろうか。

それぞれの変化や運動についてまとめた表の空欄にあてはまる語句を語群から選んで入れよう。

MEMO

村	村に貨幣経済が浸透すると，百姓のなかで[A　　　　　　]（＝豪農）などの豊かな百姓と[B　　　　　　]などの貧しい百姓とに階層がわかれていった。両者の対立は[C　　　　　　]へと発展することもあった。
都市	貨幣経済の浸透により，[D　　　　　　]や[E　　　　　　]がさかんになると，都市や村をこえた人々のやりとりが増え，ひろい範囲の人々が団結する一揆や[F　　　　]のような運動がみられた。

語群 商品作物　小作人　国訴　村方騒動　地主　手工業生産

40 寛政の改革と欧米諸国の日本接近

MEMO

確認しよう

寛政の改革…老中〈①　　　　　　　　〉による改革

◆飢饉への対応・対策

・窮乏していた旗本や御家人を救うため[②　　　　　　　]を発布
・各地に義倉・社倉をつくらせ，米を蓄えさせた[＝③　　　　　　　]
・江戸では町費を節約させ，その7割を江戸町会所に積みたてさせた[＝④　　　　　　　]
・農村復興のために農村人口の回復を目的として[⑤　　　　　　　　]を出す
・石川島に[⑥　　　　　　　　]を設置…[　⑤　]と合わせて下層民対策
＊他にも出版統制令による風俗取締りや旗本らへの文武奨励をおこなう

◆朝幕関係

・〈⑦　　　　　　　　　〉が尊号一件をおこし，朝幕関係に緊張がはしる

ロシア使節ラクスマンと定信

◆幕府の外国船への対処

・毛皮貿易の隆盛を背景に諸外国の船が日本近海に出没
・1792年に〈⑧　　　　　　　　〉が根室に来航し，通商を求める
↓＊一緒に漂流民を送還
長崎への入港許可書を渡し退去させる
・尊号一件をめぐり11代将軍徳川家斉と対立→1793年に老中辞任

改革後の政治と諸外国船の接近

◆松平定信辞任後の政治

・支出が増大したため，貨幣改鋳をおこなう→物価が高騰し，人々の生活に打撃
＊一方で，商品生産と流通が活発化：庶民文化が地方に及ぶ

◆諸外国船の接近…日本近海に捕鯨場があり，通商を要求

・1804年にロシアの〈⑨　　　　　　　　〉が来航し通商要求
＊幕府は拒否したため，ロシア側は択捉島などを攻撃
・1808年にイギリス軍艦が長崎港に侵入[＝⑩　　　　　　　]
・幕府の対応…有無をいわさず外国船を打ち払う[⑪　　　　　　　]を出す

用語を確認しよう

①旗本や御家人の借金を帳消しにする法令は？　　　　　　　　　　　[　　　　　　　]
②光格天皇が実父に太上天皇号を贈ろうとして幕府に却下された事件は？　[　　　　　　　]
③松平定信が老中に就任した時の11代将軍は？　　　　　　　　　　〈　　　　　　　〉

（1）教科書p.128図**1**（レザノフ来航の様子）をみて，ロシア使節のレザノフはなぜ日本にきたのか考えてみよう。

問1　19世紀に欧米列強が商品として捕獲した動物は何か，答えよう。

[19世紀前半]

おもに…[　　　　　　]

[19世紀後半]

おもに…[　　　　　　]

問2　ロシアが日本に接近した理由は何だろうか。

[　　　　　　　　　　　　　　　　　]

問3　レザノフはどこにやってきたのだろうか。

[　　　　　　　　　　　　　　　　　]

問4　図**1**の右側に描かれている船は，ロシア船であるにもかかわらず，オランダ船が入港しているかのように描かれている。その理由を書いてみよう。

[　　]

TRY　国内の問題と外国との問題，それぞれの内容・背景と幕府の対応を考えよう。

	内憂～国内の問題～		外患～外国との問題～	
寛政の改革前・寛政の改革	【問題】 [A　　　　]の荒廃	【対応】 公金貸付 [B　　　　　　]	【問題】 [G　　　　　　] の来航[1792]	【対応】 [H　　　　　　]へ の入港証を与える
	江戸の飢饉対策と下層民対策	[C　　　　　　] [D　　　　　][B]		
	旗本・御家人の困窮と綱紀のゆるみ	[E　　　　　] [F　　　　　　] …文武をすすめ，朱子学を重視		
寛政の改革後	【問題】 [I　　　　]の増大	【対応】 [J　　　　]貨幣をつくり，巨利を得ようとする ↓ （影響） ・物価の高騰 ・商品生産と流通が活発化し，庶民文化が花開く	【問題】 外国船の日本接近がより重大な問題となる。 ・レザノフの来航と北方紛争 ・フェートン号事件	【対応】 [K　　　　　　] の防備を強化する。 [L　　　　　] らによる択捉島の探索 また，1807年に幕府が直轄領とする [M　　　　　] [1825]を発布

MEMO

41 江戸時代後期の学問・文化

確認しよう

民衆の生活と文化

◆都市文化の地方へのひろまり

・18世紀後半…歌舞伎や相撲などの地方興行が活発化

・19世紀前半…都市に芝居小屋や見世物小屋設置，講談や落語のための寄席

・その他…[①　　　　　　　　　]などの寺社参詣，湯治・観光といった旅行，村芝居

　　　　　　　↕

・社会不安の高まりから新しい宗教もおこる

学問の展開

◆教育機会・機関の増加

・読み・書き・そろばん・幕府の法令等を学ぶ[②　　　　　　　　]の普及

　　　　　　　　　　　　　　　　　　　　　　　　　＊教材や学習内容は多様

・儒学・[③　　　　　　　]・国学などを学ぶ私塾の増加

・藩士とその子弟を教育する[④　　　　　　]の増加

◆西洋の知識に対する関心が高まる

・徳川吉宗による漢訳洋書の輸入制限緩和，オランダ語の学習奨励

　　→西洋の知識への関心の高まりへ

・〈⑤　　　　　　　　〉や杉田玄白らによる解剖書[⑥　　　　　　　　]の翻訳

・〈⑦　　　　　　　　〉が全国の沿岸を測量

・[⑧　　　　　　　　　]の設置：洋書の翻訳をすすめる

・ただし，蘭学は幕府の政策にふれるときびしく処分されることもあった

◆日本の古典研究の発展

・『万葉集』，『古事記』，『日本書紀』の研究

　　→日本古来の精神やあり方を考える学問の発達へ　＊[⑨　　　　　　　]

化政文化

◆寛政の改革…洒落本や黄表紙といった出版物の一部が取り締まられた

◆化政文化…中心地：江戸，にない手：一般民衆，文化が地方へ伝播

・文学…読本，滑稽本，人情本，合巻という様式がうまれた

・俳諧…〈⑩　　　　　　　　　〉が百姓の生活や感情を詠む

・絵画…[⑪　　　　　　　　]の風景画が流行　＊背景：旅の流行

　　明・清の画風の流れをくむ[⑫　　　　　　　]や洋風画も描かれる

用語を確認しよう

①庶民の子弟が読み・書き・そろばんなどを学んだ場所は？　　　　　　　[　　　　　　]

②日本古来の精神やあり方を考える学問は？　　　　　　　　　　　　　　[　　　　　　]

③小林一茶が庶民の感情を「五・七・五」で詠んだ文芸は？　　　　　　　[　　　　　　]

（1）教科書p.130図**2**「おらんだ正月」をみて，西洋風なものをさがそう。

[　　　　　　　　　　　　　　　]

（2）民衆が学んだ学問と親しんだ文化は，どのようなものだったかまとめよう。

学問	
文化	

> **TRY** 元禄文化と場所や文化のにない手が異なる化政文化の特徴には，社会のどのような変化が反映されているだろうか。

【化政文化の特徴】

中心地は[A　　　　　]，にない手は[B　　　　　　]，都市文化が[C　　　　]に普及

【どのような社会の変化が化政文化に反映されたか】

観点	自由記述
教育の面	[D　　　　　　]が各地に普及し，[E　　　　　　]が身についていていることで，教育水準があがったこと。
農村の人々が都市の文化に触れる機会	[F　　　　　　]や興行，[G　　　　　　]などの直接訪問によって都市の文化にふれる機会が増えたこと。

教科書p.131図**4**（江戸時代後期の文化・芸術）をみて，「文学」と「美術」から気になる作品と作者の詳細をそれぞれ一つずつ調べてみよう。

	調べたこと
文学	【作品】
	【作者】
絵画	【作品】
	【作者】

調べるために参考にしたもの（インターネットサイトや書籍など）

MEMO

42 天保の改革

確認しよう

内憂外患の深刻化

◆内憂

- ・1833年，天保の飢饉がおこる：東北・北陸・関東で大打撃
  →(甲州)[①　　　　　　　　　]，(三河)加茂一揆等，大規模な百姓一揆がおこる
  他にも，打ちこわしがあいつぐ
- ・幕府の対応…大坂の米を江戸へ送る　→(結果)大坂で米価高騰
- ・1837年，〈②　　　　　　　　　　〉が幕府を批判して武力反乱をおこす
  →越後柏崎でも〈③　　　　　　　　　〉が反乱をおこす

◆外患

- ・1837年モリソン号(米)が漂流民を送還，通商を求め浦賀・鹿児島へ来航
  (幕府の対応)：[④　　　　　　　　　　　]にもとづいて攻撃
  ↑…〈⑤　　　　　　　　　〉や渡辺崋山が対応を批判するが，幕府が彼らを弾圧
  ＊これを[⑥　　　　　　　　　]という
- ・1840年，[⑦　　　　　　　　　　]で清がイギリスに攻撃されたことが伝わると，幕府は対
  外政策の見直しをせまられた

天保の改革

◆大御所〈⑧　　　　　　　　　　〉の時代…不公正な政策に不満が高まる

◆老中水野忠邦の登場…倹約，物価の引き下げ，文化統制，農村復興

- ・物価騰貴抑制のため倹約や文化の統制。歌舞伎を郊外へ移すなど
- ・[⑨　　　　　　　　　　　]を出して，流通の独占を禁止
- ・在郷商人らの自由な取引を認めて物価の引き下げをねらう
- ・[⑩　　　　　　　　　　]により江戸に流入していた下層農民を農村へ戻す
- ・異国船打払令を撤回し，[⑪　　　　　　　　　　　]をだす
- ・その他…西洋砲術導入，海防強化，印旛沼の掘割工事など

改革の挫折と雄藩の浮上

◆幕府の権威の衰退

- ・1843年[⑫　　　　　　　　]により江戸・大坂周辺を直轄領にしようとする
  →強い反対によって計画は挫折…改革は失敗し，幕府の権威は衰退

◆藩政改革…薩摩，長州，佐賀，土佐藩などが財政を再建

- ・薩摩藩…砂糖の専売，琉球王国での密貿易
- ・長州藩…紙・蝋の専売，下関に入港する商船から利益を得る
  →これらの藩は[⑬　　　　　　　　]とよばれる

用語を確認しよう

①高野長英の他モリソン号事件で幕府の対応を批判した人物は？　　　〈　　　　　　　　〉

②天保の改革をすすめた老中は？　　　　　　　　　　　　　　　　　〈　　　　　　　　〉

（1）教科書p.132図**1**・**2**をみて，領民はなぜ一揆をおこしたのか考えてみよう。

問1　幕府が1840年に命じた三方領知替えとはどのようなものだろうか，まとめてみよう。

問2　領民はなぜ三方領知替えに対して一揆をおこしたのだろうか。下の文章に続けて書いてみよう。

　幕府が命じた転封がおこなわれた場合，

（2）幕府は国内外の危機にどのように対応しようとしたのだろうか。その背景について空欄にあてはまる語句を入れよう。

国内の危機への対応 ⇩ 天保の改革	①1833年に［A　　　　　　　　　　　　］がおこる ②大規模な一揆や打ちこわし 　・甲州の［B　　　　　　　　　　　］，三河の［C　　　　　　　　　　　］がおこる　＊幕領 ③大坂で［D　　　　　　　　　　　］が反乱をおこし，越後で［E　　　　　　　　　　　］も反乱 　をおこす
対外的な危機への対応 ⇩ 外交政策の見直し	①1837年に［F　　　　　　　　　　　　］が漂流民を送還して通商を求めるために来航し 　たが，幕府は［G　　　　　　　　　　　］によって攻撃 　→幕府の対応を批判した蘭学者の［H　　　　　　　　　　　］や渡辺崋山が弾圧された ②1840年［I　　　　　　　　　　　］で清がイギリスに敗れた

（3）**読み解きのツボ**　妖怪は何を表現したものだろうか。教科書p.133図**4**をみて，問いに答えよう。

問1　歌川国芳「源頼光公館土蜘作妖怪図」はどのような風刺画だろうか。

[　　　　　　　　　　　　　　　　　　　　　　]

問2　この風刺画に描かれている妖怪は何をあらわしているだろうか。

[　　　　　　　　　　　　　　　　　　　　　　]

問3　この風刺画の手前で囲碁をうつ人々はだれをさしているだろうか。

[　　　　　　　　　　　　　　　　　　　　　　]

> **TRY**　天保の改革はなぜ失敗したのだろうか。また，改革の失敗は幕府と藩にどのような影響を与えただろうか。

幕府	藩
（改革失敗の理由）	（藩の動向）
（影響）	（影響）

MEMO

この編で学んだことをふりかえってみよう。→p.176

第6章　章末問題

教科書 ▶ p.114〜133

1 次の文章を読んで，問いに答えよう。

　5代目将軍（　A　）の政治は，武威を後退させ，忠孝や礼儀による秩序をうちたてようとするものであった。武家諸法度の第一条の変更に加え，林家の私塾を（　B　）に移して聖堂とし，儒学を重視した。（　A　）の時代は，（　C　）の噴火などがあったが，比較的安定しており，安定のなかで学問が発展していく。幕府は儒学のなかでも（　D　）を重視した。儒学のなかには，知識と行為の一致を解く（　E　）もあった。儒学以外にも⒜国学や蘭学といった学びもさかんになった。学びは庶民にもひらかれ，各地に（　F　）がひらかれ，庶民の子弟が読み・書き・そろばんなどを学んだ。このことは識字率の高さにむすびつき，⒝庶民も文芸という文化を楽しむことができた。

語群　1　徳川家光　　2　浅草　　3　蛮書和解御用　　4　湯島　　5　朱子学　　6　徳川綱吉
　　　7　陽明学　　8　藩校　　9　徳川家綱　　10　富士山　　11　浅間山　　12　寺子屋

問1　空欄A〜Fにあてはまる語句を語群から選び，数字で答えよう。

問2　下線部⒜に関して述べた文のうち正しいもの二つを選んだ組み合わせとしてあっているものを一つ選ぼう。

　　a　国学とは日本古来の精神のあり方を考える学問である
　　b　蘭学とは孔子や孟子の考え方を直接学ぶ学問である
　　c　大塩平八郎は『古事記』の研究を通して国学を大成させた
　　d　前野良沢や杉田玄白らはオランダ語の医学書を翻訳して，西洋の解剖術を紹介した
　　ア　a・c　　イ　a・d　　ウ　b・c　　エ　b・d

問3　下線部⒝に関して，滑稽な会話で庶民の姿をいきいきと描いた十返舎一九の作品を一つ選ぼう。
　　ア　『好色一代男』　　イ　『南総里見八犬伝』　　ウ　『日本永代蔵』　　エ『東海道中膝栗毛』

問1	A	B	C	D	E	F	問2		問3	

2 次の文章を読んで，問いに答えよう。

　江戸幕府成立から約100年経った徳川吉宗の時代は財政悪化が深刻化し，社会全体に停滞ムードがただよった時代でもある。そのため，吉宗の時代以降財政問題など諸問題解決のためにさまざまな改革がおこなわれた。

番号	政　策　の　内　容
①	商人からの借金に苦しむ旗本や御家人を救うため，借金を帳消しにするもの
②	農村復興を目的に，江戸に流入していた下層民に資金を与えて農村に帰らせるもの
③	金銀の海外流出を防ぐため，貿易額に制限を加えた
④	金銭貸借による裁判は，当事者間で解決することを定める
⑤	飢饉対策として各地に義倉・社倉をつくらせ，米を蓄えさせた
⑥	目安箱に投函された意見を採用してつくられた貧民救済のための医療施設
⑦	諸大名から1万石につき100石の割合で米を納めさせた
⑧	江戸の下層民対策のために石川島におかれた無宿人に職業訓練を施す施設
⑨	一定期間年貢率を固定するもの
⑩	江戸・大坂周辺の領地を幕府直轄領として，年貢増収と防備の強化をめざすもの

語群　1　海舶互市新例　　2　七分積金　　3　上知令　　4　小石川養生所　　5　囲米　　6　上米
　　　7　生類憐みの令　　8　末期養子の禁緩和　　9　人足寄場　　10　相対済し令　　11　旧里帰農令
　　　12　棄捐令　　13　足高の制　　14　定免法の設定

問1　政策の内容の説明に該当する諸政策を語群から選ぼう。

98　第6章　章末問題

問2 享保の改革でおこなわれた政策を前ページの政策の内容の表(①~⑩)からすべて選ぼう。

問1	①	②	③	④	⑤	⑥	⑦	⑧	⑨	⑩
問2										

3 次の文章を読んで，問いに答えよう。

江戸時代になると交通網の整備がすすみ，人は陸上，物は水上の原則のもと人や物の往来が活発になった。幕府は江戸を起点とする（　A　）を直轄し，2~3里ごとに（　B　）を設置したほか，治安維持のために（　C　）を設けた。さらには荷物や書状を運ぶ（　D　）の制度も整備した。

水上交通においては，京都の商人（　E　）が河川交通の整備をおこない，（　F　）が東廻り航路・西廻り

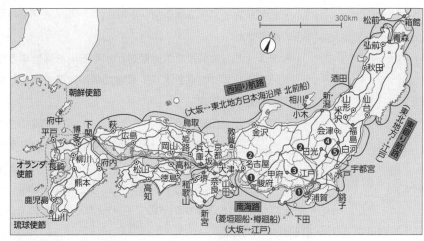

航路を開発した。西廻り航路にのって，蝦夷地からの積荷を運ぶ（　G　）が大坂へ入港した。さらに江戸と大坂をむすぶ南海路では菱垣廻船・樽廻船が運航し，大坂と江戸の問屋が荷物・商品の仕入れと運送をとりしきった。@商人のなかには同業者どうしで（　H　）を結成する動きもみられた。

江戸時代は，幕府が貨幣を鋳造した。金銀銭の両替や為替業務などは（　I　）がおこなった。（　I　）は藩の年貢米の売買にもたずさわった。貨幣経済は江戸時代を通して農村にも及び，農村は変容していった。こうした状況のなか，豪農となる農民や，（　J　）として成長する者があらわれた。

問1 空欄A~Jにあてはまる語句を答えよう。

問2 下線部@に関して，田沼意次はこれを積極的に認め，営業独占を認めるかわりに課した営業税を何というか。

問1	A	B	C	D	E	F
	G	H	I	J	問2	

4 次の図をみて，問いに答えよう。

Ⅰ

Ⅱ

問1 Ⅰの作品は富嶽三十六景の神奈川沖浪裏である。作者はだれか。

問2 Ⅰの作品のような多色ずりの版画を何というか。

問3 Ⅱの作品は紅白梅図屏風である。作者はだれか。

問1		問2		問3	

43 開国

確認しよう

ペリー来航

◆欧米諸国のアジア進出…産業革命で力をつけ，原料の供給地や市場を求める

・イギリス…アヘン戦争後[①　　　　　　　　　]をむすび，清に香港を割譲させ，上海を開
港させた

・アメリカ…太平洋での捕鯨船が水や石炭を補給する寄港地を求める

・…オランダは国書を送り，幕府に鎖国政策の見直しを提案

◆開国や通商の要求

・アメリカ…1853年〈②　　　　　　　〉が軍艦をひきいて[③　　　　　　]に来航

（幕府の対応）翌年回答するとし，退去させた

1854年に[④　　　　　　　　　]を締結

（内容）[⑤　　　　　　　]と箱館の開港，一方的な最恵国待遇等

・ロシア…1853年ロシアのプチャーチンが長崎に来航　＊翌年和親条約締結

開港をめぐる政治

◆老中〈⑥　　　　　　　　〉による政治

・ペリーの要求を朝廷に報告し，対応について諸大名や幕臣に意見を求める

→（結果）朝廷の権威が高まり，水戸藩などの有力大名の発言力が増す

◆ハリスの駐在

・清が[⑦　　　　　　　　　　]に敗れ天津条約を締結→日本に通商を強く要求

◆大老〈⑧　　　　　　　　〉による政治

・1858年，朝廷の許可を得ないまま[⑨　　　　　　　　　　　]を調印

（内容）神奈川・長崎・新潟・兵庫の開港，江戸・大坂の開市

[⑩　　　　　　　　　]がなく，領事裁判権を認める（不平等）

・オランダ・ロシア・イギリス・フランスとも同様の条約をむすぶ

◆将軍の後継問題…13代将軍徳川家定の後継をめぐる対立

・（南紀派）紀州藩主〈⑪　　　　　　　　　〉をおす→14代〈⑫　　　　　　　　　〉となる

→井伊直弼ら南紀派は一橋慶喜をおす一橋派を退ける

・この決定を批判した一橋派や〈⑬　　　　　　　　〉らを井伊直弼は弾圧した

変動をはじめる社会

◆貿易の開始…（結果）①輸出超過となり物価が上昇　②金の海外流出

（幕府の対応）①[⑭　　　　　　　　　　　　]によって貿易統制をはかるも失敗

②品質を下げた金貨を発行するが失敗

（影響）民衆の生活が圧迫され，攘夷運動の原因となる

用語を確認しよう

①1853年に長崎に来航したロシアの使節は？　　　　　　　　〈　　　　　　　　〉

②井伊直弼が一橋派や吉田松陰らを弾圧した事件は？　　　　　[　　　　　　　　]

（1）教科書p.144図**1**（描かれたペリー来航と災害）をみて，どちらに軍配があがっているか確認しよう。

①口論している鯰と人間はそれぞれ何を表しているかな？

（鯰）…　　　　　　（人間）…

②どちらに軍配があがっているかな？

軍配が上がっているのは[　　　　]のほうである。

③軍配をあげている人物はどのような職業の人か？（行事のもっている道具や足元にある道具に着目しよう）

[　　　　　　　　　]

④なぜ③の人物は②に軍配をあげたのだろうか？

[　　　　　　　　　　　　　　　　　　　　　]

（2）教科書p.144図**2**（開港後の物価上昇）をみて，どのような品名の凧が上がっているのか，三つ以上書いてみよう。

[　　　　　　　　　　　　　　　　　　　　　　　]

（3）ペリーはなぜ来航し，幕府や大名はどのように対応したのだろう？

・（ペリー来航の理由）[p.128**4**やp.136「近代がやってくる」を参照しよう]

・（幕府の対応）

開国後の貿易で輸出の大半を占めていたものはなんだろうか。

[　　　　　　　]

TRY	開国によって，日本の政治と社会はどのように変容したのだろうか。

政治	幕府の対外政策について，朝廷に報告したり，幕臣に意見を求めたりした。その結果，幕末の政治においてさまざまな意見が噴出し，なかには，幕府を[A　　　　　　]意見もあった。
社会	開国によって物価が[B　　　　　　]し，民衆の生活が圧迫された。 [C　　　　　　　]が高まった。
外交	オランダ，イギリス，ロシアと[D　　　　　　]を締結した。 アメリカ，オランダ，イギリス，フランス，ロシアとも[E　　　　　　]を締結した。これらは日本にとって[F　　　　　]な条約であった。

MEMO

44 倒幕と「ええじゃないか」

MEMO

確認しよう

攘夷をめぐる政治

◆幕府による公武合体

・1860年，井伊直弼が水戸藩士に暗殺される［＝①　　　　　　　　　］
　　↓
・公武合体1…幕府は孝明天皇の妹〈②　　　　　　　〉を将軍徳川家茂に嫁がせることで幕府
　　　　　　　の権威を取りもどそうとする
・公武合体2…［③　　　　　　　　　］の提案により，政治改革をすすめる

◆朝幕関係

・京都では一橋慶喜，京都守護職の〈④　　　　　　　　　　〉，京都所司代の松平定敬らが朝廷
　　と様々な交渉をおこなう
・朝廷内では尊攘派が力をもったが1863年に［⑤　　　　　　　　　　　　　］がおこると長
　　州藩や尊攘派の公家が朝廷から追放された
　　　　　　↓
　巻き返しを図る長州藩を［⑥　　　　　　　　　　］や第一次長州戦争で朝敵として排斥

攘夷から倒幕へ

◆薩摩藩と長州藩

（薩摩藩）…［⑦　　　　　　　　　　　］の報復として薩英戦争を経験
（長州藩）…外国船を砲撃したが，4か国連合艦隊に報復される（＝下関戦争）
　　　→攘夷の難しさを痛感
（長州藩）…〈⑧　　　　　　　　　　〉や高杉晋作らが実権をにぎり，幕府を倒して能力のある者
　　　　　　によって国家をつくる考えが主流となる
（薩摩藩）…〈⑨　　　　　　　　　　〉や大久保利通らが実権をにぎる

◆薩長の連携…1866年坂本龍馬らの仲介で［⑩　　　　　　　　　　］が結ばれる
　　→これにより第二次長州戦争は幕府劣勢　＊家茂の死去を理由に幕府撤退

世直しと徳川幕府の終わり

◆広がる社会混乱

・世直し一揆や近畿・東海地方でおこった［⑪　　　　　　　　　　　　　］など

◆孝明天皇の死…公家の岩倉具視は薩長とともに武力倒幕の準備をはじめる

◆幕府の動き…幕府の徳川慶喜は1867年に［⑫　　　　　　　　　］をおこなう
　　　　↑
（岩倉らの対応）王政復古の大号令を出すことで慶喜をけん制
　　　　　　　　その日の夜に［⑬　　　　　　　　　　］を開催

用語を確認しよう

①長州藩の桂小五郎とともに実権をにぎった人物は？　　　　　　　　　　〈　　　　　　　　〉
②妹和宮の結婚など公武合体に理解を示した天皇は？　　　　　　　　　　〈　　　　　　　　〉

（1）教科書p.146図１をみて，「ええじゃないか」は人々のどんな気持ちをあらわしているのか考えてみよう。

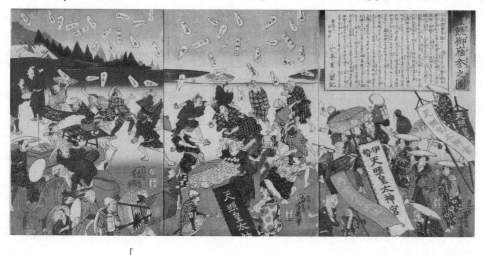

[   ]

（2）徳川幕府はどのようにして倒れたのだろうか，空欄にあてはまる語句を書こう。

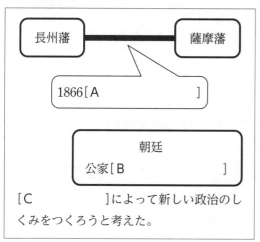

VS

幕府

将軍[D   ]は土佐藩の
[E   ]の考え方を受け入れ，
朝廷側の動きよりも前に[F
         ]をおこなった。この先も権力をに
ぎるみとおしをもったうえでの政権返上だ
といえる。

（3）幕末の政治の混乱によって，各地で一揆が発生した。陸奥国ではどのような世直し一揆がおこったのだろうか。
教科書p.147Topicを参考に考えてみよう。

MEMO

徳川幕府から新政府への政権交代を，人々は「御一新」とよんだ。そこには，どのような思いがこめら
TRY れていたのだろうか。

幕末の政治の混乱が，[A   ]の混乱や[B   ]の悪化となって人々に
降りかかった。
こうした問題が政権交代によって[C   ]と期待した。

45 明治維新

確認しよう

戊辰戦争

◆戊辰戦争

・1868年，旧幕府軍と新政府軍が京都の鳥羽・伏見で交戦

　＊新政府軍優勢→これが江戸城の無血開城へつながる

　＊赤報隊の偽官軍事件もおこっている

・会津藩討伐をめざす新政府軍に対して，[① 　　　　　　　　]が結成されたが敗北
し，会津藩は降伏した

・1869年，箱館の五稜郭にたてこもっていた〈② 　　　　　　　〉らの降伏で戊辰戦争は新
政府軍が勝利した

新政府の始動

◆戊辰戦争と並行して新政府の方針を打ち立てる

・1868年，京都の朝廷は新政府の基本方針を天皇が神々に誓う形で発表した
[＝③ 　　　　　　　　]

・人々に向けて[④ 　　　　　　　　]を示す…道徳の尊守，キリスト教信仰禁止等

・新政府の拠点が京都から江戸へ移り，[⑤ 　　　　　]と改称される

・元号を[⑥ 　　　　　]とし，天皇一代の間は一つの元号を通す[⑦
　　　　]をしく

新政府の体制づくり

◆中央集権化への道

・政体書を公布し，[⑧ 　　　　　　　]をしく

・1869年[⑨ 　　　　　　]によって藩の土地と人々を新政府に返上させた
→これにともない，藩主は[⑩ 　　　　　　]として力をもち続ける

・1871年[⑪ 　　　　　]を実施…旧藩主の[⑤]移住などが決定
→これにともない，中央から府知事・県令が派遣された
　＊各藩からの反発が予想されたため，薩長土から1万人を[⑫ 　　　　　　]として集め
た

(結果)全国の軍事と徴税は新政府の管轄となった

用語を確認しよう

①1868年からはじまった旧幕府軍と新政府軍による一連の戦いは？　　[　　　　　]

②天皇一代の間は一つの元号を通す制度とは？　　　　　　　[　　　　　]

③廃藩置県ののち，中央から派遣された役人とは？　　　　　[　　　　　]

（1）教科書p.148図**2**をみて，天皇はなぜ京都から江戸に移ったのか，考えてみよう。

問1　新政府の拠点はどこだろうか。[　　　　　　　　]

問2　新政府は天皇をどのように位置づけて，新政権を発足させただろうか。

[　　　　　　　　　　　　　　　　　　　　　　　　　]

問3　新政府がおこなった天皇にかかわる政策とはどのような政策で，どんな意味があるのだろうか。

一世一元の制	（政策内容）
	（意味）
天皇の江戸（東京）ゆき	（政策内容）天皇が江戸へいく。それにさいして，
	（意味）

（2）新政府の政治方針についてまとめよう。

新政府は戊辰戦争と並行して，新政府を始動させた。[A　　　　　　　　　　]は天皇が役人をひきいて神々に誓う形で発表された。

（内容）p.149史料も参考にしながら，空欄にあてはまる語句を入れてみよう。

① [B　　　　　　　]を大切にし，ひらかれた議論をおこなうこと

② [C　　　　　　　]と良い関係をつくっていくこと

③ 役人も[D　　　　　　　]も自分の責務や志を果たせるような希望をもてるようにすること

④ これまでの悪い習慣を捨てて，普遍的な道理にもとづいて行動すること

⑤知識を世界に求めて，[E　　　　　　　　]をつくっていくこと

語群

国家の基礎
民衆
外国
会議

TRY　新政府はなぜ，人々に江戸時代とかわらない生活を求めたのだろうか。

①新政府の基盤はひじょうに弱かったため，赤報隊の偽官軍事件のようなできごとがおこった。どのようなできごとか，空欄と下線部にあてはまる語句・説明を入れてみよう。

新政府のメンバー西郷隆盛の指令を受けて，相楽総三ひきいる赤報隊は，[A　　　　　]をうたい江戸へ向かった。しかし，赤報隊がB　　　　　　　　　　　　　

→とくに財政基盤が弱かった新政府にとって[　A　]は困る。都合が悪くなった新政府は相楽らを切り捨てたということ。

②新政府が江戸時代とかわらない生活を求めることがどのように人々に知らされただろうか。

[C　　　　　　　　　　]によって人々は新政府の方針を知った。

その内容は，[D　　　　　　　　　]，[E　　　　　　　　　]禁止などであった。

MEMO

46 文明開化

確認しよう

人々の編成がえ

◆四民平等

・版籍奉還にともない，江戸時代以来の身分は廃止され，公家や大名は[①　　　　　]，武士は[②　　　　　]と卒，それ以外の人々は[③　　　　]へと再編成

→平民が苗字をもつこと，華族・士族間の結婚，職業選択の自由が認められる

・えた・非人などとよばれ，差別を受けてきた人々も，その呼称が廃止になる

→平民と同様の扱いとすると定められる[＝④　　　　　]

⇒[⑤　　　　　]の実現がめざされた

◆壬申戸籍

・1871年に制定された戸籍法にもとづき戸籍の編成がはじまる

→最初の戸籍[＝⑥　　　　　]には，旧えた・非人が「新平民」と表記される

岩倉使節団

◆岩倉使節団

・幕末にむすんだ不平等条約を改定するために，政府は〈⑦　　　　　〉を全権大使とする使節を欧米に派遣

・使節には，留学生として〈⑧　　　　　〉や〈⑨　　　　　〉らが随行

→欧米の文明にふれたり，アジアが植民地・半植民地化されている様子を見聞

◆新しい思想の需要と普及

・〈⑩　　　　　〉や〈⑪　　　　　〉は[⑫　　　　　]を結成して，機関紙『明六雑誌』を発行し男女同権など幅ひろいテーマを取り上げる

・1872年の[⑬　　　　　]では，村ごとに小学校を設けることが目指される

文明開化

・新橋−横浜間に[⑭　　　　　]が敷かれる

・レンガ建築の並ぶ銀座の街には[⑮　　　　　]がともる

・太陰太陽暦は欧米と同じ[⑯　　　　　]に改める

・洋服の着用，牛鍋などの肉食のひろまり

・男性の髪型はちょんまげを落とし散切り頭にするよう求められる

・半裸・混浴など当時はあたりまえだった習慣は，[⑰　　　　　]のなかでは文明的でない(野蛮)とみなされ，切り捨てられた

用語を確認しよう

①えた・非人の呼称を廃止し，平民同様の扱いとすることを定めた法令は？　[　　　　　]

②1871年，不平等条約を改定するために欧米に派遣された使節の全権大使は？

〈　　　　　〉

③男女同権などの新たな思想を日本にひろめるために，森有礼や福沢諭吉が結成した団体は？

[　　　　　]

（1）次の史料を読んで，問いに答えよう。

> 国の貧富は土の肥瘠（ひせき）にあらす，民の衆寡（しゅうか）にもあらす，又其資性の智愚（ちぐ）にもあらす，惟其土の風俗よく生理に勤勉するかの強弱いかんにあるのみ……富沃（ふよく）の地に生息するもの皆能此理を明かしにして其自強の心を鼓起せは其富強たる豈に勝て言へけんや，欧洲より亜細亜（あじあ）の地に回航して其土民の状をみれは此に感慨すること少からす

問1　この史料は何という使節団のレポートか。　　　　　　　　　　　　　　　　[　　　　　　]

問2　この使節団について述べた文として正しいものを一つ選ぼう。　　　　　　　[　　　　]

　　　ア　この使節団は不平等条約をむすぶために欧米に派遣された。

　　　イ　この使節団は1871年に横浜港を出発し，ヨーロッパを視察したのち，アメリカへ渡った。

　　　ウ　この使節団はアジアが欧米諸国を植民地・半植民地化する様子を見聞した。

　　　エ　この使節団には留学生も随行したが，最年少は6歳の津田梅子であった。

問3　史料について述べた文ⅠとⅡの正誤の組み合わせとして正しいものを一つ選ぼう。　[　　　　]

　　　Ⅰ　人口の多さや人々の能力ではなく，人々の勤勉さが国の貧富にかかわると述べている。

　　　Ⅱ　ヨーロッパのほうが土地が肥沃なので，アジアはより自助努力しなければならないと述べている。

　　　ア　Ⅰ-正　Ⅱ-正　　　　　イ　Ⅰ-正　Ⅱ-誤　　　　　ウ　Ⅰ-誤　Ⅱ-正　　　　エ　Ⅰ-誤　Ⅱ-誤

（2）次の絵は教科書p.150 ■（図解五拾五ヶ条）の一部である。なお，Ａには「たわむれにおうらいのじやうとうをうちこわすもの」，Ｂには「はだかまたははだぬぎあるいはももはぎをあらはしみにくきていをなすもの」と書かれている。

問1　それぞれ何が禁止されているか。

Ａ _____

Ｂ _____

問2　Ｂの行為が禁止になった理由として適切な語句を選ぼう。

> ［①　　文明的　・　野蛮　］とみなされる行為を禁止し，
>
> ［②　　欧米諸国　・　アジア諸国　］に認められるため。

TRY　人々にとって，文明開化はどのようなものだったのだろうか。

教科書p.151「文明開化」を読んで，文明開化は人々にとってどのようなものだったか，良い面と悪い面を考えよう。そのさい，下の語句をできるだけ使ってみよう。

〈語句〉　ざんぎり頭・ガス灯・鉄道・レンガ建築・洋服・牛鍋・半裸・混浴・立ち小便

【いい面】	【悪い面】

MEMO

47 富国強兵

確認しよう

地租改正

◆目的

・安定した財源を確保し，権力基盤をととのえるため

◆経過

・1872年　地券を交付し，土地のもち主を確定

・1873年　[① 　　　　　　　]を公布

→地価の3%を[② 　　　　　](地税)とし，土地の所有者から徴収

◆結果

・重い税率などに不満を募らせた人々は，地租改正反対一揆をおこす

殖産興業

・政府は欧米諸国と肩を並べるため，産業を育成・振興して経済力を高める[③ 　　　　　　　]政策をすすめる

・[④ 　　　　　　　]や[⑤ 　　　　　　　]により，全国一律の貨幣・金融制度をととのえる

・主要輸出品であった生糸の品質や生産量の向上をめざし，官営模範工場として群馬県に[⑥ 　　　　　　　]が設けられる

・人や物資や情報をはやく遠くへ運び，効率や生産性を高めるため，[⑦ 　　　　　　　]や[⑧ 　　　　　　　]・電信のネットワークが敷かれた

軍隊の誕生と新政への反発

◆軍隊の誕生

・[⑨ 　　　　　　　]と[⑩ 　　　　　　　]によって，満20歳の男性に検査をおこない，合格者に兵役を課す徴兵制を採用→血税反対一揆や徴兵のがれを試み，新たな負担に反発

◆新政への反発

〈背景〉士族の不満

・[⑪ 　　　　　　　]によって刀を身につける特権をうばわれる

・[⑫ 　　　　　　　]で定期的な収入を失う

〈経過〉

・〈⑬ 　　　　　　　〉・〈⑭ 　　　　　　　〉などが，[⑮ 　　　　　　　]で政府を去る

・1877年，[⑯ 　　　　　　　]で西郷をはじめとした旧薩摩藩の士族を，徴兵制によって組織された政府軍がやぶる

用語を確認しよう

①地価の3%を地租とすることを定めた法令は？　　　　　　　　　　[　　　　　　　　]

②満20歳以上の男性を兵役につかせる法令は？　　　　　　　　　　[　　　　　　　　]

③旧薩摩藩の士族が西郷隆盛を擁しておこした反乱は？　　　　　　[　　　　　　　　]

（1）下の文は富岡製糸場について述べたものである。教科書p.152 **2**（富岡製糸場）や教科書の記述を参考にして，下線部から誤りを探し，正しい語句を記入しよう。

> 富岡製糸場は，@官営模範工場として，群馬県に設置された。⑥フランスの機械と技術が導入され，当時の日本の主要輸出品であった©生糸を生産した。工場ではおもに@男性が糸をつむいでいた。

[記号：　　　　　正しい語句：　　　　　　　　]

（2）次の史料を読んで，問いに答えよう。

> 是に於て士は従前の士に非す，民は従前の民にあらす，均しく皇国の一般の民にして国に報するの道も固より其別なかるへし，凡そ天地の間一事一物として税あらさるはなし以て国用に充つ，然らば則ち人たるもの固より心力を尽し国に報せさるへからす，西人之を称して血税と云ふ，其生血を以て国に報するの謂なり。

問1　史料について述べた文ⅠとⅡの正誤の組み合わせとして正しいもの一つ選ぼう。　　　[　　　　　]

Ⅰ　士族はもともと武士なので平民よりも多く国家に報いるべきであると書かれている。

Ⅱ　天と地の間にあるもので税のかからないものはなく，人も心身を税としてささげるべきと書かれている。

ア　Ⅰ-正　Ⅱ-正　　　　イ　Ⅰ-正　Ⅱ-誤　　　ウ　Ⅰ-誤　Ⅱ-正　　　エ　Ⅰ-誤　Ⅱ-誤

問2　史料が出されたときの人々の反応について述べたものとして正しいものを一つ選ぼう。

ア　人々はすすんで徴兵検査を受け，徴兵を逃れる者は非常に少なかった。　　　　[　　　　　]

イ　徴兵に反対する人々のなかには血税反対一揆をおこす者もいた。

ウ　もともと武士であった士族たちの多くは，徴兵制に活躍の場を見出し，徴兵制を喜んだ。

（3）教科書p.153 **3**（西南戦争の様子を描いた錦絵）について述べた文Ⅰ・Ⅱの正誤の組み合わせとして正しいものを一つ選ぼう。　　　[　　　　　]

Ⅰ　錦絵の左上に陣を敷いているのは西郷ひきいる旧薩摩藩士たちである。

Ⅱ　錦絵の右上の軍人は馬に乗り，和装で刀を持って整列している。

ア　Ⅰ-正　Ⅱ-正　　　　イ　Ⅰ-正　Ⅱ-誤　　　ウ　Ⅰ-誤　Ⅱ-正　　　エ　Ⅰ-誤　Ⅱ-誤

TRY　政府に異を唱えた人々は，なぜ一揆や武力反乱といった手段をとったのだろうか。

問1　新政府の政策に反対した人々は，なぜ反対したのだろう。下の新政府の政策から一つ選び，反対した理由を答えよう。

〈政策〉　　地租改正　　・　　徴兵制　　・　　秩禄処分　（○で囲もう）

理由

問2　なぜ人々は「言論」ではなく「一揆」や「武力反乱」という手段で政府に反対したのだろう。自分の意見を書こう。

MEMO

48 国境の画定

MEMO

確認しよう

東アジアの条約体制

◆日清関係

・1871年，[① 　　　　　　　　　　]をむすぶ

　→領事裁判権と協定関税を相互に認める対等な近代的国際条約

◆日朝関係

・清との朝貢関係を重視し，鎖国政策をとる朝鮮との国交交渉が難航

　→日本では，[② 　　　　　　　]論が強まり，征韓派の[③ 　　　　　　　　　]らと，内政充実

　　を重視した[④ 　　　　　　　]らがはげしく対立

　⇒西郷らは辞職[＝⑤ 　　　　　　　　]の政変

・1875年，日本の軍艦が江華島で朝鮮軍と交戦[＝⑥ 　　　　　　　]事件

・[　⑥　]事件を口実に朝鮮政府に開国をせまり[⑦ 　　　　　　　　　]をむすぶ

〈日朝修好条規の内容〉

・朝鮮を「自主の邦」と規定し，清と朝鮮の朝貢関係を否定

・日本だけに治外法権と無関税を認めた不平等条約

・釜山や仁川などが開港され，日本人商人が有利な条件で貿易を拡大

蝦夷地から北海道へ

・1869年に[⑧ 　　　　　　　]を設置し，蝦夷地を[⑨ 　　　　　　　]と改称

・開拓と北方警備を兼務する[⑩ 　　　　　　]制度をつくり，北海道を開拓

　→アイヌの人々を日本に組みこむ政策がおこなわれる

・1875年，ロシアと[⑪ 　　　　　　　　　　]条約をむすび，千島列島を日本領，樺太をロ

　シア領とした

琉球処分

・琉球王国は，江戸時代から薩摩藩の支配下にあるいっぽう，清とも朝貢関係を続けていた

　→日本政府は琉球王国を日本領にするために，1872年[⑫ 　　　　　　　　]に改め，琉球藩に

　　清への朝貢を禁じた

・琉球の漂流民が台湾先住民に殺される事件を口実に台湾に出兵

　→琉球が日本領であることを清に示す。[＝⑬ 　　　　　　　　]

・1879年，琉球藩を廃して，[⑭ 　　　　　　　]を設置[＝⑮ 　　　　　　　]

　→清は琉球処分の中止を求め，日本と清の対立が深刻化

・小笠原諸島は，政府が1876年に日本領であると各国に再宣言

用語を確認しよう

①1871年，清とむすばれた対等な近代的国際条約は？　　　　　　　　[　　　　　　　　]

②1875年，日本の軍艦と朝鮮軍が交戦した事件は？　　　　　　　　　[　　　　　　　　]

③千島列島を日本領，樺太をロシア領とした条約は？　　　　　　[　　　　　　　　]

④1879年，琉球藩を廃し，設置された県は？　　　　　　　　　　　[　　　　　　　　]

（1）教科書p.156 **1**（江華島事件）の絵や**2**（朝鮮半島と江華島付近）の地図をみて，問いに答えよう。

問1　絵についての説明として正しいものを選び，記号で答えよう。[　　　　　]

　　　ア　この絵は台湾へ日本が出兵し，朝鮮と交戦したときの絵である。

　　　イ　この絵は樺太の領有をめぐり，日本と朝鮮が交戦したときの絵である。

　　　ウ　この絵は日本の軍艦雲揚号と朝鮮軍が交戦したときの絵である。

問2　「江華島」について述べた文ⅠとⅡの正誤の組み合わせとして正しいものを一つ選ぼう。

　　　Ⅰ　仁川の沖にある江華島は首都漢城の貿易の拠点であった。[　　　　　]

　　　Ⅱ　江華島は朝鮮の首都漢城と漢江で通じており，国防上重要な場所であった。

　　　ア　Ⅰ-正　Ⅱ-正　　　　　イ　Ⅰ-正　Ⅱ-誤　　　　ウ　Ⅰ-誤　Ⅱ-正　　　　エ　Ⅰ-誤　Ⅱ-誤

問3　下の文の下線部から誤りを一つ探し，正しい語句に書き直そう。

[　記号：　　　　　　　　　　　正しい語句：　　　　　　　　　　]

> 江華島事件を口実に日本は朝鮮に開国をせまり，ⓐ日朝修好条規をむすんだ。この条規は，朝鮮を「自主の邦」
> と規定し，ⓑ清との朝貢関係を否定した。また，ⓒ朝鮮に治外法権と無関税を認める不平等な条約であった。

（2）教科書p.157 **3**（明治初期の国境画定）の地図をみて，以下の問題に答えよう。

問1　日本とロシアの国境について述べた文ⅠとⅡの正誤の組み合わせとして正しいものを一つ選ぼう。

　　　Ⅰ　1855年の日露和親条約では得撫島までが日本の領土とされた。　　　　　　　　[　　　　　]

　　　Ⅱ　1875年の樺太・千島交換条約で樺太は日本領，千島列島はロシア領になった。

　　　ア　Ⅰ-正　Ⅱ-正　　　　　イ　Ⅰ-正　Ⅱ-誤　　　　ウ　Ⅰ-誤　Ⅱ-正　　　　エ　Ⅰ-誤　Ⅱ-誤

問2　日本領に編入された順番として正しいものを選び記号で答えよう。　　　　　　　　[　　　　　]

　　　ア　竹島→小笠原諸島→尖閣諸島　　　イ　尖閣諸島→小笠原諸島→竹島　　　ウ　小笠原諸島→尖閣諸島→竹島

（3）教科書p.157 **4**（那覇港に帰った琉球使節）の絵をみて，以下の問題に答えよう。

問1　この絵についての説明として正しいものを選び，記号で答えよう。　　　　　　　　[　　　　　]

　　　ア　この絵には，清への朝貢から那覇に帰った琉球使節が描かれている。

　　　イ　この絵には，東京で琉球藩王の命を受け那覇に帰った琉球使節が描かれている。

　　　ウ　この絵には，新しい沖縄県知事を乗せた琉球使節が描かれている。

問2　この絵が描かれたあとのできごとについて述べた文を選び，記号で答えよう。　　　[　　　　　]

　　　ア　琉球王国は廃止されて，琉球藩が設置された。

　　　イ　琉球は清との朝貢を否定され，薩摩藩の支配下にはいった。

　　　ウ　日本は軍を派遣し首里城を接収して琉球藩を廃止し，沖縄県を設置した。

TRY　日本はいそいで国境を画定するために，どのような方法をとったのだろうか。

MEMO

問　次のA～Cの地域を日本の領土にするために日本がとった方法を選び，線でむすぼう。

　　A　小笠原諸島　　・　　　　　　　　・　軍事力を使って武力で日本の領土にする。

　　B　北海道　　　　・　　　　　　　　・　外国と国境に関する条約をむすぶ。

　　C　琉球（沖縄）　・　　　　　　　　・　日本領であることを諸外国に宣言する。

49 自由民権運動

確認しよう

建白の時代

◆ [① 　　　　　　　　　　]建白書

・〈② 　　　　　　　　　〉・〈③ 　　　　　　　　　　　〉らが1874年に政府へ提出した建白書

・政府の専制を批判し，国会を開設するべきだと主張

　→政府は時期がはやすぎるとして建白を退ける

・新聞『日新真事誌』が報じ，建白の内容がひろまり[④ 　　　　　　　　　]をよびおこす

・政府はジャーナリズムと民衆運動のむすびつきを警戒し，[⑤ 　　　　　　　]や[⑥ 　　　　　　　]によって言論を統制

結社の時代

◆政治についての学習を自発的におこなう集団である[⑦ 　　　　　　　]が，自由民権運動を各地でささえる基盤となった

・1875年，[⑧ 　　　　　　　　]が結成され，全国の結社ネットワークの核になる

・国会開設の準備をはじめるとする[⑨ 　　　　　　　　　　]の詔が発せられ，自由民権運動は活性化

・1880年には[⑩ 　　　　　　　]が国会開設を請願

　→政府は受け入れず，[⑪ 　　　　　　　]で集会や結社の取り締まりを強化

民権運動のひろがり

◆私擬憲法

・さまざまな結社や個人が憲法について検討・議論を重ね，そのアイディアを[⑫ 　　　　　　　]としてまとめた

◆明治十四年の政変

・政府内では，立憲制を早期に実現すべきだとする〈⑬ 　　　　　　　　〉と，まだはやいと考える〈⑭ 　　　　　　　〉らが対立

・[⑮ 　　　　　　　　　]事件をきっかけに，10年後の国会開設を約束する勅諭が公布され，大隈が政府から追放[＝⑯ 　　　　　　　]

◆政党の結成

・板垣らは[⑰ 　　　　　　　]，大隈は[⑱ 　　　　　　　]を結成

◆民権運動のひろがり

・民権家の妻や娘が神奈川で愛甲婦女協会を結成

・高知の〈⑲ 　　　　　　　〉は女性戸主として納税とひきかえに地方議会の投票権を要求

　→民権運動の輪は女性にもひろがる

用語を確認しよう

①1874年に板垣退助らが政府に提出した建白書は？　　　　　[　　　　　　　　　　]

②集会や結社を取り締まるために1880年に出された条例は？　　　[　　　　　　　　　　]

③1881年，大隈重信が政府から追放された事件は？　　　　　[　　　　　　　　　　]

（1）次の史料を読み，問いに答えよう。

臣等伏して方今政権の帰する所を察するに，上帝室に在らず，下人民に在らず，而も独り有司に帰す。……而も政令百端，朝出暮改，政情実に成り，賞罰愛憎に出づ。言路壅蔽，困苦告るなし。……臣等愛国の情自ら已む能はず，乃ち之れを振救するの道を講求するに，唯天下の公議張るに在るのみ。天下の公議張るは，民撰議院を立るに在るのみ。即ち有司の権限る所あつて，而して上下其安全幸福を受る者あらん。請ふ遂に之れを陳ぜん。

問1　史料の名前を答えよう。　　　　　　　　　　　　　　　　　　　　　　　[　　　　　　　　　　]

問2　史料を政府に提出した人を2人答えよう。　　　　　　　　　　[　　　　　・　　　　　]

問3　史料について述べた文ⅠとⅡの正誤の組み合わせとして正しいものを一つ選ぼう。　　[　　　]

　　Ⅰ　政治は上級の役人である「有司」によって専制されるべきであると述べている。

　　Ⅱ　選挙によって選ばれた議員で構成される議会を設置すべきであると述べている。

　　ア　Ⅰ-正　Ⅱ-正　　　　イ　Ⅰ-正　Ⅱ-誤　　　　ウ　Ⅰ-誤　Ⅱ-正　　　　エ　Ⅰ-誤　Ⅱ-誤

（2）下の絵について，問いに答えよう。

問1　Ⓐの人物が自由党員であると仮定する。その場合，Ⓐの人物がいっていることとしてあてはまらないものを選び，記号で答えよう。なお，教科書p.159 5（自由党と立憲改進党の比較）の表を参考にすること。　　　　　　　[　　　]

　　ア　フランスのような自由主義をめざすのだ！

　　イ　二院制をとるべきだ！

　　ウ　普通選挙をおこなうべきだ！

（3）下の文は教科書p.158 2（幻灯写心競　女史演説）について述べたものである。正しい語句を選び，丸で囲もう。

　　円のなかをみてみると，女性が[A　　洋服　・　着物　　]を着て，政治演説をしている。つまり，女性も政治に[B　　参加したい　・　参加したくない　　]と心の内で考えていた。なぜならば，当時，女性は政治参加が[C　　許されて　・　禁止されて　　]いたからである。

TRY　自由民権運動には，どのような人々が，どのような期待をいだきながら参加していたのだろうか。

空欄にあてはまる語句を教科書の記述や，教科書p.159 5（自由党と立憲改進党の比較）の表からぬきだして答えよう。

　　自由民権運動は[①　　　　　　　　]の開設や，[②　　　　　　　　]発布によって，立憲制にもとづく国家・社会の実現をめざす運動であった。1880年には，[③　　　　　　　　]同盟が，約9万筆の署名を集めて，国会の開設を請願した。自由民権運動を支持したのは，士族や農民などの[④　　　　　　　]や都市の[⑤　　　　　　　　]・実業家であった。また，納税とひきかえに地方議会の投票権を要求した[⑥　　　　　　　]など，自由民権運動は女性にもひろがった。

MEMO

50 激化事件

確認しよう

松方デフレ

◆背景

・西南戦争の資金を調達するために，政府は不換紙幣を大量に発行

　→国内物価の上昇など[①　　　　　　　　　　]がすすむ

◆松方正義の政策

・大蔵卿の〈②　　　　　　　　　　〉は，軍事費以外の財政支出の削減と増税により，不換紙幣を
回収してふたたび流通させないようにするなど，[③　　　　　　　　]政策を実施

・1882年に[④　　　　　　　　　]を設立

・1885年に銀を正貨とする兌換紙幣を発行し，[⑤　　　　　　　　　]を確立

◆松方デフレの結果

・デフレは税負担の増加や[⑥　　　　　　　　]の下落として，人々に重くのしかかる

・養蚕・製糸も，[⑦　　　　　　]価格の暴落で，家計を圧迫

激化事件

◆背景

・政府による言論弾圧の強化により，自由民権運動は苦戦

　→民権派のなかには，言論以外の手段を用いようとする者もあらわれる

◆激化事件

・[⑧　　　　　　]事件…福島県令〈⑨　　　　　　　　　　〉が強行する道路工事に反対する農民
　　　　　　　　　が警官隊と衝突

　　　　　　　　→〈⑩　　　　　　　　　〉ら自由党員が逮捕

・[⑪　　　　　　]事件…茨城・栃木・福島の自由党員が政府高官の襲撃を画策

　　　　　　　　→計画は未遂に終わる

・[⑫　　　　　　]事件…〈⑬　　　　　　　　〉らが朝鮮の反政府派とともに朝鮮政府の打
　　　　　　　　　倒を計画

困民党の運動がなげかけるもの

・デフレで苦境にたたされた人々は，[⑭　　　　　　　　　　]を組織し，借金の条件緩和や税金の
減免などを求めて，各地で銀行・金融会社・役所に集団で圧力をかけ交渉する運動をおこす

◆[⑮　　　　　　　]事件…1884年，埼玉県秩父地方の負債民や自由党員が蜂起

　　　　　　　　→政府は軍隊を派遣して鎮圧

用語を確認しよう

①1880年代前半にデフレ政策をおこなった大蔵卿は？　　　　　　　　　　〈　　　　　　　　〉

②銀を正貨とする兌換紙幣を発行したことで，1885年に確立した制度は？　[　　　　　　　　]

③1884年に埼玉県秩父地方の負債民と自由党員がおこした蜂起は？　　　　[　　　　　　　　]

（1）『諸色峠谷底下り』をみて，問いに答えよう。

問1　この絵では人の顔がさまざまなものになっている。どのようなものが描かれているか。なるべく多く答えよう。

問2　下の文はこの絵の説明文である。この説明文を読んで，以下の問題①と②に答えよう。

> 『諸色峠谷底下り』の「諸色」とはさまざまな物の価格のことである。1880年代前半におこなわれた⒜大蔵卿松方正義のデフレ政策によって⒝どのような物の価格がどれくらい下がったかを，谷底に下りてゆく人々の様子であらわしている。

①下線部⒜の大蔵卿松方正義の政策について述べた文ⅠとⅡの正誤の組み合わせとして正しいものを一つ選び記号で答えよう。　　　　　　　　　　　　　　　　　　　　　　　　　　　　　　[　　　　]

Ⅰ　軍事費も含め，財政支出を増やし，減税をおこなって不換紙幣の流通量を増やした。

Ⅱ　日本銀行を設立するとともに，銀を正貨とする兌換紙幣を発行し，銀本位制を確立した。

ア　Ⅰ-正　Ⅱ-正　　　　イ　Ⅰ-正　Ⅱ-誤　　　　ウ　Ⅰ-誤　Ⅱ-正　　　　エ　Ⅰ-誤　Ⅱ-誤

②下線部⒝について述べた文として誤っているものを一つ選び記号で答えよう。　　　[　　　　]

ア　酒やそばは崖から落ちていることから，価格が急激に下がったと考えられる。

イ　生糸が下がっているので，副業で養蚕をしていた関東周辺の農家は家計が圧迫されたと考えられる。

ウ　タコやマグロはもっとも谷底にいるため，価格が大きく下がったと考えられる。

TRY　民権派と困民党はなぜすれちがったのだろうか。

教科書p.161「困民党の運動がなげかけるもの」を参考に，民権派と困民党がすれちがった理由として正しいものを一つ選び記号で答えよう。　　　　　　　　　　[　　　　]

ア　困民党は地租の軽減を要求したが，民権派は税の重要性を理解し，要求しなかったから。

イ　困民党は借金の条件緩和を求めたが，民権派は借金契約を正当と考えるなど価値観に溝ができたから。

ウ　困民党は松方正義のデフレ政策に反対したが，民権派は賛成したから。

MEMO

51 大日本帝国憲法

MEMO

確認しよう

憲法制定

・〈①　　　　　　　〉は，君主の権限が強い[②　　　　　　]の憲法を学び，
〈③　　　　　　　〉・〈④　　　　　　　　〉らと憲法案を作成
・国会開設にむけ，[⑤　　　　　　]を公布し，官僚・軍人・実業家も華族とする
・1885年に[⑥　　　　　]制度を創設
・民権派は専制政府打倒の志をもつ者の結集をよびかける[⑦　　　　　　]運動を展開
→政府は[⑧　　　　　　]を公布し，民権派を東京から追放
・伊藤らの憲法案は，天皇の諮問機関である[⑨　　　　　]で審議
・1889年2月11日に[⑩　　　　　　]として公布

近代の天皇

◆近代の天皇制
・憲法において，天皇は統治権を掌握
→外交権，陸海軍の[⑪　　　　]権など，[⑫　　　　　　]とよばれる特別な権限
⇒憲法に天皇の権限を規定し，近代の[⑬　　　　　]の基礎がつくられる
◆民法と教育勅語
・フランスを参考にした，当初の[⑭　　　　　]に批判が集まり(民法典論争)，起草しなおされる。→[⑮　　　]の権限が強い民法になる
・1890年公布の[⑯　　　　　]は，忠・孝などの道徳観念を天皇制とむすびつけ，学校などで唱えられ，覚えられた

選挙と議会

◆帝国議会
・1890年に開設された[⑰　　　　　]は，制限選挙で選ばれた議員で構成される[⑱　　　　]と，皇族・華族・勅任・高額納税者から任命された議員で構成される[⑲　　　　]からなった
→[　⑱　]に予算の先議権が与えられたが，政府は議会に予算案を否決されても予算を執行できるなど，議会の権限は弱かった
◆初期議会
・第1回[⑳　　　　　]では，民権派[＝㉑　　　　]が多数の議席を獲得し，超然主義をかかげる政府や[㉒　　　　]と対峙
・1898年，民党は憲政党を組織し，最初の政党内閣(第一次大隈重信内閣)が誕生
・[㉓　　　　]で政党の役割を認識した伊藤は[㉔　　　　　]を結成

用語を確認しよう

①1889年2月11日に公布された憲法は？　　　　　　　[　　　　　　]
②フランスを参考に起草されたが，大幅に修正された法律は？　[　　　　　　]
③帝国議会のうち，華族や勅任議員で構成される議会は？　[　　　　　　]

（1）教科書p.162 **1**（明治天皇の肖像）について，下の肖像①～③の説明を参考に肖像①～③を古いものから順に並べよう。　　　　　　　　　　　　　　　　　　　　　　　　　　[　　　　→　　　　→　　　　]

　　肖像①：この写真は海外の要人向けに撮影され，天皇が着ている束帯は宮中儀式で着るものである。

　　肖像②：この写真で明治天皇は軍服を身にまとっている。

　　肖像③：この写真は「御真影」として学校などに飾ることを目的に撮影された。

（2）教科書p.163 **2**（憲法発布の式典の様子）について述べた文ⅠとⅡの正誤の組み合わせとして正しいものを1つ選び記号で答えよう。　　　　　　　　　　　　　　　　　　　　　　　　　　[　　　　]

　　Ⅰ　憲法を受け取っているのは総理大臣であった伊藤博文である。

　　Ⅱ　天皇が憲法を渡していることは，大日本帝国憲法が欽定憲法であることを表している。

　　ア　Ⅰ-正　Ⅱ-正　　　　　　イ　Ⅰ-正　Ⅱ-誤　　　　　ウ　Ⅰ-誤　Ⅱ-正　　　　　エ　Ⅰ-誤　Ⅱ-誤

（3）大日本帝国憲法の条文を参考に，問いに答えよう。

> 第1条　大日本帝国ハ万世一系ノ天皇之ヲ統治ス
>
> 第3条　天皇ハ神聖ニシテ侵スヘカラス
>
> 第4条　天皇ハ国ノ元首ニシテ統治権ヲ総攬シ此ノ憲法ノ条規ニ依リ之ヲ行フ
>
> 第5条　天皇ハ@帝国議会ノ協賛ヲ以テ立法権ヲ行フ
>
> 第11条　天皇ハ陸海軍ヲ統帥ス
>
> 第29条　日本臣民ハ法律ノ範囲内ニ於テ言論著作印行集会及結社ノ自由ヲ有ス

問1　下線部@の帝国議会を構成する議会について述べた文として正しいものを一つ選び記号で答えよう。

　　ア　予算の先議権をもっていたのは貴族院であった。　　　　　　　　　　　　　　　　　[　　　　]

　　イ　貴族院は皇族や華族などが出馬できる選挙で選ばれた議員で構成された。

　　ウ　衆議院議員選挙で投票できるのは直接国税を15円以上おさめる25歳以上の男性のみであった。

問2　大日本帝国憲法に規定されている天皇の権限について述べた文ⅠとⅡの正誤の組み合わせとして正しいものを一つ選び記号で答えよう。　　　　　　　　　　　　　　　　　　　　　　　[　　　　]

　　Ⅰ　天皇は「神聖」であり，日本国を統治する「元首」とされた。

　　Ⅱ　天皇は陸軍と海軍を「統帥」する権利をもった。

　　ア　Ⅰ-正　Ⅱ-正　　　　　　イ　Ⅰ-正　Ⅱ-誤　　　　　ウ　Ⅰ-誤　Ⅱ-正　　　　　エ　Ⅰ-誤　Ⅱ-誤

問3　大日本帝国憲法では国民は何と書かれているか。2字でぬきだそう。　　　　　　　[　　　　]

TRY　天皇は，当時の人々にとってどのような存在だったのだろうか。

問1　大日本帝国憲法では天皇はどう規定されているか。教科書p.163 **3**（大日本帝国憲法）を参考に考えよう。

MEMO

問2　教育勅語を通し，天皇は学校ではどう説明されただろう。教科書p.163を参考に答えよう。

1 次の江戸時代末期に関する文を読み，問いに答えよう。

　1854年，幕府は（　1　）条約をアメリカと締結した。1858年には大老（　A　）が朝廷の許可を得ないまま，ⓐ日米修好通商条約をむすび，翌年からⓑ欧米との貿易がはじまった。1860年，大老（　A　）が水戸藩士に暗殺される（　2　）の変がおこった。1863年，会津・薩摩藩が長州藩や尊攘派の公家を京都から追放すると，長州藩は（　3　）の変で巻き返しをはかったが失敗し，1864年には第一次長州戦争で敗北した。

　1863年，薩摩藩は生麦事件の報復としておこった（　4　）戦争でイギリスに敗北した。また長州藩も，攘夷を実行したが，1864年，列強4か国連合艦隊の報復にあった。これらの経験から，薩摩藩と長州藩は攘夷の難しさに気づき，倒幕を目標に接近し，1866年には土佐藩の（　B　）の仲介で（　5　）同盟が成立した。1866年末，孝明天皇が急死すると，公家の（　C　）は薩摩藩・長州藩と倒幕の準備をすすめた。こうした動きを察知した15代将軍（　D　）は，1867年に（　6　）を申しでて，政権を朝廷に返還し約260年続いた江戸幕府は滅亡した。一方，薩摩藩と長州藩は（　7　）を発し，天皇中心の新政府の発足を宣言した。また（　7　）を発した日の夜，（　8　）で（　D　）の官位の辞退と領地の返上を決定した。

問1　空欄A〜Dにあてはまる人名を答えよう。

問2　空欄1〜8にあてはまる語句を答えよう。

問3　下線部ⓐについて述べた文として正しいものを一つ選ぼう。

　　ア　下田と箱館が開港され，アメリカ船への燃料や食糧などの提供が定められた。

　　イ　幕府は同様の内容の条約を中国（清）・イギリス・オランダ・ロシアともむすんだ。

　　ウ　日本側に関税自主権はなく，領事裁判権も認めるという不平等な内容であった。

問4　下線部ⓑについて述べた文として正しいものを一つ選ぼう。

　　ア　貿易の相手国は輸出入ともにアメリカが大半を占めた。

　　イ　金貨が海外に流失し，幕府は金貨の品質を下げたため，物価も上昇し，民衆の生活は圧迫された。

　　ウ　日本の主要な輸出品は毛織物・綿織物であり，輸入品は生糸と茶であった。

問1	A		B		C		D	
問2	1		2		3		4	
	5		6		7		8	
問3			問4					

2 次の明治維新に関する文を読み，問いに答えよう。

　1868年3月，（　1　）で新政府の基本方針を発表した。一方，人々に向けては（　2　）を発し，キリスト教の信仰を禁止するなどした。1869年には，（　3　）によって藩の土地と人々を新政府に返上させ，1871年には（　4　）を実施し，中央から府知事・県令を派遣し，中央集権化をすすめた。（　3　）により，江戸時代の身分制度は解体され，ⓐ四民平等の実現がめざされた。さらに，安定した財源を確保したい政府は，ⓑ1873年に地租改正法を公布し，近代的な税制度を確立した。欧米諸国と肩を並べるために，ⓒ殖産興業政策をすすめた。また，軍事力の強化に取り組み，ⓓ徴兵告諭と徴兵令によって徴兵制を確立した。

問1　空欄1～4にあてはまる語句を答えよう。

問2　下線部ⓐについて述べた文ⅠとⅡの正誤の組み合わせとして正しいものを一つ選び記号で答えよう。

　　Ⅰ　公家や大名は華族，武士は士族，それ以外の人々は平民とされた。

　　Ⅱ　えた・非人らも平民と同じ扱いになり，身分制から解放され，差別がなくなった。

　　ア　Ⅰ-正　Ⅱ-正　　　　イ　Ⅰ-正　Ⅱ-誤　　　　ウ　Ⅰ-誤　Ⅱ-正　　　　エ　Ⅰ-誤　Ⅱ-誤

問3　下線部ⓑについて，当初，地租は地価の何％とされたか。

問4　下線部ⓒについて，生糸の生産向上をめざし群馬県に設置された官営模範工場は何か。

問5　下線部ⓓについて，徴兵制に反対した人々がおこした一揆は何か。

問1	1		2		3		4	
問2		問3		問4			問5	

③ 次の文は明治初期の外交について述べたものである。下線部が誤っている文を二つ選び，正しい語句に書きなおそう。

① 岩倉具視を全権大使とする使節団には留学生として津田梅子や中江兆民らが随行した。

② 1871年にむすばれた日清修好条規は，互いに領事裁判権と協定関税制を認めた対等な条約だった。

③ 1875年におきた，台湾出兵を口実に，日本は朝鮮に開国を迫り，日朝修好条規をむすんだ。

④ 1875年，ロシアと樺太・千島交換条約をむすび，樺太はロシア領となった。

⑤ 1879年，明治政府は軍隊を琉球に送り琉球藩を設置したが，これを琉球処分という。

番号：	語句：	番号：	語句：

④ 次の文を読み，問いに答えよう。

　1874年，（　A　）・後藤象二郎らは，政府に民撰議院設立建白書を提出し，政府の専制を批判して，国会の開設を主張し，自由民権運動をよびおこした。これに対し，政府は讒謗律・（　1　）条例によって言論を統制しようとした。1880年には（　2　）同盟が署名を集め，国会開設を請願したが，政府は（　3　）条例によって集会や結社の取り締まりを強化した。1881年，官有物払下げ事件をきっかけに10年後の国会開設を約束する勅諭が公布され，（　B　）が政府から追放された。1880年代前半の大蔵卿（　C　）はデフレ政策をすすめ，日本銀行の設立や銀本位制の確立を実現した。しかし，デフレ政策による米価・繭価の下落は人々の生活を圧迫し，1884年にはデフレで苦境にたたされた埼玉県秩父地方の負債民と自由党員がむすびつき（　4　）事件をおこした。ちょうどそのころ，（　D　）は渡欧し，君主制の強いドイツ憲法を学び，憲法案を作成した。1885年には内閣制度を創設し，（　D　）が総理大臣となった。民権派も国会開設に向けて，結集をよびかける（　5　）運動を展開したが，政府は（　6　）条例を制定して民権派を東京から追放した。1889年，大日本帝国憲法が制定され，翌年には衆議院と（　7　）院からなる帝国議会が開設された。

問1　空欄A～Dにあてはまる人名を答えよう。

問2　空欄1～7にあてはまる語句を答えよう。

問1	A	B	C	D
問2	1	2	3	4
	5	6	7	

52 日清戦争

確認しよう

欧化と国粋

◆欧化と条約改正

・明治政府は，欧米各国とむすんだ不平等条約の改正を外交課題とし，極端な[① 　　　　　]をとった

・1894年[② 　　　　　　　　　　]を調印。→[③ 　　　　　　　]を撤廃

・[④ 　　　　　　]の完全回復は日露戦争後の1911年に実現

◆国粋

・〈⑤ 　　　　　　 〉らは雑誌『日本及日本人』を発行し，国粋主義を唱える

・〈⑥ 　　　　　 〉は雑誌『国民之友』を発行し，平民主義を唱える

・〈⑦ 　　　　　 〉らが日本美術復興の運動をすすめ，[⑧ 　　　　　　　]を設立

　→〈⑨ 　　　　　 〉などの日本画家を輩出

朝鮮と東アジア

・1882年，軍隊内の不正や待遇に不満をもつ兵士らによる[⑩ 　　　　　]がおこる→日本と清はきそって朝鮮に出兵する

・1884年，〈⑪ 　　　　　 〉ら急進開化派が[⑫ 　　　　]をおこす

　→清軍の介入により鎮圧される

・1885年に日清で[⑬ 　　　　　]が締結される

　→両軍の朝鮮撤退，再派兵時の相互事前通告を定める

・〈⑭ 　　　　　 〉は，日本は「文明」に背を向ける朝鮮・清とは絶縁し，西欧列強とともに行動すべきとする[⑮ 　　　　]を発表

日清戦争

・1894年，農民軍と朝鮮政府との間で[⑯ 　　　　　　]がおこる

　→清軍に対抗し，日本軍も出兵。⇒[⑰ 　　　]戦争が開始

・戦争に勝利した日本は清と[⑱ 　　　　]を締結

　→日本は[⑲ 　　　]の独立承認，[⑳ 　　　　　]・[㉑ 　　　　]の割譲，巨額の賠償金を清から獲得

・ロシア・ドイツ・フランスが遼東半島の返還を要求。[＝㉒ 　　　　]

・台湾では日本の割譲にはげしい抵抗がおきたが，日本軍に鎮圧される

用語を確認しよう

①1894年にむすばれた領事裁判権を撤廃する条約は？ 　　　　 [　　　　]

②金玉均ら急進開化派がおこした政変は？ 　　　　 [　　　　]

③朝鮮や清と絶縁し，西欧列強とともに行動すべきとする福沢諭吉が唱えた考えは？

[　　　　]

④1894年に農民軍と朝鮮政府との間でおきた戦争は？ 　　　 [　　　　]

⑤朝鮮の独立・台湾の割譲などを規定した日清戦争の講和条約は？ 　　 [　　　　]

（1）条約改正について，教科書に掲載されている絵や表を参考に問いに答えよう。

問1　教科書p.164 **1**（舞踏会でおどる人々）の絵について述べた文ⅠとⅡの正誤の組み合わせとして正しいものを一つ選び記号で答えよう。　　　　　　　　　　　　　　　　　　　　　　　[　　　　]

　　Ⅰ　舞踏会でおどる男性は洋服を着ているのに対し，女性は和服（着物）を着ている。

　　Ⅱ　舞踏会は欧米に日本の文明化をアピールする欧化政策の一環であった。

　　ア　Ⅰ-正　Ⅱ-正　　　　イ　Ⅰ-正　Ⅱ-誤　　　　ウ　Ⅰ-誤　Ⅱ-正　　　　エ　Ⅰ-誤　Ⅱ-誤

問2　教科書p.164 **3**（条約改正のあゆみ）の表を参考に，条約改正について述べた文として正しいものを一つ選び，記号で答えよう。　　　　　　　　　　　　　　　　　　　　　　　　　　　　[　　　　]

　　ア　寺島宗則は関税自主権の回復をめざし，イギリスの同意を得るも，アメリカの反対で失敗した。

　　イ　井上馨は欧化政策を推進したが，大津事件により国民の反発を受け，辞任した。

　　ウ　大隈重信は改正日米通商航海条約を調印し，関税自主権を完全回復させた。

　　エ　陸奥宗光は日英通商航海条約を調印し，領事裁判権の撤廃を成功させた。

問3　教科書p.164 **4**（ノルマントン号事件）の絵について述べた文ⅠとⅡの正誤の組み合わせとして正しいものを一つ選び記号で答えよう。　　　　　　　　　　　　　　　　　　　　　　　[　　　　]

　　Ⅰ　小舟には西洋人が乗っているが，海には東洋人が浮かんでいる。

　　Ⅱ　小舟に乗って，イギリスの国旗を指さしているのはノルマントン号の船長である。

　　ア　Ⅰ-正　Ⅱ-正　　　　イ　Ⅰ-正　Ⅱ-誤　　　　ウ　Ⅰ-誤　Ⅱ-正　　　　エ　Ⅰ-誤　Ⅱ-誤

（2）下の地図をみて問いに答えよう。

問1　日清戦争について述べた文として正しいものを一つ選び記号で答えよう。　　　　　　　　　　[　　　　]

　　ア　清だけでなく朝鮮も主要な戦場であった。

　　イ　日本軍は長崎から出発している。

　　ウ　南京や上海に日本軍が上陸し戦闘している。

問2　地図中**A**の場所でむすばれた条約について①～③に答えよう。

①この条約の名前は何か。　　　　　　　[　　　　]

②この条約で日本が手に入れた場所を二つ選び記号で答えよう。

　　　　　　　　　　　　[　　・　　]

③この条約について述べた文として正しいものを一つ選び記号で答えよう。　　　　　　　　　　[　　　　]

　　ア　清から賠償金はもらえなかった。

　　イ　清は朝鮮の独立を承認した。

　　ウ　琉球は清へ帰属することになった。

MEMO

TRY　日清戦争は，これまで日本がおこなった戦争と何がちがうのか，考えてみよう。

日清戦争以前の戦争と日清戦争について述べた文として正しいものを選ぼう。　　　[　　　　]

　　ア　日清戦争はそれまでの戦争と同様，宣戦布告をおこなわなかった。

　　イ　日清戦争はそれまでの戦争とちがい，外国から賠償金や領土を得た戦争であった。

121

53 1900年前後の世界と東アジア

MEMO

確認しよう

帝国主義の時代

・1880年代から欧米列強がいっせいに，[① 　　　　　　　]・[② 　　　　　　　]・オセアニアの各領土を獲得しようと競争する[③ 　　　　　　　]の時代にはいる

◆中国分割

・清は日清戦争の敗北により弱体化が明らかになる

→列強は清に対し，日本への賠償金を借款するかわりに，[④ 　　　　　　　]敷設権や鉱山採掘権などを認めさせる

・ドイツは膠州湾，ロシアは旅順と大連，イギリスは威海衛，フランスは広州湾の租借権を得るなど，[⑤ 　　　　　　　]がすすむ

・アメリカは，中国進出をにらんで[⑥ 　　　　　　　]・[⑦ 　　　　　　　]を主張

模索する東アジア

◆日清戦争後の日本

・学校教育や戦争の経験を通して，近代国家日本の「国民」だという考え方が，強く信じられるようになる

・個人よりも国家利益を優先するべきとする国家主義がひろがる

◆日清戦争後の朝鮮

・三国干渉の結果，朝鮮では日本よりもロシアの影響力が強まる

→〈⑧ 　　　　　　　〉らは勢力を挽回するため，親露派の〈⑨ 　　　　　　　〉を殺害（＝閔妃殺害事件）

⇒朝鮮では反日感情が高まり，義兵運動が全国へひろまる

・1897年，朝鮮国王は皇帝の位につき，国号を[⑩ 　　　　　　　]と改め，朝鮮が独立国であることを内外に示す

義和団戦争

◆義和団戦争

・1900年，[⑪ 　　　　　　　]が「扶清滅洋」を唱え蜂起

→これを利用して清政府も列強へ宣戦布告[＝⑫ 　　　　　　　]

・8か国連合軍が出兵し，北京を占領，義和団を鎮圧[＝⑬ 　　　　　　　]

→[⑭ 　　　　　　　]がむすばれ，日本と列強は賠償金と北京周辺での軍隊駐留権を得る

◆日英同盟

・ロシアは北清事変後，満洲占領など東アジア進出を積極化

→これに対抗し，ロシアと対立していたイギリスと1902年に[⑮ 　　　　　　　]をむすぶ

用語を確認しよう

①1900年に列強の中国進出に反発して蜂起した組織は？　　　　　　　　[　　　　　　　]

②日本と列強に北京周辺での軍隊駐留権を認めた議定書は？　　　　　　　[　　　　　　　]

③1902年にロシアに対抗するために日本がむすんだ同盟は？　　　　　　　[　　　　　　　]

（1）教科書p.166 **1**（列強による中国分割）の地図を参考に，各国の勢力範囲の組み合わせとして正しいものを一つ選び記号で答えよう。　　　　　　　　　　　　　　　　　　　　　　　　　　　　　　[　　　　]

　　ア　イギリス ― 旅順・大連　　　　　　　　イ　ドイツ ― 青島・膠州湾

　　ウ　フランス ― 上海・成都　　　　　　　　エ　ロシア ― 威海衛・香港

（2）教科書p.166 **2**（分割される中国の風刺画）について述べた文ⅠとⅡの正誤の組み合わせとして正しいものを一つ選び記号で答えよう。　　　　　　　　　　　　　　　　　　　　　　　　　　　[　　　　]

　　Ⅰ　「CHINE」と書かれたパイは中国をあらわしており，列強諸国によって分割されている。

　　Ⅱ　日本は絵の右端に書かれ，背後には清国人がなすすべもなく手をあげている。

　　ア　Ⅰ-正　Ⅱ-正　　　　イ　Ⅰ-正　Ⅱ-誤　　　ウ　Ⅰ-誤　Ⅱ-正　　　エ　Ⅰ-誤　Ⅱ-誤

（3）教科書p.166 **3**（北清事変の8か国連合軍の兵士）の写真と下の文を参考に，問いに答えよう。

> 　列強諸国の中国進出に中国の民衆は反発した。1900年には[A　　　　　　　]が「ⓐ清を助けて，外国を滅ぼす」ことを目標に蜂起した。清政府もこれを利用し，列強に宣戦布告した。これに対し，ⓑおもな列強が参加する8か国連合軍が出兵し，北京を占領した。1901年には日本・列強と中国の間に[B　　　　　　]がむすばれ，日本と列強は多額の[C　　　　　　]と北京周辺の軍の駐留権を獲得した。

問1　空欄にあてはまる語句を答えよう。

問2　下線部ⓐを4文字で何というか。　　　　　　　　　　　　　　　　　　[　　　　]

問3　下線部ⓑの「主力」となった国は写真のどこに写っているか。記号で答えよう。　　[　　　　]

　　ア　左端　　　　　イ　左から4番目　　　　ウ　右から3番目　　　　エ　右端

問4　北清事変後のできごとについて述べた文ⅠとⅡの正誤の組み合わせとして正しいものを一つ選び記号で答えよ。　　　　　　　　　　　　　　　　　　　　　　　　　　　[　　　　]

　　Ⅰ　ドイツは満洲を占領したり，シベリア鉄道を開通させ，東アジアでの影響力を増大させた。

　　Ⅱ　日本とドイツはロシアに対抗するために，日英同盟をむすんだ。

　　ア　Ⅰ-正　Ⅱ-正　　　　イ　Ⅰ-正　Ⅱ-誤　　　ウ　Ⅰ-誤　Ⅱ-正　　　エ　Ⅰ-誤　Ⅱ-誤

（4）教科書p.167 **6**（日本人の中国観の変化）を参考に，日清戦争後の日本と中国の関係について述べた文として正しいものを一つ選び，記号で答えよう。　　　　　　　　　　　　　　　[　　　　]

　　ア　日本と中国は対等な関係になった。

　　イ　日本は中国を近代化の見本とするようになった。

　　ウ　日本は中国を近代化におくれた国とあなどってみくだすようになった。

TRY 帝国主義時代の国と国との関係の特徴は何か，話しあってみよう。

次の文はドイツの宰相ビスマルクが岩倉使節団に述べたことばである。これを参考に，帝国主義時代の国と国の関係の特徴について自分の考えを書こう。

MEMO

> 　君らは世界各国が礼儀をもってつきあっているとみえただろうが，それは表面上のことで，現実は弱肉強食である。…国際法はすべての国の権利を保障する法とされているが，実際に大国は有利とみれば国際法を守り，不利とみれば武力に訴えて国際法をやぶるだろう。

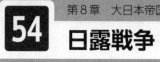

54 日露戦争

MEMO

確認しよう

日露戦争

・北清事変後，満洲を軍事占領するロシアに対し，日本国内で反感が強まる

　→「臥薪嘗胆」をスローガンに開戦の世論が高まる

◆非戦論

・社会主義者の〈①　　　　　　　　〉・〈②　　　　　　　　　〉やキリスト教徒の〈③　　　　　　　　〉らは[④　　　　　　　　　　　　]を通じて非戦論を主張

　→『万朝報』が開戦論に転じ，幸徳と堺は[⑤　　　　　　　　　　　　]を発行し，非戦運動を続ける

◆日露戦争

・1904年2月，日本はロシアに宣戦を布告し[⑥　　　　　　　　　]がはじまる

・1905年に海軍の連合艦隊が旅順や日本海の海戦でロシア艦隊を全滅させる

　→しかし，それ以上の戦争継続はむずかしく，戦争は終結へ向かった

・日本は開戦に乗じて韓国に派兵し，[⑦　　　　　　　　　]や[⑧　　　　　　　　　]を締結させた

ポーツマス条約

◆ポーツマス条約

・1905年，アメリカの仲介で日本とロシアは[⑨　　　　　　　　　　　]に調印

　→日本はロシアから，韓国保護権の承認，旅順・大連の租借権，長春―旅順間の東清鉄道支線，樺太の南半分などを得る

・国内では戦争遂行のための徴兵や増税による負担や不況で人々の生活が圧迫

◆関東州・満洲への進出

・ロシアから得た遼東半島を[⑩　　　　　　　　]とし，旅順に[⑪　　　　　　　　　　]をおいて，行政・軍事を担当させる

・[⑫　　　　　　　　　　　]は鉄道・鉱山・港湾事業を展開し，満洲支配の拠点に

・ロシアと[⑬　　　　　　　　]をむすび，蒙古・満洲での勢力範囲を決める

韓国廃滅

・日本は韓国に[⑭　　　　　　　　　　]を強要し，[⑮　　　　　　　　]をおく

　→韓国ではこれに反対し，[⑯　　　　　　　　　]が全国でおこる

・抗日運動指導者の〈⑰　　　　　　　　〉は，初代統監の〈⑱　　　　　　　　〉を射殺

・1910年，韓国併合条約を締結し，韓国を植民地にする[＝⑲　　　　　　　　]

　→統治機構として[⑳　　　　　　　　　]を設置

用語を確認しよう

①『万朝報』を通して，非戦論を主張したキリスト教徒は？　　　　　　　〈　　　　　　　　〉

②アメリカの仲介でむすばれた日露戦争の講和条約は？　　　　　　　[　　　　　　　　]

③日本の満洲支配の拠点となった会社は？　　　　　　　　　　　　[　　　　　　　　]

（1）右の図（日本とロシアの対立の風刺画）について述べた文として誤っているものを一つ選び記号で答えよう。　　　　　　　　　　　[　　　　]

　　ア　リングには東アジアが描かれており，ロシアは朝鮮半島を踏んでいる。

　　イ　日本に比べるとロシアは大きく描かれ，国力の差が表現されている。

　　ウ　アジアでの利権獲得に遅れたアメリカはリングの外から見物している。

　　エ　リングの周りにはドイツやイギリスなどが描かれている。

（2）教科書p.168**2**（日露戦争関係図）を参考にして，問いに答えよう。

問1　日露戦争について述べた文ⅠとⅡの正誤の組み合わせとして正しいものを1つ選び記号で答えよう。　　　　　　　　　　　[　　　　]

　　Ⅰ　日露戦争の主戦場は中国北東部の旅順や奉天であった。

　　Ⅱ　黄海開戦では日本軍がロシア海軍バルチック艦隊を全滅させた。

　　ア　Ⅰ-正　Ⅱ-正　　　　　イ　Ⅰ-正　Ⅱ-誤　　　　　ウ　Ⅰ-誤　Ⅱ-正　　　　　エ　Ⅰ-誤　Ⅱ-誤

問2　日本がロシアから獲得した東清鉄道支線はのちに，鉄道・鉱山・港湾事業会社になる。この会社を答えよう。

　　　　　　　　　　　　　　　　　　　　　　　　　　　　[　　　　　　　　　　　]

（3）ポーツマス条約について述べた文として正しいものを選び記号で答えよう。　　　　　　　　[　　　　]

　　ア　日英同盟をむすんでいるため，イギリスの仲介でむすばれた条約である。

　　イ　日本はロシアに勝利し，多額の賠償金を獲得した。

　　ウ　ロシアに日本の韓国保護権を承認させた。

　　エ　日本は樺太の北半分をロシアから獲得した。

（4）教科書p.169**5**（20世紀初頭の日朝関係）を参考に，問いに答えよう。

問1　下のⅠ～Ⅲを年代の古い順番にならべたものとして正しいものを選び，記号で答えよう。　　　　[　　　　]

　　Ⅰ　ハーグ特使事件がおきた。　Ⅱ　朝鮮総督府が設置された。　Ⅲ　韓国の外交権をうばった。

　　ア　Ⅱ→Ⅰ→Ⅲ　　　　　　イ　Ⅱ→Ⅲ→Ⅰ　　　　　ウ　Ⅲ→Ⅱ→Ⅰ　　　　　エ　Ⅲ→Ⅰ→Ⅱ

問2　1909年にハルビンで伊藤博文を射殺した抗日運動指導者はだれか。　　　　　　[　　　　　　　]

（5）教科書p.169ひと「内村鑑三」を参考にして，内村鑑三の説明として正しいものを選び記号で答えよう。

　　ア　キリスト教徒で『万朝報』で日露戦争の非開戦を主張した。　　　　　　　[　　　　]

　　イ　社会主義者で『平民新聞』を発行し，日露戦争の正当性を主張した。

TRY 日露戦争と日清戦争の違いは何か，考えてみよう。

MEMO

次の日露戦争と日清戦争の違いについて述べた文を読んで，正しければ○，誤っていれば×で答えよう。

　①日清戦争はアジアの国どうしの戦争だが，日露戦争はアジアの国と欧米列強との戦争である。

　　　　　　　　　　　　　　　　　　　　　　　　　　[　　　　]

　②日清戦争で日本は賠償金を獲得できなかったが，日露戦争では獲得した。　　[　　　　]

　③日清戦争に比べ，日露戦争は兵力も戦費も格段に多かった。　　　　　　　[　　　　]

55 社会問題と地域社会

確認しよう

産業革命と地域社会の変貌

◆産業革命

・松方財政で財政基盤がととのい，繊維業や鉱業では民間企業があいついで設立される

→[① 　　　　　　　]革命がおこり，技術革新や設備投資により生産力が向上

・製糸業では，座繰製糸から[② 　　　　　　]製糸への移行がすすみ，紡績業でも手動の[③ 　　　　　　]にかわって，外国製の機械をもちいた紡績工場が設立

・1897年，日清戦争の賠償金の一部を用いて[④ 　　　　　　]へと移行

→貿易の取引の安定化をはかる

◆地域社会の変貌

・都市生活者の増加で米価が高騰したが，現物納の小作人は恩恵にあずかれず，金納の地主ばかりが利益を得る

→農作業をしない地主もあらわれ，[⑤ 　　　　　　　]がひろがる

・鉄道が整備され，人や物が都市へ流れ込み，地域間格差が大きくなった

社会問題の認識

・男性は重工業の工場や鉱山などで就労したり，日雇い労働者などの都市下層として[⑥ 　　　　　　]でくらす

・女性は出稼ぎ労働者として，繊維業などで苛酷な長時間労働・寄宿舎暮らしの[⑦ 　　　　　　]となる

・労働者を保護するために，1911年に[⑧ 　　　　　　]が定められたが，効果がうすかった

冬の時代

・資本主義化のひずみを問題視し，解決をめざす運動として，労働問題をはじめ，[⑨ 　　　　　　]などの社会運動が活発になる

→政府は1900年，[⑩ 　　　　　　]により労働運動や女性の政治運動などを弾圧

・〈⑪ 　　　　　　〉〈⑫ 　　　　　　〉らは，1901年に日本初の社会主義政党，である[⑬ 　　　　　　]を結成

・社会主義を脅威とみなした政府は，1910年に社会主義者を大量に検挙し，幸徳らを死刑に処す[＝⑭ 　　　　　　]

→以降，社会主義運動は沈滞し，[⑮ 　　　　　　]にはいる

用語を確認しよう

①1897年に導入された金を貨幣価値の基準とする制度は？　　　　　　　　　[　　　　　　]

②地主が自らは農作業をせず，小作人に農地を貸し，米などを地代として徴収する制度は？

[　　　　　　]

③労働者を保護するために1911年に定められた法律は？　　　　　　[　　　　　　]

④1910年に社会主義者が大量に検挙された事件は？　　　　　　　　[　　　　　　]

（1）教科書p.170**1**（20世紀はじめの鉄道網）の地図について述べた文として正しいものを一つ選び，記号で答えよう。　　　　　　　　　　　　　　　　　　　　　　　　　　　　　　　　　　　　　［　　　　　］

　　ア　東京と大阪は民営鉄道によってむすばれている。

　　イ　三重県や高知県には官営鉄道が開通している。

　　ウ　西日本は官営鉄道よりも，民営鉄道のほうが多い。

（2）教科書p.170**3**（1897年の輸出入の内訳）の円グラフについて述べた文として正しいものを一つ選び，記号で答えよう。　　　［　　　　　］

　　ア　日本の主要輸入品は生糸であった。

　　イ　日本は綿糸の原料である綿花を輸入に頼っていた。

　　ウ　輸入総額よりも輸出総額のほうが多く，貿易は黒字だった。

（3）次の「工女節の一節」をよみ，問いに答えよう。

> 野麦峠はダテには越さぬ　一ツァー身のため　親のため
>
> 男軍人　女は工女　糸をひくのも国のため

問1　あてはまる語句を丸で囲み，次の工女節の説明を完成させよう。

> 　一つ目の工女節にある野麦峠とは，岐阜県と長野県の県境にある峠であり，岐阜県高山市の女性たちはこの峠をこえ，長野県にある［A　　鉄鋼業　・　繊維業　　］の工場に出稼ぎにきた。彼女らは工女とよばれ，苛酷な［B　　長時間　・　短時間　　］労働と寄宿舎生活を送り，賃金を得た。
>
> 　二つ目の工女節からは，男性だけでなく，女性も日本の主要輸出品である［C　　綿糸　・　生糸　　］を生産し，国をささえているという工女たちの自負が読みとれる。

問2　1911年に定められた工場法について述べた文として誤っているものを選び記号で答えよう。　　［　　　　　］

　　ア　12歳未満の児童の労働が禁止された。

　　イ　少年や少女の深夜勤務が禁止された。

　　ウ　労働者15名以下の小規模工場にしか適用されなかった。

（4）教科書p.171**4**（足尾銅山暴動）について述べた文として正しいものを選び記号で答えよう。　　［　　　　　］

　　ア　鉱山でおきた火事から鉱夫たちが逃げる様子を描いている。

　　イ　苛酷な労働を強いられた鉱夫たちが待遇の改善を求めておこした暴動を描いている。

TRY　女工は，どのような背景のもとうみだされ，どのような役割をになったのだろうか。

問1　あてはまる語句を○で囲み，女工がうみだされた背景について述べた文を完成させよう。

> 　農村では寄生地主制がひろがり，女工たちの家の多くは［A　　自作農　・　小作農　　］であり，［B　　貧しい　・　裕福な　　］農家であったと予測できる。女工たちは家計を助けるために，工場に出稼ぎに行ったのであった。

問2　次の文を読み，女工たちがになった役割について考えよう。

> 　1909年，日本は中国を抜き，世界最大の生糸輸出国となった。生糸は原料・生産技術のすべてが国内で自給でき，外貨の獲得につながった。こうして獲得した外貨で明治政府は富国強兵をおこなっていった。

MEMO

127

56 大正デモクラシー

確認しよう

日露戦争後の社会と民衆

◆日比谷焼打ち事件

・1905年，ポーツマス条約の内容に反対する人々が，警察・政府関係施設・政府よりの新聞社を襲撃[=① 　　　　　　　　　]

→政府は戒厳令を発し，軍隊の力で鎮圧

◆桂園時代

・20世紀初頭は藩閥の〈② 　　　　　　　 〉内閣と立憲政友会総裁の〈③ 　　　　　　　 〉が交互に政権をになう(=桂園時代)

・日露戦争後の不況で疲弊・荒廃した地域社会をたてなおすために，町村財政の再建と個々人の勤勉・節約を求める[④ 　　　　　　　　]運動がおこなわれる

→青年団や在郷軍人会が地域社会に根ざした国民の一体感をつくりだす

護憲運動

・1912年，第二次西園寺内閣は陸軍の二個師団増設の要求を退ける

→陸軍は対抗措置をとり，内閣が総辞職

・第三次〈　②　〉内閣が組閣される

→立憲政友会の〈⑤ 　　　　　　　 〉と立憲国民党の〈⑥ 　　　　　　 〉を先頭に，藩閥政治の打破や[⑦ 　　　　　　　]をかかげたちあがる[=⑧ 　　　　　　　]

⇒第三次桂内閣は総辞職になる[=⑨ 　　　　　　]

・大正政変後，海軍大将の〈⑩ 　　　　　　 〉が組閣するも，海軍高官による収賄[=⑪ 　　　　]が発覚し，総辞職

→〈⑫ 　　　　　　 〉が次の首相になる

立憲とデモクラシー

◆大正デモクラシー

・[⑬ 　　　　　　　　　　]…1910〜20年代を中心とした民主主義的な政治・社会・思想・文化の状況

・〈⑭ 　　　　　　 〉は普通選挙と政党内閣制を内容とする[⑮ 　　　　　　]を説く

・〈⑯ 　　　　　 〉の[⑰ 　　　　　　]も発表される

◆辛亥革命

・1911年，〈⑱ 　　　　　 〉らが，清を打倒[=⑲ 　　　　　]

→アジアで最初の共和国である[⑳ 　　　　　]が成立

用語を確認しよう

①20世紀初頭に桂太郎と交互に政権を担当した人は？　　　　　〈　　　　　　　〉

②犬養毅や尾崎行雄が中心となり，憲政擁護をかかげ，桂内閣を打倒しようとする運動は？

[　　　　　　　　　]

③民本主義と天皇機関説を説いた人は？　　　〈　　　　と　　　　〉

（1）教科書p.172 **1**（日比谷焼打ち事件）の絵の説明として正しいものを一つ選び記号で答えよう。　　　　　　　　　[　　　　]

　　ア　小作人たちが高い小作料の減免を求めて地主に抗議している。

　　イ　非戦論を訴える人々が，日露戦争の開戦を阻止するため政府に抗議している。

　　ウ　増税に苦しむ人々が，ポーツマス条約の内容に反対し，日露講和に抗議している。

（2）教科書p.173 **2**（第一次護憲運動）の写真について述べた文ⅠとⅡの正誤の組み合わせとして正しいものを一つ選び記号で答えよう。　　　　　　　　　[　　　　]

　　Ⅰ　この運動の先頭に立ったのは，立憲政友会の犬養毅と立憲国民党の尾崎行雄である。

　　Ⅱ　この運動の目的は政党政治の打破と憲政を擁護することであった。

　　ア　Ⅰ-正　Ⅱ-正　　　　　イ　Ⅰ-正　Ⅱ-誤　　　　　ウ　Ⅰ-誤　Ⅱ-正　　　　　エ　Ⅰ-誤　Ⅱ-誤

（3）下の史料について述べた文ⅠとⅡの正誤の組み合わせとして正しいものを一つ選び記号で答えよう。

> 　いはゆる民本主義とは，法律の理論上主権の何人に在りやといふことは措いてこれを問はず，ただその主権を行用するに当たって，主権者は須らく一般民衆の利福並びに意嚮を重んずるを方針とす可しといふ主義である。即ち国権の運用に関してその指導的標準となるべき政治主義であって，主権の君主に在りや人民に在りやはこれを問うところでない。

　　Ⅰ　この史料は憲法学者である美濃部達吉の天皇機関説である。　　　　　　　　　[　　　　]

　　Ⅱ　「主権」がだれにあるのかではなく，「主権」は民衆の利益や幸福のために行使されるべきと述べている。

　　ア　Ⅰ-正　Ⅱ-正　　　　　イ　Ⅰ-正　Ⅱ-誤　　　　　ウ　Ⅰ-誤　Ⅱ-正　　　　　エ　Ⅰ-誤　Ⅱ-誤

（4）p.173 **4**（20世紀はじめの内閣と出来事）の表を参考に20世紀はじめの内閣について述べた文として正しいものを一つ選び，記号で答えよう。　　　　　　　　　[　　　　]

　　ア　桂太郎と西園寺公望はそれぞれ，3回ずつ，交代で政権を担当したが，これを「桂園時代」という。

　　イ　大隈重信は海軍の汚職事件であるジーメンス事件によって退陣を余儀なくされた。

　　ウ　朝鮮総督府を設置し，韓国を日本の植民地としたときの首相は山本権兵衛である。

　　エ　陸軍が軍部大臣現役武官制を利用して総辞職に追い込んだ内閣は第二次西園寺内閣である。

TRY　大日本帝国憲法のもとでのデモクラシーには，どのような課題があったのだろうか。

問1　大日本帝国憲法のもとでのデモクラシーの課題について述べた文として正しいものを選び記号で答えよう。なお，下の条文を参考にすること。　　　　　　　　　[　　　　]

第三三条　帝国議会ハ貴族院衆議院ノ両院ヲ以テ成立ス
第三四条　貴族院ハ貴族院令ノ定ムル所ニ依リ皇族華族及勅任セラレタル議員ヲ以テ組織ス
第三五条　衆議院ハ選挙法ノ定ムル所ニ依リ公選セラレタル議員ヲ以テ組織ス
第六五条　予算ハ前ニ衆議院ニ提出スヘシ

MEMO

　　ア　貴族院は勅撰議員によって構成されるため，衆議院に比べれば民意を反映しにくい。

　　イ　貴族院は衆議院より先に予算について議論できたので，予算に民意が反映されにくい。

問2　問1以外にどのような課題があったか，教科書p.163を参考に自分の意見を書いてみよう。

　　ヒント：主権をもっていたのはだれか？　国民は自分の考えを自由に表現できたか。

57 第一次世界大戦と日本

確認しよう

総力戦としての第一次世界大戦

◆20世紀初頭，ヨーロッパ列強は三国同盟と[①　　　　　　　　]という二勢力の対立

　→1914年，オーストリア帝位継承者の暗殺をきっかけに第一次世界大戦開戦

◆戦争は国内の経済・社会すべてを動員する[②　　　　　　　]となった

　例）女性の軍需産業への動員，植民地民衆の戦場への動員，新兵器の使用

帝国日本の膨張

◆1914年8月，日本は日英同盟にもとづきドイツに宣戦布告

◆1915年,〈③　　　　　　　　〉内閣は〈④　　　　　　　〉政権に二十一か条要求をつきつけた。…要求は中国の主権を侵害するもの

◆〈⑤　　　　　　　　　〉内閣は，段祺瑞へ資金援助をして影響力拡大をねらう

ロシア革命とヴェルサイユ条約

◆1917年，ロシア革命がおこり，11月には史上初の[⑥　　　　　　　　]政権が誕生

　→日本は勢力圏拡大もねらい[⑦　　　　　　]に派兵

　→干渉をのりこえ1922年[⑧　　　　　　　]社会主義共和国連邦成立

◆1918年，ドイツの降伏で第一次世界大戦終結。

　1919年1月，パリ講和会議がひらかれ[⑨　　　　　　　　　　]条約締結

　・ウィルソンが提唱する十四か条の平和原則を基礎に，平和維持の国際機関として

　　[⑩　　　　　　　]創設　日本も五大国の一つとして講和会議に参加

　・第一次世界大戦とロシア革命により，君主制国家が消滅し，戦争は「デモクラシーの勝利」との意識がひろまった。

◆1921年，アメリカの主導で[⑪　　　　　　　]会議がひらかれた

　・軍縮条約

　・四か国条約

　　…太平洋領土に対する権利尊重をアメリカ・イギリス・フランス・[⑫　　　　　　]の4か国で定めた条約

　・九か国条約

　　…[⑬　　　　　　]の主権と独立，門戸開放・機会均等を約束

　　→日本は[⑭　　　　　　]省の利権を中国に返還し，[　⑦　]から撤兵

用語を確認しよう

①オスマン帝国の衰退によりバルカン半島で対立を深めた二勢力は？

　　　　　　　　　　　　　　　　　　　　　[　　　　　　　]と[　　　　　　　]

②1915年に大隈内閣が袁世凱政権につきつけたのは？　　　　[　　　　　　　]

③史上初の社会主義政権誕生のきっかけとなった革命は？

　　　　　　　　　　　　　　　　　　　　　　　　　　[　　　　　　　]

④第一次世界大戦後の国際秩序は？　　　　　　　[　　　　　　　]

（1）教科書p.175 史料6（元老井上馨の進言）をみて，問いに答えよう。

> 一　今回欧州ノ大禍乱ハ，日本国運ノ発展ニ対スル大正新時代ノ [＿＿＿] ニシテ日本国ハ直ニ挙国一致ノ団結ヲ以テ，此 [＿＿＿] ヲ享受セザルベカラズ。

問1　空欄にあてはまる語句（同一の語句）を答えよう。　　　　　　　　　　　　　　　　[　　　　　　]

問2　史料の現代語訳を完成させるため，語群からあてはまる語句を選ぼう。

> 今回勃発した第一次世界大戦という大きな[A　　　　　　　　　]は，日本国が発展するという運命にとっては大正という新時代の[B　　　　　　　　　]というべきもので，日本国はただちに国をあげて団結し，この[　B　]を[C　　　　　　　　　]。

語群　天のたすけ ／ 災い ／ 受け取らなければならない ／ 受け取ってはならない

問3　元老である井上馨の進言通り，日本は第一次世界大戦に参戦することとなった。日本の戦場を，教科書p.174 図2（第一次世界大戦中の日本の進出）をもとに3か所書き出そう。
　　　A．1914.10に占領した地域……………………………カロリン諸島など，赤道以北の[　　　　　　　　]
　　　B．1914.11に占領した都市………………………………………………………[　　　　　　　　]
　　　C．1917.2に日本艦隊が出動した場所………………………………………………[　　　　　　　　]

問4　二十一か条要求に対して中国ではどのような反応がみられただろうか。近いと思うものを○で囲み，その根拠を教科書p.174の図3（二十一か条要求を批判する中国のポスター）を使って説明しよう。
　　　反応：[　　歓迎　／　反対　　]
　　　理由：[　　　　　　　　　　　　　　　　　　　　　　　　　　　　　　　　　　　　]

（2）教科書p.175の図7（パリ講和会議に参加した各国代表）とTopic「国際連盟」，ひと「ウィルソン　レーニン」にある2人の主張をみて，問いに答えよう。

問1　ウィルソンの主張をすべて選ぼう。　　　　　　　　　　　　　[　　　　　　]
　　　ア　秘密外交の廃止　　イ　無併合・無賠償　　ウ　民族自決　　　　エ　植民地の否定
　　　オ　社会主義　　　　カ　平和主義　　　　キ　武力による民主化

問2　この会議ののちに創設された国際連盟で取り組んだ問題は何か，書き出そう。
　　　[　　　　　　　　　　　　　　　　　　　　　　　　　　　　　]　　MEMO

TRY 第一次世界大戦とその後の国際秩序のなかで，日本はどのような立場にあったのだろうか。

あてはまる語句を○で囲もう。

> 　第一次世界大戦中，日本は[A　　三国同盟　・　三国協商　]側に味方し，[B　　戦勝国　・　敗戦国　]の一員となった。戦後は，五大国の一員としてヴェルサイユ・ワシントン体制とよばれる国際秩序に[C　　協調　・　反対　]する姿勢をとり，国際連盟に[D　　加盟　・　反対　]した。

131

58 資本主義の成長

確認しよう

大戦景気

◆第一次世界大戦中，ヨーロッパ製品にかわって日本製品がアジア市場に進出し，日本は[①　　　　　　]超過となった

◆大戦景気にわいている[②　　　　　　　　]向けの生糸輸出が激増して製糸業が繁栄。

　→繭の価格も高騰して養蚕農家は収入を[③　　　　　　]させた

◆輸出増加は海運を発達させ，[④　　　　　　]業がさかんになった

　貿易・造船で成功した新興資本家は[⑤　　　　　　]とよばれた

資本主義の発展

◆1920年代は，機械工業・製鉄などの日本経済の[⑥　　　　　　　　]化がすすんだ。

　・1916年には[⑦　　　　　　]生産額が農業生産額をこえた

　・[⑧　　　　　　]発電量が，1917年に蒸気力による発電をうわまわった

◆大戦が終結すると，1920年に[⑨　　　　　　　]にみまわれた

　・労働者の賃金が物価の上昇に追いつかない

　・農家の収入をささえる繭価も低迷しはじめた

　・大戦景気のなかで成長した[⑩　　　　　　]は，影響力を拡大した

都市と農村

◆機械工業・重化学工業の発展は都市の成長をもたらした

　・東京・大阪などの[⑪　　　　　　　]に人口が集中→地方都市も発展

　・都市の商業もさかんになる

　・都市部には[⑫　　　　　　　]やはたらく女性が増え，世帯主・専業主婦・子どもからなる近代家族があらわれてきた

◆都市の食生活を維持するため，日本は[⑬　　　　　　]の輸入国であった

◆都市の近郊では，都市向けの農業がさかんになった

　・大戦を通じて[⑭　　　　　　]は土地の買い占めをすすめる

　　→小作地の割合は農地の45％を占めた。

　　高率の[⑮　　　　　　]の負担は農民の生活と経営とを圧迫

　・[　⑭　]たちは地域経済の中心をになうとともに，植民地などへ投資

土　地

小作農　◀━━━━━━━━━━　⑭　━━━━━━▶　植民地

（小作地を借りて耕作）　　⑮　　（農地を所有）　投資

◆農民から都市に出る者や，講義録などで学ぶ農村青年も増加

用語を確認しよう

①第一次世界大戦中の好景気を何という？　　　　　　　　　　　[　　　　　　]

②第一次世界大戦終結後に日本がみまわれた不景気は？　　　　　[　　　　　　]

③好景気のなかで成長し，銀行などとむすびついた集団は？　　[　　　　　　]

（1）教科書p.176図❸についての説明を完成させよう。

> 　　この写真のタイトルは「三菱[A　　　　　　　　　]」とあり，1913年ころの様子を写したものだ。第一次世界大戦中，日本は[B　　ヨーロッパからの輸入　／　アジアへの輸出　]を拡大させ，工業生産額が農業生産額を[C　　上回る　／　下回る　]ようになった。そのなかで，物資を運搬するための海運業が[D　　発展　／　衰退　]し，造船が[E　　必要　／　不要　]となったのである。この時期に日本の造船量は[F　　　　　　　　　]とイギリスにつぐ世界第3位となった。また，写真の造船所を経営する[G　　　　　　　　]など財閥が成長し，銀行とむすびつき，社会に大きな影響力を持つようになった。

（2）教科書p.177の図❻（地方都市の発展）をみて答えよう。

問1　この図に登場する乗り物を書き出そう。

　　　[　　　　　　　　　　　　　　　　　　　　　　　　　　　　　　　　　　　　　]

問2　1920年代以降，数が増えていった乗り物を，図❹をみて答えよう。　　　　　[　　　　　　　　]

問3　自動車や路面電車生産などの機械工業が発展するにつれて，労働者の姿も変化した。企業の労働者について
　　　p.176のTopic「労働者の姿」を参考にまとめよう。

	学歴	待遇
事務員（職員）		
現場の労働者（工員）		

（3）図❼（講義録）について説明したものとして，正しいものには〇，まちがっているものには×と答えよう。

　　　a[　　　]　この講義録を通して，農村にいても中学校卒業資格を得られた。

　　　b[　　　]　農村部では，小学校教育は普及していなかった。

　　　c[　　　]　新しい教養や資格・特技を学ぶ欲求は，都市部にかぎられていた。

> **TRY**　資本主義の成長は都市・農村の社会をどのようにかえていったのだろうか。

大戦景気ののち，都市と農村でおきた変化を書き出そう。

都市	農村
（例）サラリーマンの増加	（例）農村青年のライフサイクルの変化

MEMO

133

59 改造の時代

確認しよう

米騒動

◆1918年夏, [①　　　　　　　　　]戦争にともなう軍隊などによる米の買い占めで米価が上昇

→・[②　　　　　　　]県の漁村の女性たちが ⎫ 米の安売りを求める
　・九州では炭鉱労働者が　　　　　　⎭　　　　[米騒動]

◆米騒動は全国へひろがる

→〈③　　　　　　　　　　〉内閣は騒動の責任をとって辞職

　続く〈④　　　　　　　〉内閣は, はじめての本格的な政党内閣となった

◆米騒動以後, 社会運動が活発化

　・世界の主流は[⑤　　　　　　　　　　]という気運が生まれた

　・あらゆる領域で新しい考え方による[⑥　　　　　　]が主張された

社会運動の高まり

◆労働者・農民などによる「無産運動」とよばれる運動

　・労働運動：友愛会は, 1921年に[⑦　　　　　　　　　　]と改称し, 労働争議を積極的に組織するようになった

　・農民運動：重い小作料が負担だとして[⑧　　　　　　　　]がおこり, 各地に農民組合がうまれた

　　　　　　　→小作料軽減要求など地主中心の地域秩序に対抗

　・差別撤廃：被差別部落の人々は1922年, [⑨　　　　　　　　　　]を結成

◆1922年には[⑩　　　　　　　　]党が結成されるなど, 社会主義の主張がさかんになる

　→学生たちのなかにマルクス主義が大きな影響力をもつようになった

◆同時に〈⑪　　　　　　　〉の「日本改造」案など国家主義的な動きも出現した

女性解放

◆1911年, 〈⑫　　　　　　　　　〉は文芸雑誌『青鞜』を創刊

　・雑誌上で女性解放の意味をめぐる議論を展開し女性解放論の基礎をきずく

◆市川房枝らは1920年に[⑬　　　　　　　　]を結成

　・普通選挙運動が活発化するなかで1924年に[⑭　　　　　　　　　]期成同盟を結成

◆1921年, 〈⑮　　　　　　　〉らは社会主義の立場から赤瀾会を結成し, はたらく女性の権利獲得のための活動をおこなった

用語を確認しよう

①寺内正毅内閣総辞職の原因となった全国的な騒動は？　　　　　　　　[　　　　　　]

②原敬の内閣は, はじめての本格的な？　　　　　　　　　　　　　[　　　　　]内閣

③平塚らいてうが創刊した雑誌は？　　　　　　　　　　　　　　[　　　　]

④母性保護論争で平塚の主張を批判した女性は？　　　　　　　　〈　　　　　〉

（1）教科書p.180の図**1****2****3**の内容をまとめてみよう。

先　　生：図**1**は名古屋の「米騒動」，**2**は「富山県での動きを報じる新聞記事」，**3**は「[A　　　　　]の米騒動」というタイトルがついていますね。**1**はどんな場面か読みとってみましょう。

しょうた：多くの男性が，ある建物に押しかけているようです。この建物は[B　　　　　]ではないかと思います。米の安売りを求めて抗議しているようです。

先　　生：**1**に描かれているのは男性ばかりだけれど，**2**からわかることは何だろう。

あ お い：**2**には「富山の[C　　　　　]」とあるので，女性たちも米の安売りを求めたことがわかります。

先　　生：それでは，**3**の地図から読みとれることは何でしょうか。

しょうた：北九州の[D　　　　　]を中心に，米騒動が発生していることがわかります。

あ お い：米騒動は，富山の[E　　　　　]や，名古屋のような都市だけでおきたわけではないんですね。

先　　生：米騒動以後，さまざまな人々が，要求を通すために社会運動をおこなったので，調べてみましょう。

（2）大正期の女性について，正しいものには〇，まちがっているものには×と答えよう。

a [　　　　]植民地朝鮮でも女性解放を主張する動きがはじまり，雑誌が創刊された。

b [　　　　]アイヌの知里幸恵は，金田一京助のアイヌ文化研究を助けた。

c [　　　　]山川菊栄は，女性の経済的自立のためには，女性解放が必要だと主張した。

d [　　　　]日本労働総同盟が結成されると，紡績工場で働く女性のほとんどが労働組合に加入した。

e [　　　　]キリスト教徒の女性たちを中心にして，売買春の廃止を求める運動がおこなわれた。

TRY それぞれの社会運動にとって「改造」とは何を意味していたのだろうか。まとめてみよう。

社会運動	主な要求
労 働 者 の 運 動	例)賃上げ，労働者の待遇改善
小 作 農 の 運 動	
被差別部落の運動	
社 会 主 義 の 運 動	
国 家 主 義 の 運 動	
女 性 の 運 動	

MEMO

----

60 植民地

確認しよう

日本の植民地

◆台湾の割譲以降，日本は領土を拡大→植民地政策の実施

…植民地政策は，異なる文化をもつ人々に対して，日本の制度・文化をもちこみ，日本に
[①　　　　　　　　]ためのもの

→日本軍が常駐して抵抗する現地の人々を武力でおさえこんだ

◆植民地中央行政機関は，強大な権力で統治政策をおこなった

・立法・[②　　　　　　　]・司法の三権を独占

・[③　　　　　　　]を公用語とする

・行政機関の上層部は[④　　　　　　　]人が占めた

・日本人の独占的な経済活動の拡大

・植民地の人々の[⑤　　　　　　　]活動は法律で制限され，差別待遇

・教育制度は[⑥　　　　　　　]をかかげ，現地の歴史や文化を軽視

民族解放運動・独立運動

◆朝鮮：軍人である[⑦　　　　　　　]が警察の役割をになう武断政治がおこなわれた

→国際的な[⑧　　　　　　　]の世論を背景に三・一運動がおこる

→総督府は軍隊を動員して鎮圧，統治方法を一部改めた

◆中国：列強による分割がすすむ

→北京の学生が山東省の利権の返還，[⑨　　　　　　　　　　]の撤廃を求めて抗議する
五・四運動がおこなわれた

→中国政府は人々の要求を受け入れ[⑩　　　　　　　]条約拒否

移動する人々

◆近代にはいり，多くの日本人が海外に移住をはじめた

・行き先は[⑪　　　　　　　]やアメリカ合衆国本土が多く，おもに農業労働・非熟練労働
の[⑫　　　　　　　]が目的だった

・のちには[⑬　　　　　　　]・ペルーなどの南米や満洲への移民増加

◆日本が植民地を獲得すると移動する人々の様相も変化

・朝鮮や台湾などの植民地：[⑭　　　　　　　]人移住者を手厚く援助したので，日本から移
動する人々が増加

・植民地の人々の移動も増えていった
朝鮮から非熟練労働者として日本に渡ったり，農民として[⑮　　　　　　　]に移民する朝
鮮人が増加

用語を確認しよう

①1919年に朝鮮でおこった民族解放運動は？　　　　　　　　　　　[　　　　　]運動

②朝鮮でおこなわれていた憲兵警察による統治は？　　　　　　　　[　　　　　]政治

③北京の学生の要求からはじまった中国の抗議運動は？　　　　　　[　　　　　]運動

（1）教科書p.182図**1**（日本の植民地の拡大）をみて，1920年までに植民地になった地域をすべて選ぼう。

ア 台湾 　　　　イ ハワイ 　　　　ウ パラオ諸島 　　　　エ ペルー

オ 南樺太 　　　カ 関東州 　　　　キ フィリピン 　　　　ク 朝鮮

[　　　　　　　　　　　　　]

（2）教科書p.183図**7**（移民を呼びかけるポスター）をみて考えてみよう。

問1 このポスターはどこへの移民をよびかけるポスターか。 　　　　　　　　[　　　　　　]

問2 ポスターの下部に書かれた文字を読みとり，空欄にあてはまる文字を答えよう。

助 援 [　　　] [　　　] [　　　]

社 会 式 株 業 興 外 海

問3 移民先ではどうやって生計をたてることが想定されていただろうか。

描かれた男性は，手に鍬をもっていることから…[　　　　　　　　　　　　　]

問4 ①教科書p.183図**5**（都道府県別の海外移民数）をみて，1899〜1937年の移民数上位3県を答えよう。

1位[　　　　　　県] 2位[　　　　　県] 3位[　　　　　県]

②このことから，移民の出身地は[　東日本 ／ 西日本 　]に多いといえる。

（3）植民地朝鮮の日本人について，教科書p.183Topicをまとめよう。

名前	生まれた年	出身地	職業
藤田文吉	①	②	③
池田正枝	④	⑤	⑥
正木貞雄	⑦	⑧	中学生

（4）植民地台湾の様子について説明した文として，正しいものを選ぼう。

ア 台湾銀行が発行する紙幣は，日本銀行券と交換することはできなかった

イ 台湾ではさとうきびの栽培がおこなわれていた

ウ 台湾では日本の統治に対するめだった反乱はおこらなかった

エ 台湾の人々は日本国籍を取得できなかった 　　　　　　[　　　　　]

TRY 台湾や朝鮮では，どのような植民地政策がおこなわれたのか調べてみよう。

教科書p.182-185の内容をみて，まとめよう。

MEMO

教科書 ▶ p.164〜183

1 次の図Ⅰ〜Ⅲをみて問いに答えよう。

Ⅰ

Ⅱ

Ⅲ

問1　それぞれの図の説明として正しいものを選ぼう。

ア　シベリアへの出兵に抗議するために集まった人々である。

イ　平壌で軍用品の運搬のために集まった人々である。

ウ　日露戦争の講和条約に抗議するために集まった人々である。

エ　憲政擁護を求めて国会議事堂の門に集まった人々である。

オ　米の安売りを求めて集まった人々である。

問2　図Ⅱに最も関係の深い人物を選ぼう。

ア　伊藤博文　　　　イ　寺内正毅　　　　ウ　桂太郎　　　　エ　大隈重信

問3　図Ⅲよりもあとにおこったこととして，最も適当なものを選ぼう。

ア　原敬内閣の発足　　イ　足尾銅山鉱毒事件　　ウ　ノルマントン号事件　　エ　下関条約締結

問1	Ⅰ		Ⅱ		Ⅲ	
問2			問3			

2 次の文を読み，問いに答えよう。

　日本の ⓐ朝鮮半島 への移住者は，朝鮮の開港直後からはじまっていたが，（　A　）以後は急速に増えていった。朝鮮に移住した日本人のおもな出身階層は中流以下で，九州や中国地方出身者が多かった。ⓑあらゆる職種の日本人が生活の拠点を朝鮮に移動させ，その多くは京城に住んでいた。1920年代なかばには，朝鮮で生まれた日本人二世が登場し，人口がさらに増えていった。

問1　空欄Aには1910年のできごとがはいる。あてはまる語句を漢字4字で答えよう。

問2　下線部ⓐについて，朝鮮半島でおきたことではないものを選ぼう。

ア　甲午農民戦争　　　イ　閔妃殺害事件　　　ウ　辛亥革命　　　エ　三・一運動　　　オ　壬午軍乱

問3　下線部ⓑについて，日本からの移動・植民地政策にあてはまらないものを選ぼう。

ア　各地でおこなわれた植民地政策は，日本の制度や文化をもちこみ，日本へ組みこむためだった。

イ　日本から朝鮮へ多くの人が移住したが，朝鮮から日本や満洲に移動する朝鮮人はいなかった。

ウ　満洲や南米へは，日本政府の後押しを受けた移住もおこなわれた。

エ　大戦景気を経て日本の資本主義が成長すると植民地への株式投資も活発化した。

問1		問2		問3	

3 次の史料Ⅰ～Ⅲを読み，問いに答えよう。

> [史料Ⅰ]いはゆる（　A　）とは，法律の理論上主権の何人に在りやといふことは措いてこれを問はず，ただその主権を行用するに当たって，主権者は須らく一般民衆の利福並びに意嚮を重んずるを方針とす可しといふ主義である。

> [史料Ⅱ]私は日⒜露非開戦論者であるばかりでない，戦争絶対的廃止論者である。戦争は人を殺すことである。そうして人を殺すことは大罪悪である。

> [史料Ⅲ]⒝今回欧州ノ大禍乱ハ，日本国運ノ発展ニ対スル大正新時代ノ天祐ニシテ日本国ハ直ニ挙国一致ノ団結ヲ以テ，此天祐ヲ享受セザルベカラズ。

問1 史料Ⅰの空欄Aにあてはまる語句を選ぼう。

　　ア　帝国主義　　　イ　三民主義　　　ウ　民族自決　　　エ　民本主義　　　オ　欧化政策

問2 下線部⒜の国について述べた文としてあてはまらないものを選ぼう。

　　ア　この国は，義和団戦争に対して，日本を含む7か国と連合して出兵した。

　　イ　この国と日本は，日露戦争後にポーツマス条約をむすび講和を果たした。

　　ウ　この国は，第一次世界大戦後のパリ講和会議を主導した。

　　エ　この国は，第一次世界大戦中に革命がおこり，史上初の社会主義政権が誕生した。

問3 下線部⒝の間に日本がおこなったこととしてあてはまらないものを選ぼう。

　　ア　中国へ二十一か条要求をつきつけた。

　　イ　アジア市場への輸出を拡大し，海運業を発展させた。

　　ウ　ドイツ領南洋諸島と青島を占領した。

　　エ　韓国に日韓議定書や第1次日韓協約を締結させた。

問4 史料Ⅰ～Ⅲはだれの発言か。それぞれ，最も適当な人物を選ぼう。

　　ア　内村鑑三　　イ　美濃部達吉　　ウ　幸徳秋水　　エ　井上馨　　オ　吉野作造　　カ　福沢諭吉

問1		問2		問3		問4	Ⅰ	Ⅱ	Ⅲ

4 次の文を読み，問いに答えよう。

　近代社会の特徴は，人々が企業にやとわれ工場ではたらくようになり，⒜都市が成長したことだ。工場では時間によって労働が管理され，給料も学歴によって格差があった。また，若い⒝女性が生家をはなれ，製糸・紡績工場に就職する人もいて，彼女たちの収入は家計の補助になっていた。

問1 下線部⒜に関連し，都市の様子の説明としてあてはまるものを選ぼう。

　　ア　地主による土地の買い占めがすすみ，寄生地主制が進展した。

　　イ　第一次世界大戦を通じて財閥が成長したが，労働者の賃金は物価上昇に追いつかなかった。

　　ウ　重い小作料が生産や生活の負担だとする小作争議がおこるようになった。

　　エ　製糸業が繁栄すると繭価が高騰して養蚕農家は収入を増加させた。

問2 下線部⒝に関連し，女性の政治運動参加を制限する1900年制定の法律名を答えよう。

問1		問2	

61 普通選挙と治安維持法

確認しよう

都市の変容と関東大震災

◆第一次世界大戦後，都市住民の生活水準の上昇→大衆文化の発達

・新聞購読数の増加

・『中央公論』などの総合雑誌，『[①　　　　　　　　　]』などの大衆雑誌の読者増加

◆1923年9月1日，関東大震災が東京・横浜などをおそった

・「暴動をおこした」という噂から軍・警察・住民の[②　　　　　　　]が朝鮮人らを殺害

・〈③　　　　　　　〉・伊藤野枝らの無政府主義者も殺害された

◆震災復興のなかで新しい生活様式がうまれた

・洋食，洋装の普及など生活の洋風化がすすんだ

・都市と郊外をむすぶ[④　　　　　　]が発達→百貨店の登場

・郊外には[⑤　　　　　　　]が増加…サラリーマンのくらす場

◆大衆文化として，1925年には[⑥　　　　　　　　]がはじまった

政党内閣の展開

◆1924年，貴族院を基礎とする〈⑦　　　　　　　〉内閣が成立

　→憲政会・立憲政友会・革新倶楽部(護憲三派)は憲政擁護・普通選挙実現をめざし[⑧
　　　　　　　]をおこした

・護憲三派は選挙で勝ち，憲政会の〈⑨　　　　　　　〉内閣を組閣

・地域では青年による政治結社もうまれ，政党政治の基盤がひろがる

・労働運動や農民運動などをもとに[⑩　　　　　]政党も台頭

◆政党が軍や官僚などをまとめる政党内閣制は1932年に五・一五事件で
　〈⑪　　　　　　　〉内閣が倒れるまで続く

治安維持法

◆1925年[⑫　　　　　　]法が成立

・選挙権は[⑬　　　　　　　　]に付与

・女性と外地(朝鮮，台湾などの植民地)に居住する人々は除外

・有権者数は4倍に増え，大衆が政治の動向に大きな意味をもつ時代へ

◆普通選挙導入と同時に[⑭　　　　　　]法を制定

・「[⑮　　　　　　]の変革」と私有財産制度を否定する結社に加入した者をとりしまるため
　無政府主義者・共産主義者の弾圧

・学生運動や植民地朝鮮の独立運動にも適用されていった

用語を確認しよう

①1923年9月1日に発生した災害は？　　　　　　　　　　　　　　[　　　　　　　]

②その際に，大杉栄とともに殺害された無政府主義者の女性は？　　〈　　　　　　　〉

③第2次護憲運動の結果，成立した内閣の首相は？　　　　　　　　〈　　　　　　　〉

④普通選挙法と同時に制定された法律は？　　　　　　　　　　　[　　　　　　]法

（1）震災で人々がどのような経験をしたのか話しあいました。教科書p.186図**1**（小学生が描いた関東大震災）と**2**（地震直後の日比谷交差点）をみて，空欄にあてはまる語句とあなたの考えにもとづくせりふを書いて会話を完成させよう。

先　　生：図**2**をみて，気づくことをあげてみよう。

あ お い：交差点には人のほかに[A　　　　　　　　　]などの乗り物もあります。ここが都心であることがよくわかります。

しょうた：一番左の建物が斜めになっているので，崩れかかっているのだと思います。

先　　生：この建物はもとは４階建てだったのだけれど，つぶれて２階だてにみえますね。見えにくいですが，その前にある時計は発生時刻の正午２分前を示しています。

しょうた：正面の建物から煙があがっているから，[B　　　　　　　]がおきていることがわかります。

先　　生：関東大震災では多くの人が[　B　]で亡くなりました。そのため，避難できる場所として現在は近くに日比谷公園が整備されていますね。でも，怖いのは災害そのものだけではありません。図**1**はどんな場面かな。あなたはどう思いますか。

あ な た：[　　　　　　　　　　　　　　　　　　　　　　　　　　　　　　]

先　　生：そうかもしれませんね。この小学生にとって関東大震災はどのような意味をもつのか想像してみましょう。

（2）大衆文化について，間違っているものを選ぼう。

　　ア　大都市の郊外に建てられた文化住宅には洋風の応接間や立ち流しの台所，子ども部屋などがあった。

　　イ　1929年に阪急百貨店が開店した。阪急電鉄はターミナル駅と歌劇で有名な宝塚をむすんだ。

　　ウ　洋装のモダンガールが登場し，『主婦之友』のような女性向け雑誌の創刊があいついだ。

　　エ　映画やラジオなど文化が大衆化し，歴史ものを語るプロレタリア文学がさかんになった。

[　　　　　　]

（3）政治に関する次の問いに答えよう。

問1　女性参政権運動に尽力し，戦後は参議院議員として活躍した女性とはだれか答えよう。

[　　　　　　]

問2　最後の元老となった首相経験者とはだれか答えよう。

[　　　　　　]

問3　加藤高明内閣から犬養毅内閣まで，衆議院で多数の議席をしめる政党の党首が政権を担当することが続いた。この状態を何というか答えよう。

[　　　　　　]

MEMO

> **TRY**　普通選挙の導入によって政治と民衆の関係はどのように変化したのだろうか。

　　普通選挙の導入によって，政治家は新たに参政権を得た人々について[A　　関心を失った　／　意識するようになった　]。新たに参政権を得た人々のなかには新中間層なども含まれていた。彼らは，[B　　　　　　　　　　]など大衆化した文化から多くの情報を得ており，政治と民衆は[C　　距離を縮めた　／　互いに関心を示さなくなった　]。

62 大日本帝国の選択肢

確認しよう

国際協調と軍縮

◆第一次世界大戦後は軍縮の気運があふれる

　　1922年　[①　　　　　　　　　　　　　　]条約が締結され，

　　　　　　　[②　　　　　　　　　　　]内閣のもと陸軍の軍縮が実施

　　1928年　[③　　　　　　　]条約により戦争の違法化の流れが明確化

政党政治と中国問題

◆幣原外交

　　[④　　　　　　　　　　　]外相は，英・米と協調，中国へ内政不干渉を主張

◆第1次国共合作

　・中国では，1924年，[⑤　　　　　　　]党と共産党が手をむすび第1次国共合作が成立

　・〈⑥　　　　　　　〉は中国統一をめざして国民革命（北伐）をすすめた

　　→日本では，国民革命への対応をめぐって幣原外交への批判が高まった

◆[⑦　　　　　　　]恐慌によって憲政会内閣が倒れる

　　→立憲政友会の〈⑧　　　　　　　〉が政権をになう

　　・山東半島出兵，国民革命への武力干渉政策

　　・満洲の軍事政権指導者〈⑨　　　　　　　〉を爆殺

　　・最初の普通選挙後，共産党弾圧・治安維持法に死刑導入など治安体制強化

昭和恐慌

◆統帥権干犯問題

　…立憲民政党の〈⑩　　　　　　　〉内閣は1930年に[⑪　　　　　　　　　　]条約を
　　むすぶ

　　→軍部などが，天皇の[⑫　　　　　　]権をおかすとして，政府を攻撃

◆金解禁

　…為替相場を安定させ貿易をさかんにするため[⑬　　　　　　]制復活

　　・日本製品の国際競争力回復のため緊縮財政

　　・消費節約のための生活改善に[⑭　　　　　]の参加を求める

◆昭和恐慌

　・緊縮財政のなか，1929年に[⑮　　　　　　　]が日本をおそう

　　→株価と物価が暴落，多くの企業が倒産，失業者が増加
　　　生糸の輸出が激減し養蚕農家の借金増大など，農村部に大きく影響

用語を確認しよう

①蔣介石がすすめた国民革命をなんとよぶ？　　　　　　　　　　　[　　　　　　]

②ロンドン海軍軍縮条約締結をめぐる問題は？　　　　　　　[　　　　　]問題

③浜口雄幸内閣による金本位制の復活を何という？　　　　　[　　　　　]

④世界恐慌の影響により日本でおきた恐慌は？　　　　　　[　　　　]恐慌

（1）年表をみて問いに答えよう。

問1　空欄①のときには，教科書p.189図6のような混乱が
　　　おきた。写真を参考にして，年表中の空欄①にあては
　　　まる語句を答えよう。

　　　　　　　　　　　　　　　　[　　　　　　]恐慌

問2　問1のときにおきたことを選ぼう。
　　　ア　統帥権干犯問題
　　　イ　関東大震災
　　　ウ　銀行での預金不足
　　　エ　世界恐慌　　　　　　　　　　　　[　　　]

問3　空欄②は，北伐に対する武力干渉として日本が出兵し
　　　た地域名がはいる。地域名を答えよう。

　　　　　　　　　　　　[　　　　　　　]

	年	出来事
A	1925	普通選挙法制定
B	1926	北伐開始→不干渉
	1927	[　①　]恐慌
		第1次[　②　]出兵
		東方会議
C	1928	第1回③普通選挙
		日本共産党の弾圧
		第2次山東出兵
		張作霖爆殺事件
D	1928	不戦条約調印
	1930	金解禁
		ロンドン海軍軍縮条約
		昭和恐慌

問4　下線部③に関連して，第1回普通選挙のときに，参政権をもっていた人として正しいものを選ぼう。
　　　ア　25歳以上で直接国税3円以上を納める男女
　　　イ　20歳以上のすべての男性
　　　ウ　25歳以上のすべての男性
　　　エ　20歳以上の男女　　　　　　　　　　　　　　　　　　　　　　　　　　　[　　　　]

問5　年表中のCとDの時期の首相と所属政党を選ぼう。
　　《首相》　　a　若槻礼次郎　　b　田中儀一　　c　犬養毅　　d　浜口雄幸　　e　加藤高明
　　《政党》　　ア　日本共産党　　イ　立憲政友会　　ウ　立憲民政党　　エ　憲政会
　　　　　　　　　　　　　　　　C：首相[　　　　　　　]　政党：[　　　　　　　]
　　　　　　　　　　　　　　　　D：首相[　　　　　　　]　政党：[　　　　　　　]

TRY　経済のたてなおしのためどのような選択肢が考えられたのか，調べてみよう。

ヒント1　教科書p.188ひとに登場する石橋湛山が考えた経済たてなおし策をまとめよう。

　湛山は，デモクラシーの主張とともに，[A　　　　　　　　]の放棄を唱え，[B
　　　]の振興など平和的方法による経済発展を主張し，日本が[C　　　　　]国であるこ
とを重視していた。

MEMO

ヒント2　石橋湛山の主張とは逆の「大日本主義」とはどのような方法による経済のたてなおし
　　　　か。調べたり，考えたりしよう。

63 満洲事変とモダニズム

確認しよう

満洲事変

◆柳条湖事件

　…1931年9月18日，関東軍は奉天郊外で満鉄線を爆破し攻撃を開始

　・第2次〈①　　　　　　　　〉内閣は不拡大方針⇔軍は占領域を拡大

　・中国民衆の間に日本への抵抗がひろがりはじめた

◆1932年，関東軍は新国家建設をすすめ，3月には清朝最後の皇帝〈②　　　　　　〉を執政とする[③　　　　　　]をたてた

　・このころ，〈④　　　　　　〉首相が軍人に暗殺される[⑤　　　　　　　　]事件によって，政党政治がとだえる

　・〈⑥　　　　　　　　〉内閣は満洲国を承認。実権は関東軍がにぎる

◆国際連盟は〈⑦　　　　　　　〉調査団を派遣

　→撤兵を勧告する決議に反発し，1933年3月，国際連盟を[⑧　　　　　　]

戦争と文化・社会

◆満洲事変は大衆文化・都市文化が繁栄するなかでおこなわれた戦争

　・映画，演劇，漫画などで戦争ものが流行し，排外熱が高まる

　・[⑨　　　　　　　]受信者数は急増

◆恐慌からの脱出

　・政府は金輸出再禁止→輸出をのばす，軍事支出の増加

　　⇒1930年代のなかばには，生活水準は[⑩　　　　　　　　]を記録

　・農村では凶作・災害もあって都市の繁栄と格差

二・二六事件

◆きびしくなる思想や言論統制

　・1933年，〈⑪　　　　　　　　〉が検挙されるなどプロレタリア文化弾圧

　・天皇機関説事件…〈⑫　　　　　　　　〉の憲法学説が政治問題化

　　⇒自由主義の言論や学問内容にも政府の圧力が強まった

◆陸軍で，皇道派と統制派が対立

　・二・二六事件：1936年[⑬　　　　　　]派支持の青年将校がクーデタ

　　⇒鎮圧した軍部は発言力を増し，〈⑭　　　　　　　　〉内閣は軍部大臣現役武官制を復活させ，農村対策に満洲への[⑮　　　　　　]を国策とした

用語を確認しよう

①1931年に奉天郊外で満鉄線が爆破された事件は？　　　　　　　　　[　　　　　　]事件

②事件をきっかけに満洲全域に戦線拡大したのは？　　　　　　　　　満洲[　　　　　]

③政党政治を終わらせた犬養毅首相の殺害事件は？　　　　　　　　　[　　　　　　]事件

④1936年に陸軍の青年将校らがおこしたクーデタは？　　　　　　　　[　　　　　　]事件

⑤美濃部達吉らが批判された憲法学説は？　　　　　　　　　　　　　[　　　　　]説

（1）教科書p.191図**6**をみて，会話を完成させよう。

先　　生：この写真のタイトルは「[A　　　　　　　　　]」となっていますね。千人の女性が一針ずつ縫っては結び目をつくっていきます。武運や無事をいのる願いがこめられていました。

しょうた：じゃあ，写真の[B　赤ん坊を背負った女性　／　日本髪の女性　／　洋装の女性　]がお願いしているところですね。

あ お い：でも，千人もの人にお願いするのは大変ではないでしょうか。

先　　生：そこで，女性たちは協力して出征兵士に贈り物をするようになります。その様子を教科書p.190のTopicから読みとってみましょう。

しょうた：そうか，兵士を送迎する[C　　　　　　　　　]会が組織的に戦争協力をおこなったのですね。

先　　生：会は女性たちにとっては，社会進出の場でもありました。ただし，戦争協力が求められる世の中で，教科書p.191**5**のようなネオンはどうなったでしょうか。

（2）教科書p.190図**2**（のらくろ一等兵）について答えよう。

問1　漫画の内容について正しいものを選ぼう。　　　　　　　　　　　　　　　[　　　]

ア　爆弾ごと突撃した3人によって鉄条網は破壊されたが命は助からなかった。

イ　3人は協力して鉄条網を爆破し，帰還後に表彰された。

ウ　のらくろの突撃により，3人は危険を避けながら鉄条網を爆破した。

エ　3人の兵は鉄条網を爆破することができなかったため，再度攻撃することにした。

問2　この漫画は，1939年の第2次上海事件をもとにしている。この漫画を読んだ子どもたちは，どんな感想をもったか想像して書いてみよう。

[　　　　　　　　　　　　　　　　　　　　　　　　　　　　　　　　　　　]

TRY　戦争はどのような社会状況のもとでおこなわれていたのだろうか。まとめてみよう。

ワーク1　満洲事変がはじまったころ，都市で流行していたものは何か書き出そう。

ワーク2　満洲事変がはじまったころの農村の様子を書き出そう。

MEMO

ワーク3　1930年代のドイツ・イタリアの様子を書き出そう。

64 日中戦争と総力戦

確認しよう

盧溝橋

◆西安事件

抗日世論がひろがるなか1936年12月〈①　　　　　　　　〉が抗日の実施をせまって

〈②　　　　　　　　〉を監禁

◆日中戦争

・1937年7月7日[③　　　　　　　　]事件をきっかけに日本は中国との全面戦争を開始

・共産党と国民政府は抗日民族統一戦線を結成し，抗戦体制をととのえた

点と線の支配

◆1937年12月，日本軍は南京を占領し，翌1月，〈④　　　　　　　　〉首相は

　　　　　　　「国民政府を[⑤　　　　　　　　]」と声明して和平の道をとざした

◆国民政府は重慶に移って抗戦。共産党は農村部に抗日拠点をきずく

　→日本軍は[⑥　　　　　　　]に無差別爆撃

　〈⑦　　　　　　　　〉政権などの傀儡政権を成立させて中国の分割をねらう

◆日本軍の支配は都市と鉄道線にかぎられ，中国の抵抗で戦争は長期化

新体制

◆農業・工業の労働力不足・日常生活品の不足

　労働生活をささえるため「挙国一致」をスローガンに，メディアも動員した

　[⑧　　　　　　　　　　]運動が展開

　1938年　[⑨　　　　　　　]法が制定

　1939年　[⑩　　　　　　　]令…工場への動員開始

　1941年　米の[⑪　　　　　　]制開始→「代用食」にたよる生活

◆政治や地域社会の「新体制」

・政治の新しい組織をめざして1940年に[⑫　　　　　　　　]会発足

　→[⑬　　　　　　]・労働組合はすべて解散

・地域社会では隣組・町内会・部落会がつくられ，人々は大衆団体に統合

　→人々の自発的組織は解散

・植民地の朝鮮では皇民化政策が本格化

　→神社参拝の強要

　　日本式の氏をつくらせ名前を改める[⑭　　　　　　　]を実施

用語を確認しよう

①1936年に張学良が蔣介石を監禁した事件は？　　　　　　　　　[　　　　　　]事件

②日中戦争のきっかけとなった1937年7月の事件は？　　　　　　　[　　　　　　]事件

③1937年12月に日本軍が占領した中国の首都は？　　　　　　　　　[　　　　　]

④1938年に制定され，国民徴用令の根拠となった法は？　　　　　　[　　　　　　]法

⑤政党の解散につながった1940年発足の政治組織は？　　　　　　　[　　　　　]会

（1）教科書p.192〜193をみて，正しいものには○，正しくないものには×と答えよう。

問1　朝鮮や台湾など植民地の人も「皇民」として戦争に動員された。

[　　　　　]

問2　日本軍が南京城内外を占領したあとも，戦争は続いた。

[　　　　　]

問3　1940年は，初代天皇の神武が即位して2600年目にあたるとして「紀元2600」を祝う祝典がおこなわれた。

[　　　　　]

問4　代用品や代用食がひろまったが，家庭での食事にかぎられ，店舗では通常の食事が維持された。

[　　　　　]

問5　1939年ごろになると，アイヌの皇民化がすすみ，伝統的な衣装を身につけることは禁止された。

[　　　　　]

TRY　兵士たちはどんな思いで戦場へむかったのだろうか。話しあってみよう。

ステップ1　それぞれの資料から読みとってみよう。

①教科書p.193 **4**（村の応召者の推移）のグラフから読みとれることは何だろうか。

　・どの時期でも，もっとも割合が少ないのは[　志願　・　現役入隊　・　赤紙召集　]

　・召集令状[　　　　　　　]による召集は，二度・三度召集されることもあった

②教科書p.193ひと「火野葦平　宮柊二」からわかることは何だろうか。

　・火野葦平の『麦と兵隊』に書かれた内容

　・宮柊二が詠んだ短歌を書き写そう。

③教科書p.192 **2**（無言で帰還したアイヌの兵士）を出むかえた人の様子を答えよう。

④教科書p.192 **1**（出征風景）で兵士をみおくる人々の様子を答えよう。　　例）楽しそう

MEMO

ステップ2　④の場面でみおくられた兵士の思いを書いてみよう。

ステップ3　①で志願した兵は，なぜ志願したのか考えよう。

65 アジア太平洋戦争

確認しよう

南進の選択〜アジア太平洋戦争までをまとめよう

1939年	9月	ドイツが[① 　　　　　　　　　]に侵攻…第二次世界大戦
		→ドイツと同盟して[② 　　　　　　　　　]地域を勢力圏にし，日中戦争を解決しようとする考えが強まった。
1940年	9月	日本は[③ 　　　　　　　　　]をむすぶ
		→中国に対する援助ルートを遮断するため仏印北部へ
		…三国同盟と[④ 　　　　　　　　　]は，日本と米・英との対立を決定的にした。
1941年	4月	日本政府は日米交渉とともに[⑤ 　　　　　　　]条約締結
	6月	独ソ戦開始→北進論の台頭→ソ連への圧力として満洲に兵力配備
	7月	[⑥ 　　　　　　　　　]に進駐
		米・英による[⑦ 　　　　　　　]の対日輸出禁止
	8月	米・英が[⑧ 　　　　　　　]発表
	9/6	御前会議で戦争決意の方針を固める
		→〈⑨ 　　　　　　　　　〉首相は日米交渉を続けたが，中国からの撤兵をめぐって〈⑩ 　　　　　　　　　〉陸相と対立
	10月	→[⑩]が内閣を組閣
	11/5	〈⑪ 　　　　　　　　　〉も納得のうえ，12月初旬の対英米開戦，当面の交渉継続を決定
	11/26	米側から，ハル・ノートが示され交渉ゆきづまり
	12/8	日本軍はマレー半島，真珠湾を攻撃し，中国に加え米・英などとの戦争を開始…アジア太平洋戦争
	12月〜	→東南アジア一帯を占領
1942年	6月〜	[⑫ 　　　　　　　　　]，ガダルカナル島での戦いを契機に，しだいに後退

「大東亜共栄圏」の姿

◆ 満洲移民

　…対米英開戦後も中国で戦闘を続け多くの[⑬ 　　　　　　　]を入植させた

◆ 日本政府は「[⑭ 　　　　　　　　　]」の建設を戦争目的としていた

　…戦争がはげしくなると，朝鮮・台湾に徴兵制，捕虜監視員としての動員，労働力不足を補うための動員，多くの女性が「慰安婦」とされる⇒抗日運動がさかんとなる

用語を確認しよう

①1939年のドイツによるポーランド侵攻によってはじまった戦争は？

[　　　　　　　　　　　　　]

②中国との戦争に加え，1941年に日本が，米・英と開始した戦争は？

[　　　　　　　　　　　　　]

（1）教科書p.194 ■ （大東亜共栄圏すごろく）に登場する国名とおもな都市名をぬきだしました。

日本 → A → ⓐ満洲国 → 中華民国 → ⓑ佛印 → タイ → B → インド → ジャワ → ボルネオ → セレベス → C → フィリピン

問1　A～Cにあてはまる国名または地域名を書き出そう。

A［　　　　　　　　　］　現在のソウル

B［　　　　　　　　　］　現在のミャンマー

C［　　　　　　　　　］　ガダルカナル島などの太平洋島しょ国の一つ

問2　ⓐについての説明として正しいものを選ぼう。　　　　　　　　　　［　　　　　　　］

ア　この地域では，当時の国際法では使用が認められていた毒ガスや細菌兵器が使用された。

イ　この地域へは，開拓青少年義勇軍として募集された15～19歳の子どもたちが送り出された。

ウ　この地域では，ゲリラなどの抵抗運動と民衆のつながりをたつため「三光作戦」がおこなわれた。

エ　この地域から「大陸の花嫁」とよばれる人々が，日本列島へ移りすんだ。

問3　ⓑの「佛印」についての説明として正しくないものを選ぼう。　　　　［　　　　　　　］

ア　この地域は「仏領インドシナ」とよばれ，イギリスの植民地だった。

イ　日本軍は1940年にその北部に軍をすすめ，1941年7月には，南部に進駐した。

ウ　1944年末から45年春にかけて，日本軍の食糧収奪に加え，天候不順もあって飢饉が発生した。

エ　日本軍が乱発した紙幣（軍票）によって経済が混乱した。

（2）この戦争をアジア太平洋戦争とよぶ理由として正しくないものを選ぼう。　　［　　　　　　　］

ア　1941年12月8日に攻撃がおこなわれた真珠湾とマレー半島は東南アジアに位置しているから。

イ　アメリカとの戦争が開始したのちも日本軍の総兵力の7割は中国大陸で戦い続けていたから。

ウ　日中戦争を解決する手段として，東南アジアへの進出がはじまったため。

エ　太平洋戦争というと，アジアでも戦争がおこなわれていたことへの視点が不充分となるため。

▶TRY　「大東亜共栄圏」のもと，人々はどのような暮らしをしていたのだろうか。

MEMO

ヒント：教科書p.194史料 ■ （南方占領地行政実施要領）をみながら，空欄にあてはまる語句を答えよう。

第一　方針　占領地に対してはしばらくのあいだ［A　　　　　　　　］をおこない，治安の回復と，国防［B　　　　　　　　］の急速な獲得，軍隊の生活維持確保をする。

第二　要領　国防資源取得と占領軍の現地での生活のために，［C　　　　　　　　］に及ぼしてしまう重圧は，右の目的に反しない程度にすること。

「大東亜共栄圏」のもと，人々はどのような暮らしをしていたのだろうか，書いてみよう。

66 敗戦

MEMO

確認しよう

国民生活の破綻

◆学徒出陣

兵力不足を補うため，1943年には[①　　　　　　　　]も徴兵される

…日本軍の兵力は，当時の男性人口の[②　　　　　　　]％をこえた

◆勤労動員

兵力動員・軍需生産の激増→労働力不足の深刻化

→学生や独身女性による女子挺身隊が[③　　　　　　　　　]へ動員

崩壊する戦線

◆1942年なかばから日本軍は敗北を続けた

・1944年に南洋諸島のサイパン陥落

・1944年末から大型爆撃機B 29による[④　　　　　　　　]が激化

・1945年3月10日の[⑤　　　　　　　　]など無差別爆撃

⇒国民学校の児童が集団で[⑥　　　　　　]させられる学童疎開の実施

◆1945年3月末からの[⑦　　　　　　　]

・日本軍は本土決戦の時間稼ぎのため，住民を根こそぎ動員

・日本軍が「集団自決」を強いたところもあった

⇒沖縄戦の敗北が決定的になると，本土への米軍上陸を想定して，国民の大部分を

　　[⑧　　　　　　　　]として組織化する方針をたてた

降伏への道

◆連合国では1943年から戦後処理をめぐる議論がはじまり，日本政府は1945年8月以降も天皇
制を維持できるかをめぐって検討を続けた

1943年	11月	カイロ宣言で日本の植民地を独立・返還させると発表
1945年	2月	[⑨　　　　　　　　　]で，ソ連の対日参戦が極秘に約束
	7月	アメリカ・イギリス・中国が[⑩　　　　　　　　　]を発表
		→日本政府は[⑪　　　　　　　]したため戦闘は続いた
	8/6	広島へ[⑫　　　　　　]投下
	8/8	ソ連が日ソ[⑬　　　　　　]条約をやぶって宣戦布告
	8/9	長崎への[⑫]投下
	8/14	ポツダム宣言の受諾を決定
	8/15	国民は〈⑭　　　　　　　〉のラジオ放送で敗戦を知る
	9/2	降伏文書の調印によって正式に連合国に降伏

用語を確認しよう

①兵力不足を補うためおこなわれた大学生の徴兵は？　　　　　　　　　[　　　　　　　　]

②労働力不足を補うための学生や女性の動員は？　　　　　　　　　　　[　　　　　　　　]

③空襲を避けるため国民学校児童を対象におこなわれたのは？　　　　　[　　　　　　　　]

④ソ連の対日参戦を極秘に約束した協定は？　　　　　　　　　　　[　　　　　　　　]

（1）教科書p.196 **2**（敗戦前後の子どもの体位）をみて答えよう。

問1　表を完成させよう。

		昭和12年 （1937）	昭和20年 （1945）			昭和12年 （1937）	昭和20年 （1945）
都会の男児	身長	123.0cm	①	田舎の男児	身長	121.0	②
都会の男児	体重	23.8kg	22.7	田舎の男児	体重	23.5	23.2
都会の女児	身長	122.0	③	田舎の女児	身長	120.1	119.4
都会の女児	体重	23.5	22.3	田舎の女児	体重	22.7	④

問2　表に関する説明として，まちがっているものを選ぼう。　　　　　　　　［　　　　　　　］

　　ア　昭和12年時点では，イギリス・アメリカとの戦争ははじまっていなかった。

　　イ　昭和20年の8月に日本はポツダム宣言を受け入れた。

　　ウ　食料事情の悪化は，都市よりも田舎の方が大きかった。

　　エ　田舎の女児の平均体重は，戦前も敗戦間際も変わらなかった。

（2）1945年8月15日以降におきたこととして，まちがっているものを選ぼう。　　　　［　　　　　　　］

　　ア　沖縄では，少年たちが密林地帯でゲリラ戦をたたかい，敗戦を知らずに逃げ続けた人もいた。

　　イ　満洲では，日本軍におきざりにされた満蒙開拓団の入植者が「集団自決」に追い込まれた。

　　ウ　アメリカが満洲や樺太，千島列島に侵攻し，日本からの開拓民が捕虜として連行された。

　　エ　ソ連との国境に配備されていた15～19歳の青年による義勇軍は，ソ連兵からの略奪や暴行を受けた。

　　オ　ソ連によるシベリアや中央アジアへの抑留と強制労働によって，政府間の休戦後も死者が出た。

TRY　戦局が悪化しはじめてから日本が降伏するまで，長い時間がかかったのはなぜだろうか。

ヒント1　日本政府の方針をまとめてみよう。

> 沖縄戦の開始（1945年3月）… 沖縄戦で時間を稼ぎ，［①　　　　　　　　　　　］にそなえる

> 沖縄での敗北が決定的となる… 米軍の［②　　　　　　　　　］にそなえて国民を戦闘員化

ヒント2　日本政府が，ポツダム宣言を「黙殺」したのは，ポツダム宣言が日本へ何を求めていたからだろうか。

　　［　　　　　　　　　　　　　　　　　　　　　　　　　　　　　　　　　　　　　］

MEMO

ヒント3　日本政府が，ポツダム宣言を受け入れる場合につけたかった条件は何だろうか。

　　［　　　　　　　　　　　　　　　　　　　　　　　　　　　　　　　　　　　　　］

あなたの答え：戦局が悪化しはじめてから日本が降伏するまで，長い時間がかかったのは…

教科書 ▶ p.186〜199

1 次の図Ⅰ・Ⅱと年表をみて，問いに答えよう。

Ⅰ

Ⅱ

[できごととそのさいの首相をあらわす年表]

首相	できごと	
高橋是清	ワシントン会議	↕ A
		↕ B
山本権兵衛		
清浦奎吾	第２次護憲運動	
①	ⓐ普通選挙法制定	
		↕ C
浜口雄幸	ロンドン海軍軍縮条約	
若槻礼次郎	満洲事変	↕ D
②	五・一五事件	

問1　図Ⅰは年表中のＢの時期の日比谷交差点の様子である。この
　　ときのできごとについて説明した正しい文を一つ選ぼう。
　　ア　皇道派支持の陸軍青年将校らがクーデタをおこした。
　　イ　混乱のなかで，軍隊・警察，住民の自警団が朝鮮人・中
　　　　国人を殺害した。
　　ウ　工場や住宅の密集する下町に焼夷弾が集中的に落とされ，ひと晩で約23万戸が焼失した。
　　エ　神話上の初代天皇・神武が即位して2600年目にあたることを祝う祝典がおこなわれた。

問2　図Ⅱは，金融恐慌のさいの東京の様子である。このできごとについて説明した正しい文を一つ選ぼう。
　　ア　軍部が発行した紙幣(軍票)によってインフレがひきおこされた。
　　イ　戦争の長期化から軍需生産が優先され，衣料・燃料などを求めて多くの人が配給の列に並んだ。
　　ウ　預金を引き出そうと多くの人がつめかけ，混乱の責任をとって憲政会内閣は倒れた。
　　エ　世界恐慌が日本をおそったことでおこり，繭価が暴落し，養蚕農家は借金が増大した。

問3　図Ⅱのできごとは年表中のＡ〜Ｄのどの時期のことか選ぼう。

問4　年表中の下線部ⓐと同時におこなわれたことを一つ選ぼう。
　　ア　関東軍による満鉄線爆破　　　　　　　　イ　山東出兵
　　ウ　治安維持法の制定　　　　　　　　　　　エ　大政翼賛会の発足

問5　年表中の①と②にあてはまる首相の正しい組み合わせを選ぼう。
　　ア　①加藤高明　　②犬養毅　　　　　イ　①加藤高明　　②田中義一
　　ウ　①原敬　　　　②犬養毅　　　　　エ　①原敬　　　　②田中義一

問1		問2		問3	
問4		問5			

2 次の史料をみて，問いに答えよう。

> 第一　方針
> 占領地ニ対シテハ差シ当リ軍政ヲ実施シ治安ノ恢復，重要国防資源ノ急速獲得及作戦軍ノ自活確保ニ資ス。
> 第二　要領
> 七，国防資源取得ト占領軍ノ現地自活ノ為民生ニ及ホサザルヲ得サル重圧ハ之ヲ忍ハシメ宣撫上ノ要求ハ右目的ニ反セサル限度ニ止ムルモノトス。

問1 この史料は「南方占領地行政実施要領」という。「南方」でおきたことを一つ選ぼう。

　　ア　蔣介石による国民革命

　　イ　日本語教育などの皇民化政策

　　ウ　満蒙開拓青年義勇軍による国境警備

　　エ　日本軍による真珠湾への攻撃

問2 植民地を拡大し「大東亜共栄圏」を建設しようとする動きに対して，植民地放棄と貿易の振興など平和的方法による経済発展を主張した人物もいた。人物と主張の正しい組み合わせを選ぼう。

　　ア　人物：石橋湛山　　主張：小日本主義　　　イ　人物：市川房枝　　主張：小日本主義

　　ウ　人物：石橋湛山　　主張：天皇機関説　　　エ　人物：市川房枝　　主張：天皇機関説

　　オ　人物：美濃部達吉　主張：天皇機関説　　　カ　人物：美濃部達吉　主張：小日本主義

問1		問2	

3 次の文を読み，問いに答えよう。

　　1942年なかばから日本軍は太平洋の戦線で敗北を続けた。1945年3月末からの（　A　）では，日本軍は本土決戦の時間稼ぎのため，住民を根こそぎ動員してたたかった。（A）の敗北が決定的になると，政府は本土への米軍上陸を想定して国民の大部分を戦闘員として組織化する方針をたてた。

　　一方，連合国は1945年の（　B　）で，ソ連の対日参戦を極秘に約束し，ドイツ降伏後の7月には⒜日本へ無条件降伏を要求した。しかし，⒝日本政府はこれを黙殺したため，戦闘は続いた。

問1 空欄Aにあてはまる語句を答えよう。

問2 空欄Bにあてはまる語句を選ぼう。

　　ア　不戦条約　　　イ　大西洋憲章　　　ウ　日ソ中立条約　　　エ　ヤルタ協定

問3 下線部⒜の宣言を何というか答えよう。

問4 下線部⒝よりも前におきたできごとを一つ選ぼう。

　　ア　国民学校児童の学童疎開　　　イ　満蒙開拓団の入植者らの「集団自決」

　　ウ　広島への原子爆弾投下　　　エ　ソ連によるシベリアへの抑留

問1		問2	
問3		問4	

67 世界のなかの日本占領

確認しよう

戦後世界の形成

・1945年，連合国が中心となって[①　　　　　　　　　　]が発足した

　→常任理事国が強い権限をもつ安全保障理事会を設置

　　目的：戦後の国際平和のための秩序づくり

◆連合国の間での対立の激化

　アメリカを中心とする西側の[②　　　　　　　　　　]諸国と，ソ連を中心とする東側の[③

　　　　　　　]諸国との対立がはじまった。これを[④　　　　　　]という

非軍事化と民主化

・1945年8月末，連合国軍は日本進駐を開始し，マッカーサー最高司令官のもとで[⑤

　　　　　　　　　　　　]，通称GHQがおかれ，間接統治がはじまった

・GHQは，[⑥　　　　　　]化と，[⑦　　　　　　　]化を，占領政策の基本方針として改

　革をおこなった

　→幣原喜重郎内閣に対して以下の[⑧　　　　　　　　]を指令した

　1．女性解放　　　　　2．労働組合の育成　　　　3．教育の自由主義的改革

　4．経済機構の民主化　5．司法・警察制度改革

　→国家と[⑨　　　　　　]の分離，すなわち[　⑨　]指令がだされ，宗教や教育から軍国主

　　義を排除した

◆領土の分割

　→朝鮮半島では北緯38度線付近を境に南をアメリカ，北を[⑩　　　　　　　]が占領

　→台湾は中華民国の統治下に

　→沖縄や小笠原諸島では[⑪　　　　　　　　]が軍政実施

　　千島列島や南樺太ではソ連が軍政実施

戦争責任の追及

・[⑫　　　　　　　　　　]を処罰するため，1946年5月，GHQが，極東国際軍事裁判，

　通称[⑬　　　　　　　　]をひらく

　→アメリカの方針により，〈⑭　　　　　　　〉は不起訴となった

用語を確認しよう

①戦後において，アメリカとソ連との間の対立は，どこで激化した？

　　　　　　　　　　　　　　　　　　　[　　　　　　　　　　　　　　　]

②GHQが，思想・言論・政治活動の自由を保障するために，廃止したものは何？

　　　　　　　　　　　　　　　　　　　[　　　　　　　　　　　　　　　]

③東京裁判で，A級戦犯として処刑された人物の一例は？

　　　　　　　　　　　　　　　　　　　　〈　　　　　　　〉

（1）教科書p.200 図2（マッカーサーと昭和天皇）をみてみよう。

問1　この写真でマッカーサーと昭和天皇との違いを複数あげてみよう。

問2　マッカーサーと昭和天皇，どちらがくつろいでいるだろうか。根拠とともに指摘しよう。

問3　1945年9月29日に，この写真は新聞各紙に掲載されました。御真影でしか見たことがなかった昭和天皇をみた日本にいる人々は，これをみて，どう思っただろう。

（2）教科書p.200 図4（朝鮮総督府前をパレードするアメリカ軍）をみてみよう。

問1　パレードするアメリカ軍に対して，朝鮮の人たちは，どんな反応を示しているだろうか。　　　[　　　　　　　　　　]

問2　朝鮮半島南部に進駐したアメリカ軍は，朝鮮人の自治を認めただろうか。　　　[　　　　　　　　　　]

（3）p.201 図5（東京裁判）と「戦争を裁く」を読みとき，以下の問いに答えよう。

問1　1928年に締結されたパリ不戦条約は，どんな目的で立案されむすばれたのか。　　　[　　　　　　　　　　]

問2　東京裁判やニュルンベルク裁判は，何を前提にしておこなわれたのか。　　　　　　　[　　　　　　　　　　]

問3　東京裁判で審理されず，したがって罪を問われなかったのは，どういった立場にあった国々だろう。　　　　[　　　　　　　　　　]

問4　日本軍に動員された朝鮮や台湾の人々は，罪を問われずにすんだのだろうか。　　　[　　　　　　　　　　]

TRY　占領政策によって，敗戦までの日本の何が否定され，どこまでかわれたのだろうか。

ヒント：五大改革の基本方針を確認し，次の項目にそって，否定されたものと，新たに保障されたものを整理しよう。

五大改革の基本方針：[A　　　　　　　]化と[B　　　　　　]化

	否定されたもの	改革され保障されたもの	MEMO
軍隊・軍人	[C　　　　　　]		
行政	[D　　　　　　][E　　　　　]の廃止	警察制度改革の実施	
教育	[F　　　　　　]の授業の停止	[G　　　　]主義的改革	
経済・労働	財閥解体	[H　　　　　]の育成，経済機構の民主化	
人々の権利		[I　　　　　　]の自由 [J　　　　]の参政権	

68 占領改革と日本国憲法

MEMO

確認しよう

経済の改革と民主化

◆財閥解体　改革(1)

・GHQは，占領直後から，財閥解体をおこない，自由競争の前提をととのえようとした

→1947年に，カルテルを禁止する[①　　　　　　　　]や，[②　　　　　　　　]を制定した

◆地主への規制　改革(2)

・当初日本政府は，地主の土地所有を制限する[③　　　　　　　　]をすすめたが，その内容が不十分だったため，GHQが勧告し，第二次改革を実施した。結果，1950年までに，[④　　　　　　　　]制が消滅した

◆労働者の権利保障　改革(3)

・1945年末に労働三権を保障した[⑤　　　　　　　　]を制定し，1947年には[⑥　　　　　　　　]を制定した

日本国憲法の制定

・1946年，〈⑦　　　　　　　　〉内閣は，GHQの改正草案をもとに，政府原案を発表。帝国議会で，この原案を審議し，以下の内容の日本国憲法が，1946年11月3日に公布，1947年5月3日に施行された

日本国憲法の柱…[⑧　　　　　　　　]，[⑨　　　　　　　　]，[⑩　　　　　　　　]の尊重

→憲法の理念にそって，1947年には教育の機会均等その他を定めた[⑪　　　　　　　　]が公布された

社会の改革と民主化のひろがり

・政治活動の自由が保障されたことで，政党の結成があいついだ

・[⑫　　　　　　　　]が施行されたことで，住民は，都道府県知事や市町村長を直接選挙で選べるようになった

・1947年，新憲法下で初の総選挙がおこなわれ，社会党が第一党となり，〈⑬　　　　　　　　〉内閣が成立した

→この内閣のもとで，民法及び刑法の改正，また警察権を地方自治体に移す改革が実行された

用語を確認しよう

①GHQが戦時中の日本の軍国主義をささえた勢力とみなしていたのは，だれとだれ？

[　　　　　　　　]

②戦後初の総選挙で選ばれた議員たちによって，審議され，憲法に追加された人権規定は何？

[　　　　　　　　]

（1）教科書p.202図**1**（『あたらしい憲法のはなし』から「戦争放棄」と「基本的人権」を示した図）をみてみよう。

問1　「戦争放棄」の絵にうつる壺には，何が入れられているか。[　　　　　　　　　　　　　]

問2　「基本的人権」によると，憲法は基本的人権としてどんな権利を保障しているか。正しい組み合わせになるように線でむすぼう。

じぶんの思うことをいう　　　　・　　　　　　・　信教の自由

じぶんのすきなところに住む　・　　　　　　・　教育を受ける権利

じぶんのすきな宗教を信じる　・　　　　　　・　参政権　選挙権

能力に応じて教育を受ける　　・　　　　　　・　居住移転の自由

政治に参加する　　　　　　　・　　　　　　・　表現の自由

（2）教科書p.202史料**2**（日本国憲法（抜粋））の傍線部分について，問いに答えよう。

問1　条文のどんな部分に，傍線が引かれているのか。　　　　[　　　　　　　　　　　　]

問2　第25条は，いわゆる何権を保障する条文か。　　　　　[　　　　　　]

問3　第25条をもとにしてつくられた制度として正しいものを選ぼう。

ア　寄生地主制　　　　イ　生活保護　　　　ウ　教育における六・三制

[　　　　　　]

（3）右の教科書p.203図**5**（ブロンディ）について，問いに答えよう。

問1　この漫画は，1949年1月1日から1951年4月15日まで『朝日新聞』に掲載されたものだが，何を描いた漫画だったか。

[　　　　　　　　　　　　]

問2　この漫画はアメリカのゆたかさを印象づけ，当時の日本の人々にとって「憧れ」として映ったという。この4コマでいうと，どういうところに当時の人々は，憧れたのだろう。

[　　　　　　　　　　　　　　　　　　　　　　　　　　　]

（4）教科書p.203図**7**（組合での女性発言をうながすポスター）について，問いに答えよう。

問1　このポスターによると，女性が発言するとどうなるか。

[　　　　　　　　　　　　　　　　　　　]

問2　このポスターを作製した労働省婦人少年局は，女性労働者の地位向上のためにどんなことをおこなったか。

[　　　　　　　　　　　　　　　　　　　　]

> **TRY**　人々は民主化をどう受け止めたのだろか。日本国憲法制定の過程を通して考えてみよう。

ヒント1：戦後初の総選挙で選ばれた議員たちは，審議して生存権規定の追加などをおこなったが，それは何のためだったか。　　　　[　　　　　　　　　　]

MEMO

ヒント2：教科書p.203には「地域の民主化や文化活動を推進した」とあるが，人々はGHQに強制されてやっていたか。

[　　　　　　　　　　]

答え：

69 朝鮮戦争

MEMO

確認しよう

分断状況の成立

◆1948年の朝鮮半島

北…〈① 　　　　　　　　　〉を首相とする朝鮮民主主義人民共和国が成立

南…李承晩を大統領とする[② 　　　　　　　　　　]が成立

→両国が互いに[③ 　　　　　　　　　　　]と主張して敵対

◆中国では1946年から国共内戦が激化

[④ 　　　　　　　　　]の軍事援助を得た共産党が優勢になり，1949年に

〈⑤ 　　　　　　　　〉を主席，周恩来を総理とする[⑥ 　　　　　　　　　　]の建国が宣言

される

→アメリカの援助を得た蒋介石がひきいる国民政府は[⑦ 　　　　　　]にのがれた

→アメリカは対日占領政策を，[⑧ 　　　　　　　　]重視に転換。1949年，日本経済の早期

再建をめざす[⑨ 　　　　　　　　　　]を具体化した

朝鮮戦争と日本

・1950年6月，[⑩ 　　　　　　　　　]が勃発

北側…ソ連と[⑪ 　　　　　　　　]の支援を受け，中国人民志願軍が参戦

南側…国連安全保障理事会が援助決議。米軍中心の国連軍が参戦

→20か国以上が参戦し，兵士だけで推定[⑫ 　　　　　　　]万人以上の死傷者

1953年に停戦合意するも，南北の分断と対立は激化

・米軍は，兵器・繊維製品・鋼材などの[⑬ 　　　　　　　　]を日本から大量購入

→日本経済は好況に

在日米軍基地が米軍の出撃基地に。アメリカのアジア軍事戦略で[⑭ 　　　　　]が重要視

され，米軍基地建設のための土地接収が本格化した

占領政策の転換と日本社会

・アメリカは，労働運動に制限や弾圧をおこない，日本の再軍備化をすすめた

→[⑮ 　　　　　　　　]を創設

→共産党員とその同調者を職場から解雇・追放する[⑯ 　　　　　　　　　]を報道機関

その他へと拡大。逆に，公職追放していた旧軍人・政治家の公職追放解除へ

用語を確認しよう

①朝鮮戦争によって日本経済が好況に転じたことを何という？

[　　　　　　　　　]

②1950年に創設され，のちの自衛隊の前身となったのは何？

[　　　　　　　　　]

（1）教科書p.204図■（朝鮮戦争）をみて，問いに答えよう。

問1　この写真は，どんな場面を写したものか。　　　　　　　　　　　[　　　　　　　　　　　　]

問2　この写真に写る人たちは，どんな身なり（荷物含む）をしているか。

　　　　　　　　　　　　　　　　　　　　[　　　　　　　　　　　　　　　　　　　　　　　　]

（2）教科書p.204図■（朝鮮戦争関連図）をみて，問いに答えよう。

問1　朝鮮戦争のさいに，米軍の空軍部隊は日本列島からも出撃している。東京にある米軍の空軍基地の名前を何と
　　　いうか。（ヒント：p.205本文も確認しよう）　　　　　　　　　　　[　　　　　　　　]

問2　空欄にあてはまる語句を答えよう。

> 　朝鮮戦争は壮絶な[A　　　　　　　　　]であるとともに，第二次世界大戦に続く大量殺りく兵器の
> [B　　　　　　]場でもあった。

問3　この関連図にはのっていない米軍の基地で，朝鮮半島にも出撃した東アジアの地域ないし場所はどこか。
　　　ア　小笠原諸島　　イ　沖縄　　ウ　旭川　　　　　　　　　　　　　　[　　　]

（3）教科書p.205図■（特需物資品目（上）と輸出額に対する特需収入（下））をみて，問いに答えよう。

問1　第2年から第5年まで常に上位3品目にあり，米軍からの特需があり続けたものは何か。　[　　　　]

問2　兵器について，なぜ第1年，第2年目には上位5品目に入っていなかったのか。

　　　　　　　　　　　　　　　　　[　　　　　　　　　　　　　　　　　　　　　　　　　　　]

問3　1949年の輸出額は，1954年時には約何倍になっているか，記号で答えよう。
　　　ア　1.5　　イ　2　　ウ　3　　エ　5　　　　　　　　　　　　　[　　　]

（4）朝鮮戦争はどのような戦争だったのだろうか，問いを通して考えてみよう。

問1　空欄にあてはまる語句を答えよう。

> 　[A　　　　　　　]か国以上が参戦し，兵士だけで推定200万人以上の死傷者を出した朝鮮戦争は，第二次世界大
> 戦後最初の大規模な[B　　　　　　　　]戦争となった。

問2　教科書p.204図■（朝鮮戦争）に写る市民たちにとって，朝鮮戦争はどんな戦争だっただろうか。

　　　　　　　　[　　　　　　　　　　　　　　　　　　　　　　　　　　　　　　　　　　　]

問3　教科書p.205図■（韓国と北朝鮮の軍事境界線）によると，何万人以上の家族が離散家族となったか。

　　　　　　　　　　　　　　　　　　　　　　　　[　　　　　　　　　　　　　　　　　　　]

TRY　朝鮮戦争は，戦後の日本にどのような影響を及ぼしたのだろうか。

ヒント1：朝鮮戦争開始前，日本経済はどんな状況にあり，それが朝鮮戦争後どうなったか　　　　MEMO

　　　　　　　　　　　　　　　　[　　　　　　　　　　　　　　　]

ヒント2：アメリカの対日占領政策は，朝鮮戦争によってどう変わったか。

　　　　　　　　[　　　　　　　　　　　　　　　　　　　　　　　]

70 日米安保体制と55年体制

確認しよう

平和条約と安保条約

・1951年，吉田茂首相らが48か国と[①　　　　　　　　　　　　　　　]に調印。翌年に独立。最大の被害を受けた[②　　　　　　　　]を代表する政府は会議にまねかれず

・同年同日，日本は，[③　　　　　　　　　　　　　]をアメリカとむすぶ。同時に，アメリカ軍が日本の基地を継続使用するさいのルールを[④　　　　　　　　　]で定める

・1950年警察予備隊発足　→　1952年⑤[　　　　　　　　]に　→1954年⑥[　　　　　　　]発足

55年体制と国際社会への復帰

革新	保守
1955年，分裂していた[⑦　　　　　]党が統一	同年，[⑧　　　　　　　]結党 →以後，1993年まで政権与党に

→保守対革新の政治体制[= ⑨　　　　　　　　　　]が成立

・1950年代なかば，〈⑩　　　　　　　　　〉内閣がソ連との国交回復をめざし，1956年10月に[⑪　　　　　　　　　　　]をむすび，戦争状態を終結

　　→同年，ソ連の賛成を得て日本は[⑫　　　　　　　]加盟を実現させる

原水爆禁止運動と安保闘争

・1954年，アメリカの水爆実験により，漁船・第五福竜丸が被ばくした

　　→女性たちがはじめた署名運動をきっかけに[⑬　　　　　　　　　　　]がもりあがった

　　→アメリカは「原子力の[⑭　　　　　　]利用」を提唱し，日本政府は原子力発電の開発をはじめた

・アメリカが在日アメリカ軍の基地や演習場を[⑮　　　　　　　]したため，各地で反対運動がおきた

・1960年，岸信介内閣は，両国の軍事的な協力を深めるため，日米相互協力及び安全保障条約，通称[⑯　　　　　　　　]を調印

　　→社会党など革新勢力は，アメリカの戦争にまきこまれる危険が高くなると批判。その後,条約批准に反対する運動が全国で高まる

用語を確認しよう

①国内では全関係国との講和をのぞむ世論が強かったにもかかわらず，そうならず単独講和となったのは，どこの国々との講和を優先する道を選んだから？

[　　　　　　]

②新安保条約批准に反対する運動を何という？

[　　　　　　]

（1）"なぜ平和条約と安保条約は同じ日にむすばれたのか"，この問いに答えるために，教科書p.208史料**1**（サンフランシスコ平和条約）と史料**2**（日米安全保障条約）を読みといてみよう。

問1　**1**によると，連合国のすべての占領軍は，条約の効力が発生したならば，どうしないといけないか。

[　　　　　　　　　　　　]

問2　**2**によると，この条約の効力発生と同時に，アメリカ合衆国はどんな権利を得ることができるのか。

[　　　　　　　　　　　　]

（2）教科書p.208図**4**（在日アメリカ軍基地）の説明として適切なものを以下より二つ選び，記号で答えよう。

　　ア　この当時の在日アメリカ軍基地は，現在（2022年）もほとんどかわらず残っている。

　　イ　この地図で確認できる本土の在日アメリカ軍基地は，反対運動などの結果，一部が日本に返還されることで減っている。立川基地がその例の一つである。

　　ウ　p.213**5**（沖縄と日本本土のアメリカ軍基地面積の割合の推移）をみるとわかるように，こんなに多くの在日アメリカ軍基地があったのは，日本本土に，アメリカ軍基地の9割近くが集中していたためである。

　　エ　この当時，在日アメリカ軍基地は，関西に集中している。　　　　　　　[　　　][　　　]

（3）教科書p.208図**5**（アメリカ軍による土地取り上げに抗議する沖縄の住民）をみて，のぼりには何と書いてあるか，空欄にあてはまる語句を答えよう。

金は一年土地は[A　　　　　　]年

（4）右の教科書p.209図**8**（映画「ゴジラ」）について，問いに答えよう。

問1　設定上，ゴジラは，何によってめざめた怪獣とされるか。[　　　　　　　]

問2　ゴジラは，何の炎を吐く怪獣とされるか。　　　　　　　[　　　　　　　]

問3　この映画を960万人もの人が映画館にみにいったという。大ヒットの背景には，水爆実験に対する人々のどんな思いや感情があったと考えられるか。

[　　　　　　　　　　　　　　　]

水爆大怪獣映画

（5）教科書p.209図**10**（高知県のマグロ漁船被ばくを調べる高校生たち）について，聞き取り調査の結果，高校生はどんなことに気づいたか。

[　　　　　　　　　　　　　　　]

TRY　人々は，独立後の日本や国際社会にどのような問題を感じて，運動にたちあがったのだろうか。

ヒント：教科書p.208-209で確認できる，日本の人々の運動を整理してみよう。

1954年〜	水爆実験による第五福竜丸の被爆　→　[A　　　　　　　]運動 →原水爆禁止世界大会　→丸木俊・丸木位里「原爆の図」制作
1956年〜	沖縄，アメリカ軍による土地取り上げに抗議し，[B　　　　　　]闘争に発展
1950年代半ば	アメリカ軍が，基地の滑走路を現立川市の砂川村に拡張する計画を立てる。 →住民と警官隊がはげしく衝突する砂川の[C　　　　　　]闘争に発展
1960年〜	新安保条約の国会での強行採決を受けて，条約批准に反対する[D　　　　]闘争に発展。

MEMO

71 高度経済成長

MEMO

確認しよう

「もはや戦後ではない」

・1955年には，戦後の[①　　　　　　]段階は
終わり，これ以降は，実質経済成長が年平均
約10%を記録する[②　　　　　　]
の時期となった

1945-1955年	戦後の[　①　]段階
1956-1973年	1956年『経済白書』 [　②　]の時期

もはや戦後ではない

・1960年に〈③　　　　　　　〉内閣は，向こう10年間での「国民所得倍増計画」をかかげ
た
　→新産業都市を指定し，[④　　　　　　　　　　　]を中心に，コンビナートを核とする
　　地域開発がすすむ
　→1964年の[⑤　　　　　　　　　]をきっかけに，大都市間の交通や輸送の便が向上。
　→民間企業が活発に設備投資や技術革新を続けて好景気を主導

社会構造の転換

・結果，産業の中心は，農業から[⑥　　　　　]に
　→生活様式もかわり，都市を中心に大量消費社会となる
　→都市部の不足する労働力を補うために，地方から都会へ[⑦　　　　　　]がすすむ
　→三大都市圏に全人口の半数が集住。東京は首都圏に
・主要な燃料資源：　石炭　→　石油　へ。　自給資源である石炭産業の衰退へ。こうした
　燃料資源の転換を[⑧　　　　　　　　]という

成長の矛盾と対策の動き

成長と対策	課題
・生活水準の向上 ・1967年，政府は[⑩　　　　　　　　　]を公布して規制を強化 　→1971年[⑪　　　　　　]庁設置	・大気汚染・水質汚濁などの[⑨　　　　　]が深刻化　→[　⑨　]病で健康被害に苦しむ →公害反対と対策を求める運動高まる
・1967年〈⑫　　　　　　　　〉が東京都知事に当選→各地で革新系の首長が誕生	・大都市…住環境の悪化，高齢者医療・保育など福祉の問題 →住民運動が活発化

用語を確認しよう

①1955年から73年までの成長率10%を記録する好景気を何という？

[　　　　　　　　　　　]

②東京オリンピックをきっかけに，国家的事業として整備されたのは何？

[　　　　　　　　　　　]

（1）教科書p.210図**2**（四日市コンビナート）の写真をみて，その場所について気づいたことを書いてみよう。

[　　]

（2）教科書p.210図**1**（コンビナートと四大公害病）をみて，問いに答えよう。

問1　四大公害病の場所と原因を整理しよう。

場所	四大公害病の名称	その原因
新潟	[　　　　　　　　　]	[　　　　　　　　]
富山	[　　　　　　　　　]	[　　　　　　　　]
三重県四日市	[　　　　　　　　　]	[　　　　　　　　]
熊本	[　　　　　　　　　]	[　　　　　　　　]

問2　コンビナートの説明としてあっているものに○，まちがっているものに×をつけよう。

　　a　石油コンビナートとは，原料・燃料・工場施設を計画的にむすびつけて（コンビナートして）配置された石油化学工場の施設群のことをいう。　　　　　　　　　　　　　　　　　[　　　]

　　b　日本のコンビナートは，内陸部に集中している。　　　　　　　　　　　　　　[　　　]

（3）教科書p.211ひと「石牟礼道子」を読んで，問いに答えよう。

問1　水俣病の原因は，当初，何とされていただろう。　　　　　　　　　　[　　　　　　]

問2　石牟礼道子さんは，どんな活動をした人だっただろう。

[　　]

（4）教科書p.211図**5**（郊外にひろがる大規模団地）について，団地がつくられるようになった背景には大都市での問題がある。それは何か。

[　　　　　　　　　　　　　　　　　　　　　　　　　　　　　　　　　　　　　　　]

（5）教科書p.211図**6**（水俣病裁判第1次判決当日の被害者支援の集会）をみて，問いに答えよう。

問1　四大公害病の裁判の結果はどうなったのだろう。　　　[　　　　　　　　　　　　　　]

問2　多くののぼりに，「怨」の字が書かれているが，これは，何に対する怨みを表したものだろう。

[　　　　　　　　　　　　　　　　　　　　　　　　　　　　　　]

問3　写真の垂れ幕には「裁判では想いは晴れぬ」とあるが，なぜ想いは晴れないのだろう。

[　　　　　　　　　　　　　　　　　　　　　　　　　　　　　　　　　　]

（6）教科書p.211図**7**（集団就職）をみて，問いに答えよう。

問1　若者たちは，どんな身なりで地方から東京にやってきているだろう。

[　　　　　　　　　　　　　　　　　　　　]

問2　若者たちはなぜ「金の卵」としてもてはやされたのだろう。

[　　　　　　　　　　　　　　　　　　　　]

問3　集団就職した若者たちが就職先で苦しんだのは何だろう。

[　　　　　　　　　　　　　　　　　　　　]

MEMO

TRY　経済成長の負の側面を克服するため，どのような対策がたてられてきただろうか。

ヒント：政府がおこなった対策と，革新自治体の対策をわけてまとめよう。

政府：

革新自治体：

72 ベトナム戦争とアジア

確認しよう

アジアとの関係回復

◆東南アジアの独立国について

1950年代後半から，個別に賠償交渉や平和条約の締結すすめる

→賠償の形　＝日本［①　　　　　　　　］による建設工事など経済協力

◆朝鮮半島について

1951年から［②　　　　　　　］との間で国交正常化交渉開始　→難航

→1965年に佐藤栄作内閣が［③　　　　　　　　］と４つの付属協定をむすぶ

　　×賠償　　　○韓国への日本の［④　　　　　　］協力

→日韓両国内で［⑤　　　　　　　］運動がおきる

ベトナム戦争と日本

［⑥　　　　　　　　］主義の北ベトナムに対抗するた

め，アメリカが南ベトナムを支援

1965年アメリカは，北ベトナムへ爆撃開始

→［⑦　　　　　　　　　］に発展

［⑧　　　　　　　］が北ベトナムを支援し，

［⑨　　　　　　　］やオーストラリアが派兵，国際

紛争に

北ベトナム	［　⑥　］主義 ［　⑧　］が支援
南ベトナム	資本主義 アメリカが軍隊派遣 ［　⑨　］やオースト ラリアが派兵

日本の役割：在日アメリカ軍の基地が，補給や戦傷者の療養，兵士の休養に使われる

→日本は経済的な［⑩　　　　　　　］を得た

→アメリカに対して，日本を含め世界的に［⑪　　　　　　　　　］が高揚

沖縄返還と日中国交正常化

・沖縄のアメリカ軍基地…ベトナムへの［⑫　　　　　　　　］拠点として利用

　　→大型爆撃機の墜落事故や米兵犯罪による住民被害が多発

　　→基地をなくすための［⑬　　　　　　　　　］に反戦の要求が追加

　日米両政府は，1971年に［⑭　　　　　　　　　］をむすぶ

・1972年，アメリカは，ニクソン大統領が訪中→米中和解の実現

　　→〈⑮　　　　　　　　〉首相も訪中し，［⑯　　　　　　　　　　］に調印し，日中国交正常

　　　化を実現　→1978年，［⑰　　　　　　　　　　］もむすぶ

用語を確認しよう

①1952年に，アメリカの要請を受けて日本が台湾とむすんだ条約は？

　　　　　　　　　　　　　　　　　　　　　　　　　　　　［　　　　　　　　　　］

②1965年に日韓基本条約をむすんだ日本の内閣は？

　　　　　　　　　　　　　　　　　　　　　　　　　　　　〈　　　　　　　　　　〉

(1) 教科書p.212図**1**(韓国での日韓条約反対デモ)およびTopic「日韓条約の焦点」をみて,問いに答えよう。

問1　「北朝鮮とも賠償交渉や平和条約の締結をおこなった」の正誤を○か×で答えよう。　　　　　　[　　　　]

問2　日韓条約反対デモがおきた理由について,空欄にあてはまる語句を語群より選んで答えよう。

> 当時デモに参加した人のひとりは,「たった数億ドルで過去の[A　　　　　　　　　　]を清算するなんて認められなかった。屈辱外交の極みだ」と述べている。また,日本でのデモ参加者のなかには韓国を「朝鮮にある唯一の[B　　　　　　　　　　]」として,韓国とだけ条約をむすぶ形でよいのか,と主張する人もいた。

語群　借金　植民地支配　合法的政府　経済大国

問3　被害者個人の賠償請求権まで,この条約で「完全かつ最終的に解決」された,と主張しているのは日本と韓国,どちらの政府か。　　　　　　[　　　　]

(2) 教科書p.212図**2**(ベトナム戦争反対のデモ行進)およびp.213ひと「小田実」をみて,問いに答えよう。

問1　「ベ平連」のデモは,どんな立場にたつ市民運動だったか。
　　　　　　[　　　　　　　　　　　　　　　　　　　　]

問2　「ベ平連」は,どんな独自の活動をしたか。
　　　　　　[　　　　　　　　　　　　　　　　　　　　]

問3　小田実は,どんな立場から「ベ平連」の運動に参加したか。
　　　　　　[　　　　　　　　　　　　　　　　　　　　]

(3) 教科書p.213図**3**(沖縄のアメリカ軍基地(2017年))について,嘉手納町に占める基地の割合はどれくらいか,以下より選択しよう。

　　ア　42%　　イ　62%　　ウ　82%　　　　　　[　　　　]

(4) 右の写真をみて,黒板に書かれた子どもたちの意見を,少なくとも二つぬきだしてみよう。

TRY 日本と周辺諸国との関係回復に,冷戦はどのように影響したのだろうか。

ヒント:教科書p.212-213に出てくる東南アジア諸国のうち,社会主義国の国々との賠償交渉や平和条約はスムーズにむすべているだろうか。

MEMO

経済大国

確認しよう

高度経済成長の終わり

・アメリカは，1971年に，ドルと金の交換停止を発表

　[= ①　　　　　　　　　　　]

　→[②　　　　　　　]がすすみ輸出品が割高に。日本企業に打撃

　→〈③　　　　　　　　〉内閣は，「日本列島改造論」を主張

　→地価の高騰まねく

・1973年，[④　　　　　　　　　　　　]をきっかけに

　アラブ産油国，原油価格の大幅ひきあげを実行

　→日本経済は大きく動揺し不況に，これを[⑤　　　　　　　]という

　→高度経済成長の終わりへ

経済大国への道

・日本は，不況克服のため，人員整理や生産性の向上をはかる

　→欧米向けの[⑥　　　　　　　]や電子機器の輸出が急増，不況脱出

　→1975年の第一回から，先進国首脳会議すなわち[⑦　　　　　　　　]に参加

　　1980年に世界のGNP総計の約1割に達し，「経済大国」に

・輸出の急増

　→欧米諸国との[⑧　　　　　　　]をひきおこす

　→1985年，先進国間での金融政策の協調[= ⑨　　　　　　　]むすぶ

　→円高ドル安が急激に進行，低金利政策の結果，株価や地価が高騰

　　1986年から1991年まで，大型好景気[= ⑩　　　　　　　]に

「戦後政治の総決算」　　背景：石油危機後の財政難

・イギリスやアメリカ，「小さな政府」をめざす[⑪　　　　　　　]へ

・日本では，1980年代なかばの〈⑫　　　　　　　〉内閣が「戦後政治の総決算」をかかげ，

　民営化を実行，緊縮政策をうちだす

　→財源確保のため，所得税中心の税制を見直し，大型間接税 = [⑬　　　　　]税の導入を

　　めざし，1989年から実施

・外交面では，アメリカへの積極的な協力を通じた国際的地位の向上へ

　→1978年にはじまった米軍駐留経費の日本負担の増額

　→アジア向けを中心に開発途上国に対して[⑭　　　　　　　　]を積極的に支
　　出

用語を確認しよう

①1973年の石油危機後，石油に代わるエネルギーとして建設がすすめられたのは何？

[　　　　　　]

②日本国有鉄道などの国営企業を民間企業にすることを何という？

[　　　　　]

（1）教科書p.214図**1**（商社の買い占め，売り惜しみに対する抗議のデモ）をみて，問いに答えよう。

問1 写真の一番左の男性がもつのぼりには何と書いてあるか，空欄にあてはまる語句を答えよう。

> 丸紅は商品の[A　　　　　　　　　]ヤメロ

問2 石油危機時に「[　A　]」された商品を選ぼう。　　　　　　　　　　　　　　　　　　　　[　　　]

　　ア　テレビ　　イ　トイレットペーパー　　ウ　車

（2）教科書p.214図**2**（賃金と物価の推移）について，問いに答えよう。

問1 1970年とくらべて，実質賃金指数は，1990年には，約何倍になったか。　　　　　　[　　　　]

問2 1970年とくらべて，消費者物価指数は，1990年には，約何倍になったか。　　　　[　　　　]

問3 賃金がのびているのなら，どうして物価があがることで困る人がでてくるのか。

　　　　　　　　[　　　　　　　　　　　　　　　　　　　　　　　　　　　　　　　　　　　　　]

（3）教科書p.214図**4**（日本車をこわすアメリカの労働者）をみて，問いに答えよう。

問1 アメリカの労働者はなぜ日本車を壊しているのか。

　　　　　　　　　　　　[　　　　　　　　　　　　　　　　　　　　　　　　　　　　　　　　　]

問2 この写真に写る看板には，「If you sell in America, build in America」とある。彼らの主張として適切なもの
　　を選ぼう。

　　ア　もしアメリカで日本車を売るなら，アメリカにお金をよこせ，といっている。

　　イ　もしアメリカで日本車を売るなら，アメリカに工場をたて，アメリカの労働者を雇って生産しろ，といっ
　　　　ている。

　　ウ　もしアメリカで日本車を売るなら，日本に石油を輸出しないぞ，といっている。　　[　　　　]

（4）教科書p.215図**9**（長時間労働の推移）を読み，問いに答えよう。

問1 週60時間以上はたらくとき，週5日，朝9時からはたらいたとすると，何時に仕事を終えることができるか
　　（※お昼休憩を1時間入れよう）。

　　　　　　　　　　　　　　　　　　　　　　　　　　　　　　　　　　　　　　[　　　　　　]

問2 石油危機後の1975年に週60時間以上はたらく労働者は，約320万人ほどだったが，1990年になると，約何万
　　人に増えたか。　　　　　　　　　　　　　　　　　　　　　　　　　　　　[　　　　]

問3 こうした長時間労働をおこなう男性たちの何が社会問題となったか。

　　　　　　　　　　　　　　　　　　　　　[　　　　　　　　　　]

> **TRY** 石油危機後の日本の不況脱出策には，どのような長所と短所がみられるだろうか。

教科書本文を参考に，空欄にあてはまる語句を，長所と短所にわけて書きこもう。

長所	短所
・[A　　　　　　　]の向上。（例. ロボットの開発・導入） ・欧米向けの自動車や電子機器の[B　　　　]が急増	・大幅な[C　　　　　　]による失業者の発生や，長時間労働が常態化 ・欧米諸国との[D　　　　　　]をひきおこしたことで，アメリカの労働者たちのように[E　　　　　　]が高まるケースも。

MEMO

74 世界の転換と日本社会

MEMO

確認しよう

冷戦体制の崩壊

背景：1970年代末の米ソの緊張と軍拡競争　→両国にとって大きな負担

・1980年代後半，ソ連は，[①　　　　　　　　　　]の導入と情報公開をすすめる

　→東欧諸国の社会主義政権の崩壊へ

　→1989年，[②　　　　　　　　　　]がこわされ，東西ドイツの統一へ

　→1991年，ソ連崩壊

・フィリピン・韓国・台湾で[③　　　　　　　]がすすむ

　→1991年には韓国と北朝鮮が国連加盟　中韓の国交樹立

　→東アジアの冷戦構造もくずれる

・中国は1989年，[④　　　　　　　　　　]で学生や市民の[　③　]要求をおさえこみ，共産党
一党支配の維持

湾岸戦争と日本

・1991年の[⑤　　　　　　　　　]では，日本は約1兆8000億円の戦費を拠出し，[⑥
　　　　　]をペルシア湾に派遣

・1992年，国連による[⑦　　　　　　　　　　　　　]への参加要請をきっかけに，日本は自
衛隊を内戦後のカンボジアの停戦監視に派遣

・1997年，日本は，[⑧　　　　　　　　　　　　　　]を改訂

　→日米は軍事的な協力関係を強化

日本政治の転換期

・冷戦体制の受け皿であった55年体制も転換

　→1993年，総選挙で非自民8党派による〈⑨　　　　　　　　　〉内閣が成立

・1994年，社会党首班で自民党などと連立を組む〈⑩　　　　　　　　　〉内閣が成立

　→[⑪　　　　　　　　　　　]や地下鉄サリン事件への対応に追われる

・1990年代後半以降は，自民党首班の連立政権が続き，[⑫　　　　　　　　　　　　　]
の導入を柱とする政治改革や省庁再編がすすむ

・バブル経済崩壊後に深刻化した不況，すなわち[⑬　　　　　　　　]に対して，政府は国債
を発行し公的資金を投入して経済のたてなおしをはかる

　→税収は回復せず，財政赤字がさらにふくらむ

用語を確認しよう

①国際紛争における日本の「国際貢献」のあり方がきびしく問われるきっかけとなった1991年に
おきた戦争は何？　　　　　　　　　　　　　　　　　　　　　　　　[　　　　　　　]

②1995年におき，多くの死傷者を出すだけではなく，海岸部の埋立地で土地の液状化もひきおこ
したできごとは何？　　　　　　　　　　　　　　　　　　[　　　　　　　]

（1）右の写真をみて，問いに答えよう。

問1　人々がのぼっているのは何か。

[　　　　　　　　　　　]

問2　どうやってのぼっているか。

[　　　　　　　　　　　]

問3　どうして人々は喜んでいるのか。

（2）教科書p.218図3（在日アメリカ軍駐留経費に対する日本側負担額の推移）について，問いに答えよう。

問1　1978年以降増加していった，日本負担のアメリカ軍駐留経費を何予算というか。　[　　　　　　　]

問2　その予算の例として二つあげよう。　　　　[　　　　　　　　　　　　　]

問3　1979年の経費を約2000億円とすると，95年までにこの経費は約何倍になったか。　[　　　　　]

問4　駐留経費が大きく増加するきっかけとなったできごとは何か，適切なものを選ぼう。　[　　　　　]

　　ア　阪神淡路大震災　　　　　　イ　冷戦の終結　　　　　　ウ　55年体制の転換

（3）教科書p.219 Topic「歴史認識問題」を読み，問いに答えよう。

問1　冷戦体制が崩壊した1990年代になって，日本に対して謝罪や補償を求める動きが出てくる。たとえばどういった人たちがそれを求めたか。

[　　　　　　　　　　　　　　　　　　　　]

問2　そうした求めに対して，当時の日本政府は，どんな対応をしたか。

[　　　　　　　　　　　　　　　　　　　　]

（4）教科書p.218図4（カンボジアに派遣された自衛隊）をみて，問いに答えよう。

問1　写真に写る自衛隊員は，何をしているか。　　　　　　　　　　　[　　　　　　　]

問2　自衛隊はカンボジア以外にどこに派遣されているか。　　　　[　　　　　　　]

問3　自衛隊の海外派遣について，ある疑いが向けられ議論になったが，それは何だろう。

[　　　　　　　]

TRY　1990年代の政治改革や平成不況への対処の仕方は，現在にどのようにつながっているだろうか。

① 政治改革によって，中選挙区制から小選挙区比例代表並立制になったが，その説明として正しいものを選ぼう。　　　　　　　　　　　　　　　　[　　　　]

　　ア　中選挙区だと，ひとつの選挙区から複数当選できるため，同じ政党の候補者が派閥争いをしていた。いわゆるマニフェスト（政策の案内や公約）よりも，地元へのサービスが重視され，お金がかかることで，汚職などの政治腐敗につながった。

　　イ　小選挙区だと，一つの選挙区から一人しか当選しないため，小政党に有利で，「死票」がすくない。

② 現在国債残高は，何兆円あるか，調べてみよう。[　　　　　　　]

MEMO

75 グローバル化する世界と日本

確認しよう

グローバル経済と構造改革

・冷戦体制崩壊前後　→　国境をこえた企業活動や金融の動きの活発化

→1980年代以降，日本企業も海外で大規模な現地生産にのりだし，[① 　　　　　　　　　]へと成長

反面，国内では製造業を中心に[② 　　　　　　　　]がすすんだ

日本国内の外国人数の増加や，日本の食料自給率の低下もすすむ

・2000年代前半〈③ 　　　　　　　　〉内閣は，規制緩和と構造改革を柱とする経済政策を推進。地方分権改革も実施

9.11とイラク戦争

・2001年9月11日，アメリカで[④ 　　　　　　　　　]事件がおこった

→テロ・グループへの支援を理由に，2001年アフガニスタン，2003年に[⑤ 　　　　　　]を攻撃し，戦争をはじめた

日本はアメリカを支持。→自衛隊の派遣をすすめる

・背景：中国の影響力の増加

アジアでは領土問題にからむ緊張が高まり，[⑥ 　　　　　　]では自衛隊の配備が増強。

→沖縄には，在日アメリカ軍基地の約[⑦ 　　　　]割が集中

90年代後半以降，普天間基地の移設問題をめぐって，反対世論が高まる

格差問題と政権交代

・小泉内閣がすすめた規制緩和

→日本は[⑧ 　　　　　　　　]になったという認識のひろまり

労働者派遣業の自由化が一気にすすみ，雇用者の1/3が不安定な[⑨ 　　　　　]になった

出店規制の緩和　　　→商店街の衰退

2008年の金融危機　　→雇いどめで困窮する非正規労働者の急増

・2009年の総選挙では[⑩ 　　　　　　　　]がおこった。民主党政権の誕生

→2012年には自民党に戻る

・〈⑪ 　　　　　　　　〉内閣のもとで大規模な金融緩和による経済政策，すなわち[⑫ 　　　　　　　]がすすめられた

→正規と非正規，大都市と地方，男女・世代間格差の拡大は止まらず

用語を確認しよう

①企業が工場を海外に移転することによって，製造業を中心として国内の雇用が失われていく事態を何というか。

[　　　　　　　　]

②2001年の同時多発テロは，別名で何というか。

[　　　　　　　　]

（1）教科書p.220図**2**（日本の自動車メーカーの地域別海外生産台数）について，問いに答えよう。

問1　1985年から2012年にかけて，日本車の生産台数をのばした地域のうち，上位二つを答えよう。

一位[　　　　　　　]　　二位[　　　　　]

問2　日本の自動車メーカーは，なぜその二つの地域で，生産台数を増やしたのか，それぞれ適切な説明を選ぼう。

一位[　　　　]　　二位[　　　　]

ア　1985年のプラザ合意以降，円高ドル安が急激にすすみ，通貨の交換レートの点で，その地域で生産する方が経済的になったため。

イ　教科書p.214にあるように，日本産の自動車の輸出増によって1980年代にはその国の大手自動車会社の業績が悪化し，リストラに追いこまれた。その地域で生産することで，反日感情に対応することにしたため。

ウ　日本政府は，80年代初頭，その地域の国々と経済協定をむすび，その協定によってその地域での生産拡充が義務付けられていたため。

（2）教科書p.220図**3**（在日外国人数の地域別推移）について，図**1**（外国人との共生）もみながら，問いに答えよう。

問1　関東と中部地方の外国人数が大きくのびはじめたのは，いつからだろう。　　　　　　　[　　　　　]

ア　60年代初頭から　　　イ　70年代初頭から　　　ウ　80年代初頭から　　　エ　90年代初頭から

問2　1990年の入管法の改定によって，3世までの日系人の就労が合法化された。このことによって南米からの移民が増えたことで知られるのは，中部地方の何県何市か。　　　　　　　[　　　　　　　　]

問3　韓国人を中心とするアジア系の外国人が多く住むことで有名なのは，関東地方のどこか。

[　　　　　　　　]

（3）教科書p.221図**5**（沖縄県民総決起大会）について，そのきっかけとなった「少女暴行事件」をインターネットで調べて，表に書きこもう。

少女の年齢	
県民が抗議した理由	

（4）教科書p.221図**7**（アメリカ軍ヘリ墜落事故）について，どの戦争で使われているヘリコプターがどこに墜落した事故だったか，調べて答えよう。　　　　　[　　　　　]戦争　　どこ：[　　　　　]

（5）教科書p.221図**8**（年齢別失業率の推移）について，問いに答えよう。

問1　90年代はじめのバブル崩壊後，不況が深刻化するなかで，最も失業の影響を受けた世代は，どの世代だったのだろう。　　　　　　　[　　　　　]

問2　その世代は現在何歳くらいのひとたちだろう。2000年時点を基準に考えてみよう。

[　　　　　]

TRY　グローバル化は，私たちの生活をどのようにかえつつあるのか，またそれに対する身近な対処の例を探してみよう。

MEMO

ヒント：訪日観光客の数は，新型コロナウイルス流行前の2019年とその後ではどう変化しただろう。対処も含め，調べてみよう。

76 「わたし」たちの社会と世界

確認しよう

震災と「わたしたち」

・1995年，阪神・淡路大震災

→被災地でのボランティアや，多言語による情報提供がおこなわれる

・2011年3月11日，M9.0の巨大地震が東北地方を中心とする東日本をおそった

これを [① 　　　　　　　　　] という

→福島第一原子力発電所が爆発事故をおこす

社会のあり方を問う

◆性別・年齢・人種や民族，国籍などをこえて，ともに生きることの模索

・1989年，[② 　　　　　　　　　　　] が国連で採択

・2015年，渋谷区・世田谷区ははじめて同性間の [③ 　　　　　　　　　] を認める条例を制定

・2008年，アイヌを列島北部周辺，とりわけ北海道の先住民であると国会決議

◆さまざまな社会問題のあらわれ

・2000年代には在日外国人に対する偏見・憎悪をあおる [④ 　　　　　　　　　] が問題に

・貧困と格差がひろがり，ブラック企業，[⑤ 　　　　　　　　　] が問題に

→2008年「年越し派遣村」の設置，「子ども食堂」のひろがり

・〈⑥ 　　　　　　　　〉内閣

・2013年に特定秘密保護法，2015年に [⑦ 　　　　　　　　] 行使を容認する安全保障関連法を制定　2019年から [⑧ 　　　　　　　　] の流行

SNSの時代と「わたし」たち

・[⑨ 　　　　　　] 化と [⑩ 　　　　　　] 化のもとで，子育て・教育・福祉をどのような社会のしくみとして維持していくのか問題に

→2016年，選挙権拡大，高校生も投票可能に

・[⑪ 　　　　　　　　] ・携帯端末の普及→人々の生活と経験をかえ，世界の人々とつながる機会は拡大

→ブログや動画配信，SNSなど意見・感情表現の機会が激増　これらの情報とどう向きあうかが問題に

…ビッグデータをもちいた新しい歴史像の探求が活発化するいっぽうで，[⑫ 　　　　　　　　] や公文書管理のずさんさが問題に

用語を確認しよう

①2013年に安倍晋三内閣が制定した，国の安全保障についての情報管理に関する法は何か。

[　　　　　　　　　　　　　]

②現在，3.11ともいわれるできごとを何というか。

[　　　　　　　　　　　　　]

（1）震災の経験は，どのように語りつがれているのだろう。問いから考えてみよう。

問1　2011年3月11日に君自身や家族・友人・周囲の人たちは，どんな経験をしただろうか，まとめてみよう。

［　　］

問2　1995年の阪神・淡路大震災と比べたとき，2011年の東日本大震災の特徴は何か，まとめてみよう。（必要があれば，インターネットを使って検索してみよう。）

［　　］

（2）教科書p.222図**3**（帰還困難区域）について，2021年2月現在，どれくらいの人が，福島県外に避難しているか。

[　　　　　　　　　　　　]

（3）友達や恋人，地域，家族など人々の関係はどのようにかわってきているだろうか。①〜⑥のできごととむすびつく語句を語群より選び，記号で答えよう。

①だれにもみとられず，自宅でひっそりと亡くなる。　　　　　　　　　　　　　　　　　　　　[　　　　　]

②基本的に2メートル以上，対人距離をとってすごす。　　　　　　　　　　　　　　　　　　[　　　　　]

③学校で1人で食事をする。　　　　　　　　　　　　　　　　　　　　　　　　　　　　　[　　　　　]

④一部自治体では，婚姻ほどの法律上の待遇を得られるわけではないが，同性どうしであっても双方がのぞめば，異性間の内縁関係＝事実婚に近い関係であると「証明書」を発行するようになった。　　　[　　　　　]

⑤高齢者になって，月10万円しかない年金収入で，6万円の家賃を差しひいて残り4万円（1日500円）で一か月やりくりせざるを得ない。　　　　　　　　　　　　　　　　　　　　　　　　　　　　[　　　　　]

⑥公園で日夜いわゆる「ホームレス」として過ごすこともあるが，日雇いの仕事などがみつかり収入が続くときはその店舗の個室で寝泊まりする。その個室以外，実家にもどこにも居場所がない状態。　　[　　　　　]

語群　ア　老後破産　　イ　ぼっち飯　　ウ　孤独死　　エ　ネカフェ難民
　　　オ　ソーシャルディスタンス　　カ　同性間の「パートナシップ」条例

TRY　歴史を学んだわたしたちは，どのような社会，人間関係のありかたを構想できるだろうか。

ヒント：震災や周囲の人間関係の変化とその課題（（3）で確認）をふりかえって，君は，現在の社会やその人間関係の何が一番問題であり，どう改善すべきと考えるだろうか。

課題だと考えるもの	その理由	改善案

MEMO

この編で学んだことをふりかえってみよう。→p.176

教科書 ▶ p.200〜229

1 次の文章を読み，問いに答えよう。

　第二次世界大戦の終結後，はじまったのはアメリカを中心とする西側の資本主義諸国と，ソ連を中心とする東側の社会主義諸国との対立，すなわち（　A　）である。敗戦国のドイツや@日本への戦争責任の追及や，その両国や，その両国が支配していた朝鮮半島その他の地域の戦後処理は，（　A　）に大きく左右されることとなった。実際，朝鮮半島では，南北で国づくりをめぐる対立を経て，1950年6月には（　B　）戦争がおこった。大戦中，日本の占領下にあった（　C　）も南北で分断が生じ，1965年に（　C　）戦争に発展した。こうした国際情勢下で，日本は，1951年に（　D　）条約をむすび，翌年に独立を回復したが，それは⑥西側諸国との講和を優先する形での独立となった。

問1　空欄A〜Dにあてはまる語句を答えよう。

問2　下線部@について，Aは東京裁判にどんな影響を及ぼしたか。適切な説明を一つ選び記号で答えよう。

　　ア　アメリカの方針で昭和天皇は起訴された。

　　イ　戦時中，治安維持法違反などで弾圧されていた共産主義者たちも，GHQの方針で，戦犯とされて裁かれた。

　　ウ　当初戦犯とされた軍国主義者や国家主義者は公職追放されていたが，Aの状況のなかで，追放解除がすすめられた。

問3　下線部⑥について，結果としていくつかの国々との関係回復がおくれることとなった。これに関して，年表の空欄にあてはまる語句を答えよう。

年号	国や地域名	関係回復につながった条約や協定名
1952年	アメリカ，オーストラリア，イギリスなど	サンフランシスコ平和条約
（　E　）年	韓国	（　F　）条約
（　G　）年	沖縄	沖縄返還協定
（　H　）年	中国	（　I　）声明

問1	A		B		C		D	
問2								
問3	E			F			G	
	H			I				

2 アメリカとかかわる次のⅠ～Ⅳのできごとを時系列順に並べかえよう。

Ⅰ 日米貿易摩擦にともない，一部のアメリカの労働者が日本車をこわすできごとまでおきた。

Ⅱ 昭和天皇がアメリカ大使館をたずね，腰に手をおいて立つマッカーサーと正装で写真をとり，その写真が全国各紙の新聞の一面を飾った。

Ⅲ 湾岸戦争にともない，アメリカを中心とする多国籍軍に約1兆8000億円の戦費を拠出したが，人的貢献が少なかったことで，アメリカ含む国際社会に冷遇された。

Ⅳ 米軍の施政下にあった沖縄は，ベトナム戦争への出撃拠点として，利用された。

時系列		→	→	→	

3 次の文章を読み，問いに答えよう。

あみさん（18歳）	お父さん，日本っていつから先進国になったの？
じゅんさん（父，53歳）	先進国首脳会議，いわゆる（　A　）に参加しはじめたのは，1975年。『ジャパン・アズ・ナンバーワン』という本がアメリカで出たのは1979年だし，1980年前後だと思うよ。
あみさん	あー，たしかに授業で，年平均約10%の成長率が続いた（　B　）も，1973年まで続いたってやったし，そのあとってことね。じゃあ，お父さんも私も，先進国になった日本で育ったから，すごくラッキーだね。
じゅんさん	ⓐそれでも就職にはすごく苦労したんだよ。お父さんが大卒後就職したのは，1986年から5年間続いた大型好景気，いわゆる（　C　）経済の後だったんだから。就職もうまくいかないと思っていたら，関西で（　D　）大震災はおきるし，あみがうまれる前には，ⓑ同時多発テロ事件までおきてびっくりしたよ。
あみさん	地震なら私も，小さいころ3.11の東日本大震災を経験したの思い出したわ。

問1 空欄A～Dにあてはまる語句を，答えよう。

問2 下線部ⓐについて，[　C　]経済崩壊後に就職活動をおこなって，大きく影響を受けた世代のことを何というか，次のうちから適切なものを二つ選び，記号で答えよう。

ア 就職氷河期世代 　　イ バブル世代 　　　ウ ロストジェネレーション世代

エ しらけ世代 　　オ 団塊ジュニア世代

問3 下線部ⓑについて，この事件とは，いつおきた，どんなできごとか，説明しよう。

問4 下線部ⓑについて，この事件は，その後の世界にどんな影響を及ぼしたのか，考えを書き出してみよう。

問1	A		B		C		D	
問2			問3					
問4								

「精選日本史探究」の学習をふりかえってみよう

　各編で学んだことをふりかえって，日本の歴史が東アジアや世界のなかでどのように推移したか，人々の生活や社会がどのように変化していったかを確認しよう。さらに原始・古代から現代までの歴史に関する自分の関心や理解がどのように変わったのか，自由に書いてみよう。

第1編　原始・古代の日本と東アジア （p.6〜47）

第2編　中世の日本と世界 （p.48〜93）

第3編　近世の日本と世界 （p.94〜139）

第4編　近現代の地域・日本と世界 （p.140〜229）

日探 703

精選日本史探究

演習ノート

解答編

実教出版

1 列島にくらしはじめた人々 （教科書p.10〜11）

確認しよう

①ホモ＝サピエンス　②北京原人
③ネアンデルタール人　④道具　⑤ユーラシア
⑥朝鮮　⑦打製石器　⑧土器　⑨縄文土器
⑩弓矢　⑪貝塚　⑫竪穴住居　⑬ムラ
⑭環状集落

用語を確認しよう

①打製石器　②縄文土器　③竪穴住居

資料を読みとろう

(1)問1　Aアフリカ　　Bユーラシア
　　　　Cヨーロッパ　D日本列島
(2)問1　舟で海を渡る，交換，移動をくりかえす
(3)問1
　　【春】ワラビ，ハマグリなど
　　【夏】カツオ，マグロなど
　　【秋】ドングリ，ウサギなど
　　【冬】シカ，イノシシなど
(4)問1　収穫祈願，集団の繁栄など
　　問2　相澤忠洋

TRY　氷期が終わり，気候が温暖化したことにより，海産資源や植物質の食料が豊富になり，食べ物を求めて移動する必要がなくなったから。

2 農耕がうまれる （教科書p.12〜13）

確認しよう

①抜歯　②農耕　③朝鮮半島　④磨製石器
⑤縄文時代　⑥弥生文化　⑦北部九州
⑧水稲耕作　⑨青銅器　⑩稲作　⑪水田
⑫続縄文文化

用語を確認しよう

①農耕・牧畜　②続縄文文化　③磨製石器

資料を読みとろう

(1)問1　Aウルシ　　Bクリ　　Cイチイガシ
(2)問1　A祭祀用具　B生活　C世界観
(3)問1　【磨製石器】表面をみがく，なめらか
　　　　【打製石器】石をうち欠いただけ
　　問2　穂摘，木材加工，剣の柄飾り　など
(4)問1　【弥生時代の土器】装飾が少ない
　　　　【縄文時代の土器】装飾が多い，縄目の文様がある

TRY　水稲耕作が生活の基盤となり，主要な食料を人間の手で生産するようになった。

3 クニがうまれる （教科書p.16〜17）

確認しよう

①クニ　②環濠集落　③漢　④青銅鏡
⑤金印　⑥王　⑦埴輪　⑧鉄製　⑨鉄
⑩倭　⑪『魏志』　⑫『後漢書』　⑬卑弥呼
⑭邪馬台国　⑮魏　⑯塚

用語を確認しよう

①金印　②倭　③卑弥呼

資料を読みとろう

(1)問1　青銅製の武器が発達した，争いがおこっている　など
(2)問1　朱，玉，鉄剣　など
　　問2　司祭者，中国・朝鮮半島と交流していた
(3)問1　A『漢書』　　B『後漢書』
　　　　C『魏志』　　D鬼道　　問2　漢委奴国王
(4)問1　男子は入墨をする，婦人の衣服は貫頭衣である，集会でのふるまいには父子・男女の区別がないなど

TRY　中国や朝鮮半島との交渉力を高め，鉄の素材を手に入れるため。東アジアにおける立場を高めたいため。

4 ヤマト政権の形成 （教科書p.20〜21）

確認しよう

①前方後円墳　②大王　③埴輪
④ヤマト政権　⑤三角縁神獣鏡　⑥大仙陵古墳
⑦馬具　⑧横穴式石室　⑨群集墳　⑩形象
⑪仏教　⑫上円下方墳または八角形墳

用語を確認しよう

①大王　②埴輪　③ヤマト政権　④横穴式石室

資料を読みとろう

(1)問1　九州北部に多い，東北に少ない，大阪周辺に多い，関東に多い　など
(2)問1　首長には男性・女性の差はなかった。
(3)問1　埴輪　問2　兜をかぶっている，鎧を着ている　など　問3　軍事力が権力の基盤となった，軍事的な性格など
(4)問1　【竪穴式石室】天井をとじたらはいれない。【横穴式石室】横から何度でもはいれる。

TRY　石室や埴輪など共通点をもつ古墳が各地につ

くられていることから，ヤマト政権の大王を中心とした政治的な連合体が形成されていたことがわかる。副葬品からは，祭祀を重視した社会から軍事力を重視した社会へと変化していったことがわかる。

5 倭の五王と氏姓制度 （教科書p.22〜23）

確認しよう
①高句麗　②加耶　③百済　④新羅
⑤倭国　⑥『宋書』　⑦倭の五王　⑧渡来人
⑨須恵器　⑩漢字　⑪仏教　⑫品部
⑬氏姓制度　⑭国造　⑮伴造　⑯田荘
⑰部曲

用語を確認しよう
①漢字　②仏教　③氏姓制度

資料を読みとろう
(1)問1　朝鮮半島の軍事支配権を認めてもらうための高い称号を得ようとした。
(2)問1　武具・農具など
(3)問1　【土師器】野焼き，低温，軟質など。
　　　　【須恵器】窯を使う，高温，硬質など。
(4)問1　大王の名が刻まれた鉄剣が埼玉県と熊本県の古墳から出土しているから。
(5)問1　A加耶　B新羅

TRY　【中国】東アジアでの地位を固めるために，朝鮮半島諸国や倭国を冊封する。
【朝鮮半島諸国】中国に冊封されることにより，国内での支配の正当性を示す。
【倭国】中国に冊封されることにより，国内での支配の正当性を示す。

第1章　章末問題 （教科書p.10〜23）

1　問1　A打製　B竪穴　C磨製
　　問2　相澤忠洋　問3　イ　問4　エ
2　問1　集落の外側が土塁で囲まれている。
　　問2　aア　bイ　cウ　dア
3　問1　埴輪　問2　大王を中心としたつながりが各地にできている。　問3　3世紀後半〜4世紀　勾玉，ガラス玉など　5世紀　馬具，武具など　問4　何度でも埋葬できるようになった（追葬が可能になった）。
4　問1　A高句麗　B新羅　C百済　D加耶諸国
　　問2　①渡来人　②漢字　③仏教

問3　朝鮮半島の軍事的支配権を認めてもらうため。
問4　氏姓制度

第2章　古代国家の確立

6 飛鳥の朝廷 （教科書p.26〜27）

確認しよう
①飛鳥時代　②隋　③『隋書』
④遣隋使　⑤高句麗　⑥推古天皇
⑦冠位十二階　⑧憲法十七条　⑨飛鳥文化
⑩飛鳥寺　⑪法隆寺　⑫古墳　⑬『三経義疏』
⑭釈迦三尊像　⑮半跏思惟像

用語を確認しよう
①憲法十七条　②『三経義疏』

資料を読みとろう
(1)問1　【半跏思惟像】デザインが同じ，ポーズがいっしょなど　【軒丸瓦】文様が似ている，形が同じなど
　　問2　朝鮮半島諸国の影響を受けている。
(2)問1　遣隋使　問2　天子
(3)問1　婚姻関係にあった。
(4)問1　和を貴ぶ，三宝を敬え，天皇の詔は必ず従え，など
(5)問1　A中国　B朝鮮半島　C太陰太陽暦　D太陽暦

TRY　世襲ではなく，個人の才能や功績を重視した政治，儒教や仏教の教えを重視するなど，中国の思想の影響が強い。

7 大化改新から壬申の乱へ （教科書p.28〜29）

確認しよう
①唐　②律令　③乙巳の変　④改新の詔
⑤大化改新　⑥白村江　⑦庚午年籍
⑧壬申の乱　⑨飛鳥浄御原宮　⑩八色の姓
⑪飛鳥浄御原令　⑫藤原京　⑬天皇

用語を確認しよう
①白村江の戦い　②壬申の乱

資料を読みとろう
(1)問1　A朝貢　B国王　C冊封
　　問2　【冊封国】新羅，渤海　など
　　　　【朝貢国】日本，チャンパー　など
(2)問1　A郡　B評

(3)問1　天武系から天智系へとかわった。
(4)問1　唐や新羅が攻めてくることを恐れたから。
(5)問1　唐・高句麗
TRY　天皇を中心とする支配体制が整備され，豪族は天皇を中心とする秩序体制に組みこまれていった。

8　律令国家の形成　（教科書p.30〜31）

確認しよう
①大宝律令　②日本　③太政官　④四等官
⑤蔭位の制　⑥和同開珎　⑦平城京
⑧大宰府　⑨多賀城　⑩蝦夷　⑪畿内
⑫七道　⑬国司　⑭郡司　⑮駅家
⑯戸籍　⑰口分田　⑱班田収授法　⑲計帳

用語を確認しよう
①大宝律令　②蝦夷　③班田収授法

資料を読みとろう
(1)問1　太政大臣・右大臣・左大臣の下に大納言があり，その下に右弁官・少納言・左弁官がある。またその下に各省がある。
(2)問1　碁盤の目のように区画されている，東西と南北で区画されている，など
(3)問1　A租　B調　C庸　D雑徭
(4)問1　若海藻(ワカメ)
TRY　租・調・庸に加えて雑徭や兵役が課され，出挙もおこなわれた。また税は民衆が都まで運んだ。

9　東アジアのなかの天平文化　（教科書p.32〜33）

確認しよう
①唐　②新羅　③渤海　④天平文化
⑤正倉院宝物　⑥東大寺　⑦文字
⑧『日本書紀』　⑨『懐風藻』　⑩『万葉集』
⑪『風土記』　⑫玄昉　⑬鑑真　⑭唐招提寺
⑮南都六宗　⑯行基

用語を確認しよう
①遣唐使　②渤海　③正倉院　④懐風藻　⑤鑑真

資料を読みとろう
(1)問1　留学生，学問僧　など
　　問2　仏教の戒律の精神を伝えるため。
(2)問1　A北路　B新羅　C南路
(3)問1　井真成
(4)問1　古文書，楽器，香薬　など

(5)問1　A西アジア　B南アジア　C新羅
TRY　遣唐使や新羅商人などを通じて唐に集まる各国の文物がもたらされ，国際色ゆたかな文化がつくられた。

10　奈良時代の政治と社会　（教科書p.34〜35）

確認しよう
①藤原不比等　②長屋王　③聖武天皇
④橘諸兄　⑤藤原広嗣　⑥鎮護国家
⑦国分寺建立の詔　⑧大仏造立の詔
⑨三世一身法　⑩墾田永年私財法　⑪初期荘園
⑫藤原仲麻呂　⑬橘奈良麻呂　⑭道鏡

用語を確認しよう
①墾田永年私財法

資料を読みとろう
(1)問1　政変に加え疫病や飢饉などにより社会不安が増大したから。
　　問2　社会の不安を仏教の力で鎮めようとしたから。
(2)問1　【藤原氏と橘氏】婚姻関係にある。
　　　【藤原氏・橘氏と天皇家】婚姻関係にある。
(3)問1　新たに開墾した土地は三代まで所有が認められた。
(4)問1　開墾した土地は永久に収公されなくなった。
(5)問1　A白村江　B防人　C東国　D『万葉集』
TRY　東大寺の大仏に代表される仏教文化がつくられた。鎮護国家の思想にもとづき，道鏡のように政治の実権をにぎろうとする者もあらわれた。

11　平安時代初期の政治と文化　（教科書p.38〜39）

確認しよう
①桓武天皇　②長岡京　③平安京　④健児
⑤勘解由使　⑥アテルイ　⑦蔵人所
⑧藤原冬嗣　⑨格　⑩式　⑪『令義解』
⑫検非違使　⑬天台宗　⑭真言宗　⑮密教
⑯一木造　⑰神仏習合

用語を確認しよう
①蔵人所

資料を読みとろう
(1)問1　長安
(2)問1　東北地方に律令制支配を拡大させるため，蝦夷を平定するため，など

問2 【東北地方 → 北方世界】須恵器，鉄など

【北方世界 → 東北地方】アザラシの革，ワシの羽など

(3)問1 怨霊思想

(4)問1 都の外の山中につくられることが多かった。

(5)問1 Aアテルイ　B蝦夷　C坂上田村麻呂

TRY 太上天皇の影響が弱まり，蔵人所の設置にみられるように，天皇に権力が集中するようになった。

12 摂関政治と国風文化　(教科書p.40〜41)

確認しよう
①承和の変　②外戚　③清和天皇　④摂政
⑤関白　⑥摂関政治　⑦安和の変
⑧菅原道真　⑨宋　⑩かな文字　⑪寝殿造
⑫大和絵　⑬物忌　⑭方違

用語を確認しよう
①摂関政治

資料を読みとろう
(1)問1 A伴善男　B源信　C藤原良房
(2)問1 左右対称
(3)問1 京都→大宰府→坊津→明州→杭州→建康
　　→揚州→汴京
(4)問1 A仮名　B漢字　Cひらがな
　　D漢籍

TRY 唐が滅亡したことで，東アジアの秩序がくずれ，周辺諸国で独自の文化がつくられた。

13 摂関期の社会と経済　(教科書p.42〜43)

確認しよう
①受領　②成功　③重任　④遙任　⑤名
⑥田堵　⑦平将門の乱　⑧藤原純友の乱
⑨検非違使　⑩滝口の武士　⑪侍
⑫末法思想　⑬浄土教　⑭空也

用語を確認しよう
①受領　②平将門　③浄土教

資料を読みとろう
(1)男性が負担する租税をのがれるため
(2)遙任
(3)尾張の国司である藤原元命による圧政がひどく，それを訴えるため

(4)大名田堵
(5)ウ

TRY 政府は武力にたけた地方豪族(藤原秀郷)を押領使などに任じたり恩賞を与えたりして，その力を利用した。さらに，中央政府から将軍のひきいる軍勢を派遣することで反乱を制圧した。

| 第2章 | 章末問題 | (教科書p.26〜43) |

1 問1 A隋　B孝徳天皇　問2 ウ
問3 ウ　問4 乙巳の変　問5 大化改新

2 問1 白村江の戦い　問2 壬申の乱
問3 エ　問4 持統天皇　問5 ウ

3 問1 Ⅰ聖武天皇　Ⅱ藤原道長
Ⅲ藤原良房　Ⅳ桓武天皇　Ⅴ平将門
問2 墾田永年私財法　問3 エ
問4 エ　問5 ウ　問6 ウ

第3章　中世社会の成立

14 院政と中世荘園　(教科書p.52〜53)

確認しよう
①後三条天皇　②延久の荘園整理令
③記録荘園券契所　④白河天皇　⑤堀河天皇
⑥上皇(院)　⑦院政　⑧院近臣
⑨北面の武士　⑩公領　⑪知行国制
⑫今様　⑬田楽　⑭猿楽

用語を確認しよう
①院政　②知行国制　③今様

資料を読みとろう
(1)白河天皇
(2)A外戚　B上皇
(3)イ
(4)エ

TRY 政治の変化　摂関家を外戚としない天皇が誕生し，その後上皇として政治を主導する院政が開始された。

文化の変化　浄土信仰が浸透したことで，天皇家によって法勝寺などの御願寺が建てられたり，今様や猿楽などが貴族から庶民にまでひろがった。

新たな建築様式の導入や仏教界における新たな改革の気運が高まった。

15 奥州藤原氏と平氏 （教科書p.54〜55）

確認しよう

①前九年合戦　②後三年合戦　③平泉
④奥州藤原氏　⑤中尊寺　⑥保元の乱
⑦後白河天皇　⑧平治の乱　⑨平清盛
⑩日宋貿易　⑪大輪田泊

用語を確認しよう

①前九年合戦　②保元の乱　③日宋貿易

資料を読みとろう

(1)平治の乱
(2)【東北地方の産出品】馬，金
　　【北方の産物】鷲の羽，アザラシの革
(3)日本列島のほかの地域や中国などとの交易や交流があった。
(4)ウ
(5)問1　厳島神社　問2　安芸国，貿易をおこなう瀬戸内海の航路上
(6)日宋貿易

TRY ①列島外（北方）との貿易・交易を通じて経済力や武力を獲得した。
②上皇の近臣となったことや，平氏一門を知行国主に任命，知行国や荘園を多く獲得したり，日宋貿易による利益。

16 治承・寿永の乱と鎌倉幕府 （教科書p.58〜59）

確認しよう

①以仁王　②源頼朝　③治承・寿永の乱
④奥州合戦　⑤御家人　⑥地頭　⑦守護
⑧侍所　⑨問注所　⑩鎌倉幕府
⑪征夷大将軍　⑫重源　⑬大仏様

用語を確認しよう

①治承・寿永の乱　②守護　③重源

資料を読みとろう

(1)奥州合戦
(2)A奥州藤原氏　B平氏　C源頼朝
(3)A侍所　B公文所　C問注所　D守護
　　E地頭
(4)問1　大仏様　問2　仏師：運慶・快慶　技法：寄木造

TRY ①源氏が平氏を追討し勢力を拡大するなかで，軍事・政治・裁判をになう機関を整備し，朝廷と協調関係をきずきながら全国を統治した。
②平氏による南都焼打ちで，東大寺大仏殿が焼失し，

17 承久の乱と公武関係 （教科書p.60〜61）

確認しよう

①和田義盛　②執権　③後鳥羽上皇
④西面の武士　⑤藤原頼経　⑥承久の乱
⑦新補地頭　⑧六波羅探題　⑨連署
⑩摂家将軍　⑪評定衆　⑫御成敗式目
⑬引付

用語を確認しよう

①執権　②承久の乱　③御成敗式目

資料を読みとろう

(1)イ
(2)問1　御成敗式目　問2　A武士　B裁判
　　問3　ウ

TRY ①西国にも地頭が増大するなど，幕府の支配がいっそう全国へとひろがっていった。勝利した幕府の朝廷に対する政治的影響が強まった。
②紛争が増加したことにより，法律（御成敗式目）を制定するなど，制度をととのえていった。

18 地頭・御家人と荘園制の変質 （教科書p.64〜65）

確認しよう

①御恩　②奉公　③本領安堵　④新恩給与
⑤非御家人　⑥地頭請　⑦下地中分
⑧百姓申状　⑨逃散　⑩惣領制　⑪惣
⑫庶子　⑬分割相続

用語を確認しよう

①本領安堵　②下地中分　③惣領制

資料を読みとろう

(1)たてもののまわりを堀や板塀で囲んだり，櫓を設けたりして，外敵からの侵入をふせいでいた。鷹や馬などを飼育していた。
(2)イ
(3)地頭分と領家分で荘園を半分にしていることを示している（下地中分）。
(4)問1　紀伊国阿弖河荘百姓申状
　　問2　A妻子　B鼻　C尼

TRY A直営地（佃）　B地頭請　C惣領

19 鎌倉時代の経済・産業と自然環境 （教科書p.66〜67）

確認しよう
①宋銭　②代銭納　③為替　④借上
⑤三斎市　⑥問丸　⑦座　⑧宿駅
⑨関所　⑩二毛作　⑪浄土宗　⑫浄土真宗
⑬時宗　⑭日蓮宗

用語を確認しよう
①借上　②三斎市　③悪人正機説

資料を読みとろう
(1)問1　壺　魚　米　履物　布
　　問2　舟を使って運ばれた
　　問3　当時の市場は月に3回ひらかれていて，市の開催されていない日が右の図の閑散とした状況であった。
(2)為替
(3)エ
(4)ア

TRY　A宋銭　B飢饉　C浄土宗

20 モンゴル襲来と日宋・日元交流 （教科書p.68〜69）

確認しよう
①チンギス＝カン　②モンゴル帝国
③フビライ＝カーン　④元　⑤異国警固番役
⑥文永の役　⑦弘安の役　⑧鎮西探題
⑨臨済宗　⑩栄西　⑪曹洞宗　⑫道元
⑬忍性

用語を確認しよう
①文永の役　②鎮西探題　③曹洞宗

資料を読みとろう
(1)①省略　②モンゴル帝国の領域はユーラシアの大半に及び，複数の国が分割統治していた。
(2)A通交（交易）　B戦争
(3)エ
(4)A臨済　B栄西

TRY　③　元は日本に対し通交を求めたが，日本が応じなかったため対立関係になった。しかし，民間貿易は活発におこなわれていた。

21 社会の変動と鎌倉幕府の滅亡 （教科書p.72〜73）

確認しよう
①得宗　②宝治合戦　③親王将軍
④北条時宗　⑤御内人　⑥得宗専制
⑦永仁の徳政令　⑧悪党　⑨持明院統
⑩大覚寺統　⑪両統迭立　⑫後醍醐天皇
⑬楠木正成　⑭足利高氏　⑮新田義貞

用語を確認しよう
①得宗専制　②永仁の徳政令　③両統迭立

資料を読みとろう
(1)A 3　B 19　C 30
(2)問1　永仁の徳政令　問2　イ
(3)A乱暴　B異類異形

TRY　①北条氏一門の家督（得宗）の権力が強まり，得宗による専制政治が確立していった。それによって，幕府への不満が高まりをみせた。
②貨幣経済の浸透やモンゴル襲来の負担，分割相続により，困窮する御家人が増加した。荘園・村落どうしの土地争いが頻発し，悪党が登場した。

第3章　章末問題 （教科書p.52〜73）

1　A後三条天皇　　B上皇　　C知行国制
　　D前九年合戦　　E平治の乱　　F日宋貿易
2　問1　治承・寿永の乱　　問2　奥州合戦
　　問3　ウ　　問4　本領安堵　新恩給与
　　問5　ア　　問6　エ
3　問1　下地中分　　問2　イ
　　問3　文永の役　　問4　悪党
　　問5　両統迭立　　問6　イ

第4章　中世社会の展開

22 南北朝の内乱 （教科書p.74〜75）

確認しよう
①建武の新政　②雑訴決断所　③中先代の乱
④足利尊氏　⑤建武式目　⑥北朝　⑦南朝
⑧観応の擾乱　⑨国人　⑩国人一揆
⑪太平記　⑫神皇正統記　⑬連歌

用語を確認しよう
①建武の新政　②観応の擾乱　③太平記

資料を読みとろう
(1)問1　二条河原落書　問2　夜討ち，強盗，いつわりの天皇の命令書が流布，勝手に僧から俗人にもどること，恩賞を得ようとしてたたかわないのにたたかったとして申請すること
(2)A惣領制　B庶子
(3)ウ

TRY A南朝　B国人一揆　C歌

23 足利義満と室町幕府 （教科書p.76〜77）

確認しよう
①足利義満　②室町幕府　③土倉役・酒屋役
④金閣　⑤世阿弥　⑥能　⑦狂言
⑧守護代　⑨半済令　⑩守護請　⑪鎌倉府
⑫鎌倉公方　⑬永享の乱

用語を確認しよう
①土倉役・酒屋役　②観阿弥・世阿弥
③半済令

資料を読みとろう
(1) 人物名：足利義満　たてもの名：花の御所
　(2)ウ
(3)田楽・猿楽
(4)問1　寝殿造風の公家文化や禅宗様の仏殿と
　　いった中国からの禅宗文化が融合している。
　　問2　A日明貿易　B政治
TRY　戦争の終結は，京都の室町殿を中心とする政
治体制の安定化をもたらした。一時期の平和によっ
て，民衆たちの間では田楽・猿楽などがさかんとな
り，武家と公家との交流，中国の文化の流入によっ
て新たな文化がうまれた。

24 東アジアの海をゆきかう人々 （教科書p.78〜79）

確認しよう
①倭寇　②朱元璋　③明　④海禁政策
⑤勘合　⑥勘合貿易　⑦李成桂
⑧応永の外寇　⑨足利義満　⑩寧波の乱
⑪三浦の乱　⑫琉球　⑬尚巴志　⑭アイヌ
⑮コシャマイン

用語を確認しよう
①倭寇　②勘合　③琉球

資料を読みとろう
(1)問1　倭寇　服装…丈の短い服，裸足
　　武器…槍，弓矢，日本刀
　　明軍　服装…白い帽子，長袖の服
　　武器…ボウガン，槍，銅鑼を鳴らしている
(2)エ
(3)ウ
(4)ウ
(5)aイ　bウ　cア
TRY　A京都　B三浦　Cこえた

25 惣村と一揆 （教科書p.80〜81）

確認しよう
①惣村　②乙名　③寄合　④惣掟
⑤村請　⑥刈敷　⑦稲　⑧茶
⑨正長の土一揆　⑩徳政令　⑪足利義教
⑫嘉吉の乱　⑬嘉吉の土一揆

用語を確認しよう
①惣村　②足利義教　③徳政令

資料を読みとろう
(1)A笠　B女性　C踊っている　D男性
　E飲食
(2)ウ
(3)イ
(4)問1　正長の土一揆　問2　A土民　B徳政
　　問3　これらは金融業を営んでいたから。
TRY　A返済　B借りる

26 戦国時代の幕あけ （教科書p.84〜85）

確認しよう
①足利成氏　②享徳の乱　③京都
④足利義政　⑤山名持豊　⑥応仁・文明の乱
⑦足軽　⑧枯山水　⑨書院造　⑩水墨画
⑪雪舟　⑫狩野派　⑬侘茶　⑭山城の国一揆
⑮加賀の一向一揆

用語を確認しよう
①足利義政　②枯山水　③山城の国一揆

資料を読みとろう
(1)問1　裸足，刀を差している，中途半端な恰好
　　（鎧を着けているけれど下半身が軽装）
　　問2　木材を運んでいる，盗みをしている
　　問3　足軽
(2)ウ
(3)エ
(4)Aウ　Bエ　Cイ　Dア
TRY　A京都　B崩れた　C地方

27 室町・戦国時代の流通経済 （教科書p.86〜87）

確認しよう
①見世棚　②座　③馬借　④⑤津料・関銭
⑥堺　⑦六斎市　⑧問屋　⑨撰銭
⑩撰銭令　⑪京枡　⑫石高

用語を確認しよう

①座　　②堺　　③撰銭令

資料を読みとろう

(1) A油売り　B灯用　C女性
(2) 問1　馬，米俵，舟，人，猫など
　　問2　舟や馬を利用して運んでいた。
(3) ×　　○
(4) イ

TRY　A港　　B航路　　C舟

28 戦国時代の政治と社会 （教科書p.90〜91）

確認しよう

①領国　　②戦国大名　　③分国法
④喧嘩両成敗法　　⑤会合衆　　⑥町衆
⑦門前町　　⑧城下町　　⑨楽市・楽座
⑩検地　　⑪検地帳　　⑫桂庵玄樹
⑬足利学校　　⑭御伽草子

用語を確認しよう

①分国法　　②楽市・楽座

資料を読みとろう

(1) A刀　　B百姓
(2) 喧嘩両成敗など家臣どうしの争いを禁じる−家
　　臣団をまとめる
　　大規模な堤防をきずくなどの治水工事−町や村
　　の生活の維持
　　座の特権を廃止し自由な市場の保障−領国経済
　　の発展
(3) A内乱　　B隣国　　C平和
(4) エ
(5) エ

TRY　賛成：生きていくためには，手段を選ぶこと
はできないから。
反対：どんな場合でも暴力や人の物をうばうことは
いけないことだから。

第4章 章末問題 （教科書p.74〜91）

1　問1 (鹿苑寺)金閣　　問2　ア　　問3　イ
2　問1　A応仁・文明　　B鎌倉公方
　　問2　Ⅱ→Ⅳ→Ⅲ→Ⅰ　　問3　征夷大将軍
3　問1　ア　　問2　戦国大名　　問3　イ
　　問4　Ⅲ→Ⅰ→Ⅱ
4　問1　倭寇　　問2　ウ　　問3　足利義満

第5章 統一政権の成立

29 「南蛮」との出逢い （教科書p.98〜99）

確認しよう

①海禁政策　　②大航海時代　　③南蛮貿易
④イエズス会　　⑤フランシスコ＝ザビエル
⑥大友義鎮　　⑦ルイス＝フロイス
⑧ヴァリニャーノ　　⑨キリシタン大名
⑩天正遣欧使節　　⑪ローマ字
⑫キリシタン版(天草版)　　⑬種子島

用語を確認しよう

①天正遣欧使節　　②種子島

資料を読みとろう

(1) 問1　①日本の　　②言葉　　③平家物語
　　問2　イ　　問3　A宣教師　　B技術
　　C文学　　D言葉
(2) ウ
(3) 問1　大きい，黒い，多くの人が乗っている，
　　帆がある　　問2　ア　　問3　犬，馬

TRY　A鉄砲　　Bキリスト

30 織豊政権の全国統一 （教科書p.100〜101）

確認しよう

①桶狭間　　②足利義昭　　③安土城
④楽市・楽座令　　⑤本能寺の変　　⑥大坂城
⑦小牧・長久手の戦い　　⑧関白　　⑨石高
⑩太閤検地　　⑪刀狩令　　⑫桃山文化
⑬濃絵　　⑭千利休

用語を確認しよう

①本能寺の変　　②刀狩令　　③桃山文化

資料を読みとろう

(1) 問1　信長の動向[ア・ウ]　秀吉の動向[イ・
　　エ]　　問2　ウ→ア→エ→イ
　　問3　惣村が戦場となり荒廃した。百姓たちが
　　略奪をおこなった。足軽となる者が多くいた。
(2) 問1　刀狩令　　問2　ア　　問3　刀
　　問4　イ
(3) 問1　ア　　問2　金　　問3　狩野永徳

TRY　朝鮮侵略

31 東アジアの変動と豊臣政権 （教科書p.102〜103）

確認しよう

①大村純忠　②バテレン追放令　③海賊取締令
④宗氏　⑤文禄の役　⑥義兵　⑦李舜臣
⑧慶長の役　⑨壬辰・丁酉の倭乱
⑩徳川家康　⑪石田三成　⑫関ヶ原の戦い

用語を確認しよう

①バテレン追放令　②李舜臣　③関ヶ原の戦い

資料を読みとろう

(1)A東アジア　B服属　C先導　D宗氏
(2)エ
(3)問1　ア　問2　イ　問3　南蛮貿易

TRY　A衰えた　B伸びた　C石田三成

32 江戸幕府の支配のしくみ （教科書p.106〜107）

確認しよう

①征夷大将軍　②大坂冬の陣・夏の陣
③豊臣秀頼　④武家諸法度　⑤参勤交代
⑥禁中並公家中諸法度　⑦寺院法度　⑧旗本
⑨老中　⑩城代　⑪外様　⑫藩　⑬蔵屋敷
⑭幕藩体制

用語を確認しよう

①徳川家康　②参勤交代　③老中

資料を読みとろう

(1)問1　刀をもっている人，草履をはいている人，
　　　大きな棒のようなものをもっている人
　　　問2　ウ　問3　ウ
(2)問1　徳川家光
　　　問2　A弓馬　B江戸　C参勤
(3)問1　老中　問2　町奉行
　　　問3　勘定奉行
(4)問1　江戸，大坂など
　　　問2　前田，島津など　問3　親藩・譜代：
　　直轄都市，要地　外様：遠隔地

TRY　A支配する　B土地　C強くなった

33 江戸時代の対外関係 （教科書p.108〜109）

確認しよう

①宗氏　②島津氏　③松前氏　④朱印状
⑤朱印船貿易　⑥平戸　⑦伊達政宗
⑧禁教令　⑨天草四郎時貞　⑩島原・天草一揆
⑪鎖国　⑫四つの口

用語を確認しよう

①朱印船貿易　②島原・天草一揆

資料を読みとろう

(1)問1　帽子をかぶっている人，駕籠や馬に乗っ
　　　ている人，子ども　問2　朝鮮
　　　問3　将軍
(2)エ
(3)ウ
(4)朝鮮−対馬　中国・オランダー長崎
　　琉球−薩摩　アイヌ−松前
(5)ウ

TRY　Aキリスト教　B貿易　C独占
D伝わった

34 身分制と村・町の生活 （教科書p.110〜111）

確認しよう

①百姓　②町人　③非人　④村請制
⑤五人組　⑥本百姓　⑦水呑百姓
⑧村方三役　⑨名主　⑩入会地　⑪城下町
⑫町　⑬町奉行　⑭町年寄

用語を確認しよう

①非人　②本百姓　③町人

資料を読みとろう

(1)A道沿い　B田畑　C入会地
(2)ウ
(3)武士，公家，僧侶，神職，百姓，町人，非人
　　など
(4)A上級藩士　B町人地

TRY　相違点　住む人の数や面積など，現在の市区
町村のほうが大きい。
共通点　税を納める行政の単位ということ。

第5章　章末問題 （教科書p.98〜111）

1　(A)　③，⑤　　(B)　②，④
　　(C)　①，⑥
2　問1　①出島　②朱印船
　　問2　Ⅲ→Ⅱ→Ⅳ→Ⅰ　問3　宣教師
3　問1　Ⅰイ　　Ⅱア　問2　Ⅰイ　　Ⅱア
　　問3　島原・天草
4　問1　Aエ　　Bイ　　Cア　　Dウ
　　問2　イ　問3　C

第6章　幕藩体制の展開

35　幕府政治の転換　(教科書p.114～115)

確認しよう

①徳川家綱　②慶安事件　③かぶき者
④末期養子の禁　⑤清　⑥徳川綱吉
⑦忠孝や礼儀　⑧湯島聖堂　⑨儒学
⑩生類憐みの令　⑪服忌令　⑫明暦の大火
⑬荻原重秀　⑭新井白石　⑮正徳金銀
⑯海舶互市新例　⑰閑院宮家

用語を確認しよう

①慶安事件　②明暦の大火　③海舶互市新例

資料を読みとろう

(1)問1①仕える大名のみつからない武士や牢人など　②安定した政治体制や自らの境遇への不満のため
(2)問1　イ　問2　慶長小判の金の重さ4.13168g　銀の重さ0.62832g　元禄小判の金の重さ2.73224g　銀の重さ2.02776g　よって，小判1枚につき金の重さで1.39944gの差額がうまれ，これが幕府の差額収入となった。

TRY　A文武弓馬　B文武忠孝　C礼儀
D湯島聖堂　E生類憐みの令　F服忌令
G正徳金銀　H海舶互市新例　I朝鮮通信使
J閑院宮家　K清　L国際関係　M命
N社会的弱者

36　産業の発展　(教科書p.116～117)

確認しよう

①新田開発　②金肥　③備中鍬　④農書
⑤俵物　⑥入浜式塩田　⑦紅花　⑧藍
⑨銅　⑩たたら製鉄

用語を確認しよう

①備中鍬　②四木三草　③綿(綿花)

資料を読みとろう

(1)問1　Aイ・オ　Bエ　Cア・ウ
　　問2　イ　オ
(2)問1　省略
　　問2　大関：茂木勇右衛門，釜屋彌七
　　問3　野田・銚子(どちらも千葉県)

TRY　①A綿花　B金肥　C船
②A貨幣経済　B茶・楮・桑・漆
C藍・紅花・麻

37　交通網の発達と都市の繁栄　(教科書p.118～119)

確認しよう

①五街道　②宿駅　③関所　④飛脚
⑤角倉了以　⑥河村瑞賢　⑦菱垣廻船
⑧北前船　⑨株仲間　⑩両替商　⑪蔵屋敷
⑫元禄文化　⑬中江藤樹　⑭伊藤仁斎
⑮荻生徂徠

用語を確認しよう

①樽廻船　②両替商　③陽明学

資料を読みとろう

(1)問1　A北前船　B昆布や俵物
　　C特産品　D年貢米　E菱垣廻船
　　F酒樽
　　問2　①交通網の発達によって遠隔地との物資のやりとりがしやすくなったから。
　　②交通網の発達によって，人の移動が活発になったから。

TRY　【選んだ観点】【むすびつき】省略
(例)作者：近松門左衛門・・・越前国の武士の家系。浄瑠璃，歌舞伎の作者。
作品名：国姓爺合戦・・・明の遺臣鄭芝竜と日本人妻との間にうまれた鄭成功(日本名和藤内)が中国にわたり明朝を復興させる物語。

38　徳川吉宗・田沼意次と財政問題　(教科書p.122～123)

確認しよう

①徳川吉宗　②定免法　③上米
④相対済し令　⑤公事方御定書
⑥目安箱　⑦小石川養生所　⑧大岡忠相
⑨町火消　⑩株仲間　⑪運上・冥加
⑫⑬手賀沼・印旛沼　⑭天明の飢饉

用語を確認しよう

①足高の制　②青木昆陽　③田沼意次
④浅間山

資料を読みとろう

(1)問1　1676～1685年から1686年～1695年…
　　【時代】5代将軍徳川綱吉の時代(元禄時代)
　　1716～1725年から1726年～1735年…【時代】
　　8代将軍徳川吉宗の時代
　　問2　新田開発がすすんだため
(2)Aズレ　B財政　C鉱山収入　D米価
　　E下がった

TRY

共通点 民間の力を利用	吉宗の改革	意次の政治
	・目安箱の成果として小石川養生所を設置	・株仲間の積極的な公認 ・印旛沼や手賀沼の干拓工事で商人らの力を借りる
相違点 ① 権力基盤	・[A 将軍]である吉宗が改革の中心	意次は[B 側用人]や[C 老中]として改革をすすめる →将軍の死とともに失脚し改革を完遂できず
② 財政政策の柱	・きびしい倹約を実施 ・新田開発などによる年貢増徴	・株仲間を公認して運上・冥加を徴収 ・大坂の商人らに御用金を課した
③ 外国とのかかわり	・表面化せず	[D ロシア]の脅威が表面化 [例]工藤平助 『[E 赤蝦夷風説考]』

39 商品経済の発達と民衆の運動

(教科書p.124〜125)

確認しよう

①問屋制家内工業　②工場制手工業
③在郷商人　④小作人　⑤直訴　⑥国訴
⑦村方騒動　⑧打ちこわし　⑨関東取締出役

用語を確認しよう

①マニュファクチュア　②豪農　③百姓一揆

資料を読みとろう

(1)工場制手工業による生産の方が…働き手が多い，道具の数が多い，作業場がひろい　という特徴がある。
(2)A傘連判状　Bだれが中心人物かわからないようにし，中心人物が処罰されないようにする
(3)A年貢や税　BC飢饉・天災
(4)①漁業や林業に従事する人，複数の生業を兼ね

る人など
②漁に出ることができない，山に入ることができない，明日の生活(食料)にも困ってしまうなど

TRY　A地主　B小作人　C村方騒動
DE商品作物・手工業生産　F国訴

40 寛政の改革と欧米諸国の日本接近

(教科書p.128〜129)

確認しよう

①松平定信　②棄捐令　③囲米　④七分積金
⑤旧里帰農令　⑥人足寄場　⑦光格天皇
⑧ラクスマン　⑨レザノフ
⑩フェートン号事件　⑪異国船打払令

用語を確認しよう

①棄捐令　②尊号一件　③徳川家斉

資料を読みとろう

(1)問1　[19世紀前半おもに…ラッコ]
　　　[19世紀後半おもに…クジラ]
　問2　日本と通商をするため
　問3　長崎の出島
　問4　絵の作者に「長崎」→「出島」→「オランダ」というイメージがあったのではないか。

TRY　A農村　B旧里帰農令　C七分積金
D人足寄場　E棄捐令　F寛政異学の禁
Gラクスマン　H長崎　I支出　J質の悪い
K蝦夷地　L近藤重蔵　M異国船打払令

41 江戸時代後期の学問・文化

(教科書p.130〜131)

確認しよう

①伊勢参り　②寺子屋　③蘭学　④藩校
⑤前野良沢　⑥『解体新書』　⑦伊能忠敬
⑧蛮書和解御用　⑨国学　⑩小林一茶
⑪錦絵(浮世絵)　⑫文人画

用語を確認しよう

①寺子屋　②国学　③俳諧

資料を読みとろう

(1)瓶，グラス，帽子，椅子
(2)学問：各地に開かれた私塾で儒学，蘭学や国学などを学んだ。寺子屋で読み書きそろばんを学んだ。
　文化：歌舞伎，相撲，芝居，講談，落語，読書，

浮世絵，旅行

TRY　A江戸　B一般民衆　C地方　D寺子屋
E読み・書き・そろばん　F出版物　G旅

調べたこと

文学作品：(例)東海道中膝栗毛：主人公弥次さんと喜多さんが活躍する。作者：十返舎一九：駿河国府中で同心の子として生まれる。

絵画作品：(例)市川鰕蔵：歌舞伎役者などの半身像，胸像を大首絵という。作者：東洲斎写楽：短期間に役者絵など多くの作品を残し，姿を消した謎の絵師。

---

42 天保の改革　(教科書p.132～133)

確認しよう

①郡内騒動　②大塩平八郎　③生田万
④異国船打払令　⑤高野長英　⑥蛮社の獄
⑦アヘン戦争　⑧徳川家斉　⑨株仲間解散令
⑩人返しの法　⑪(天保の)薪水給与令
⑫上知令　⑬雄藩

用語を確認しよう

①渡辺崋山　②水野忠邦

資料を読みとろう

(1)問1　徳川家斉の子を養子に迎えていた川越藩が有利な土地へ移るため，川越藩を庄内へ，庄内藩を長岡へ，長岡藩を川越へ移す政策。
問2　新しい領主によって年貢が増加することを恐れて反対一揆をおこした。
(2)A天保の飢饉　B郡内騒動　C加茂一揆
D大塩平八郎　E生田万　Fモリソン号
G異国船打払令　F高野長英　Iアヘン戦争
(3)問1　天保の改革を風刺した浮世絵。
問2　天保の改革に対して，不平不満や恨みをいだく民衆を表現している。
問3　老中水野忠邦ら，天保の改革をすすめる中心人物。

TRY　幕府(改革失敗の理由)上知令を出して，江戸・大坂周辺の直轄化と年貢増収・防衛強化をめざしたが，大名や民衆から反発を受けた。
(影響)幕府の権威は失墜していった
藩(藩の動向)藩政改革をおこない，財政再建に成功した藩は軍事力も強化した。
(影響)幕末の政治に大きな影響力を及ぼした

1　問1　A6　　B4　　C10　　D5
E7　　F12　　問2　イ　　問3　エ
2　問1　①12　　②11　　③1　　④10
⑤5　　⑥4　　⑦6　　⑧9　　⑨14
⑩3
問2　④，⑥，⑦，⑨
3　問1　A五街道　B宿駅　C関所
D飛脚　　E角倉了以　　F河村瑞賢　　G北前船　　H株仲間　　I両替商　　J在郷商人
問2　運上・冥加
4　問1　葛飾北斎　　問2　錦絵(浮世絵)
問3　尾形光琳

第7章　大日本帝国の形成

43 開国　(教科書p.144～145)

確認しよう

①南京条約　②ペリー　③浦賀
④日米和親条約　⑤下田　⑥阿部正弘
⑦第2次アヘン戦争　⑧井伊直弼
⑨日米修好通商条約　⑩関税自主権
⑪徳川慶福　⑫徳川家茂　⑬吉田松陰
⑭五品江戸廻送令

用語を確認しよう

①プチャーチン　②安政の大獄

資料を読みとろう

(1)①(鯰)地震　(人間)アメリカ(ペリー来航など)
②鯰　③左官職人　④地震の後，復興のために仕事が増え，恩恵に預かったから。
(2)麦，やかん，米，酒，油など
(3)(理由)ペリーは太平洋を横断するアメリカの貿易船や捕鯨船が，水や石炭を補給する港を確保したいと考え，開国をせまった。
(幕府の対応)幕府は朝廷に報告し，諸大名に意見を求めた。

資料を読みとろう

生糸
TRY　A批判する　　B上昇　　C尊王攘夷運動
D和親条約　　E修好通商条約　　F不平等

44 倒幕と「ええじゃないか」 (教科書p.146〜147)

確認しよう

①桜田門外の変　②和宮　③薩摩藩
④松平容保　⑤八月十八日の政変
⑥禁門の変　⑦生麦事件　⑧桂小五郎
⑨西郷隆盛　⑩薩長同盟　⑪ええじゃないか
⑫大政奉還　⑬小御所会議

用語を確認しよう

①高杉晋作　②孝明天皇

資料を読みとろう

(1)伊勢神宮の力にたよって、この世の息苦しさから解放されたいと期待する気持ち
(2)A薩長同盟　B岩倉具視　C倒幕
　D徳川慶喜　E公議政体　F大政奉還
(3)盛岡藩に減税を求める三閉伊一揆がおこった。この一揆のリーダーが三浦命助で、仙台藩から盛岡藩に圧力をかけてもらう作戦で減税に成功した（が、盛岡藩から目をつけられた三浦はとらえられて獄死した）。

TRY A経済　B治安　C解消されるのではないか

45 明治維新 (教科書p.148〜149)

確認しよう

①奥羽越列藩同盟　②榎本武揚
③五箇条の誓文　④五榜の掲示　⑤東京
⑥明治　⑦一世一元の制　⑧太政官制
⑨版籍奉還　⑩知藩事　⑪廃藩置県　⑫親兵

用語を確認しよう

①戊辰戦争　②一世一元の制　③府知事・県令

資料を読みとろう

(1)問1　江戸
　問2　日本の頂点、新政府をひきいる立場
　問3　一世一元の制：(政策内容)天皇一代の間は一つの元号をとおす制度。
　(意味)民衆に天皇をアピールする意味や天皇親政を強調する意味がある。
　天皇の江戸(東京)ゆき：(政策内容)酒や盃を配り、仕事を休みにするなどした。
　(意味)天皇のおかげで、酒や盃がもらえたり、仕事が休みになったりして、天皇親政が良いこと、新時代の幕開けであると印象づける意味がある。

(2)A五箇条の誓文　B会議　C外国
　D民衆　E国家の基礎

TRY A年貢半減
B大きな力をもつことが警戒されたため、新政府は相楽らを処刑した。
C五榜の掲示
D道徳を守ること
Eキリスト教の信仰

46 文明開化 (教科書p.150〜151)

確認しよう

①華族　②士族　③平民　④解放令
⑤四民平等　⑥壬申戸籍　⑦岩倉具視
⑧⑨津田梅子・中江兆民　⑩⑪森有礼・福沢諭吉
⑫明六社　⑬学制　⑭鉄道　⑮ガス灯
⑯太陽暦　⑰文明開化

用語を確認しよう

①解放令　②岩倉具視　③明六社

資料を読みとろう

(1)問1　岩倉使節団　問2　エ　問3　イ
(2)問1　Ａ　ふざけて、道の常燈を壊すこと。
　　Ｂ　裸や半裸、腿などを露出すること。
　問2　①野蛮　②欧米諸国

TRY 【いい面】ガス灯がともって夜道が安全になった。鉄道がとおって物がたくさん運べるようになった。
【悪い面】鉄道の音がうるさくなった。農民は半裸が禁止され動きにくくなった。

47 富国強兵 (教科書p.152〜153)

確認しよう

①地租改正法　②地租　③殖産興業　④⑤新貨条例・国立銀行条例　⑥富岡製糸場　⑦⑧鉄道・郵便　⑨徴兵告諭　⑩徴兵令　⑪廃刀令
⑫秩禄処分　⑬⑭江藤新平・西郷隆盛　⑮明治六年の政変　⑯西南戦争

用語を確認しよう

①地租改正法　②徴兵令　③西南戦争

資料を読みとろう

(1)ⓓ　女性
(2)問1　ウ　問2　イ
(3)イ

TRY 問1　地租が地価の3％と重く、生活が苦し

くなった。入会地などが使えなくなったから。
問2　江戸時代までの社会では，一揆などが民衆の正当な抵抗手段として認められていたから。

48 国境の画定　(教科書p.156〜157)

確認しよう

①日清修好条規　②征韓　③西郷隆盛
④岩倉具視　⑤明治六年　⑥江華島
⑦日朝修好条規　⑧開拓使　⑨北海道
⑩屯田兵　⑪樺太・千島交換　⑫琉球藩
⑬台湾出兵　⑭沖縄県　⑮琉球処分

用語を確認しよう

①日清修好条規　②江華島事件
③樺太・千島交換条約　④沖縄県

資料を読みとろう

(1)問1　ウ　問2　ア　問3　Ⓒ　日本
(2)問1　エ　問2　ウ
(3)問1　イ　問2　ウ

TRY　A　小笠原諸島−日本領であることを諸外国に宣言する。
B　北海道−外国と国境に関する条約をむすぶ。
C　琉球(沖縄)−軍事力を使って武力で日本の領土にする。

49 自由民権運動　(教科書p.158〜159)

確認しよう

①民撰議院設立　②③板垣退助・後藤象二郎
④自由民権運動　⑤⑥新聞紙条例・讒謗律
⑦結社　⑧愛国社　⑨漸次立憲政体樹立
⑩国会期成同盟　⑪集会条例　⑫私擬憲法
⑬大隈重信　⑭伊藤博文　⑮官有物払下げ
⑯明治十四年の政変　⑰自由党
⑱立憲改進党　⑲楠瀬喜多

用語を確認しよう

①民撰議院設立建白書　②集会条例
③明治十四年の政変

資料を読みとろう

(1)問1　民撰議院設立建白書
　　問2　板垣退助・後藤象二郎　問3　ウ
(2)問1　イ
(3)A洋服　B参加したい　C禁止されて

TRY　①国会　②憲法　③国会期成　④豪農
⑤知識人　⑥楠瀬喜多

50 激化事件　(教科書p.160〜161)

確認しよう

①インフレ　②松方正義　③デフレ
④日本銀行　⑤銀本位制　⑥米価　⑦生糸
⑧福島　⑨三島通庸　⑩河野広中　⑪加波山
⑫大阪　⑬大井憲太郎　⑭困民党　⑮秩父

用語を確認しよう

①松方正義　②銀本位制　③秩父事件

資料を読みとろう

(1)問1　タコ　魚　酒　瓦　米俵(米)　屋根板
　　左官　ブリキ　木材　ちょうちん　生糸　スル
　　メ　干物　玉子　鰹節　絹　石油　紙　下駄
　　筆　茶　そば　など　問2　①ウ　②ア
TRY　イ

51 大日本帝国憲法　(教科書p.162〜163)

確認しよう

①伊藤博文　②ドイツ　③井上毅
④ロエスレル　⑤華族令　⑥内閣
⑦大同団結　⑧保安条例　⑨枢密院
⑩大日本帝国憲法　⑪統帥　⑫天皇大権
⑬天皇制　⑭民法　⑮戸主　⑯教育勅語
⑰帝国議会　⑱衆議院　⑲貴族院
⑳衆議院議員総選挙　㉑民党　㉒吏党
㉓初期議会　㉔立憲政友会

用語を確認しよう

①大日本帝国憲法　②民法　③貴族院

資料を読みとろう

(1)①→②→③
(2)ウ
(3)問1　ウ　問2　ア　問3　臣民

TRY　問1　神聖にして侵すべからざる存在，陸海軍の最高指揮官，国の元首
問2　日本全体が天皇を家長とする「家」のようなもの

第7章　章末問題　(教科書p.144〜163)

1　問1　A井伊直弼　B坂本龍馬　C岩倉具視　D徳川慶喜
　　問2　1日米和親　2桜田門外　3禁門
　　4薩英　5薩長　6大政奉還　7王政復古の大号令　8小御所会議

15

問3　ウ　　問4　イ

2 問1　1五箇条の誓文　　2五榜の掲示

3版籍奉還　　4廃藩置県　　問2　イ

問3　3％　　問4　富岡製糸場

問5　血税反対一揆

3 ③：江華島事件　　⑤：沖縄県

4 問1　A板垣退助　　B大隈重信　　C松方

正義　D伊藤博文

問2　1新聞紙　　2国会期成　　3集会

4秩父　　5大同団結　　6保安　　7貴族

第8章　大日本帝国とデモクラシー

52 日清戦争　　(教科書p.164〜165)

確認しよう

①欧化政策　　②日英通商航海条約

③領事裁判権　　④関税自主権　　⑤三宅雪嶺

⑥徳富蘇峰　　⑦岡倉天心　　⑧東京美術学校

⑨横山大観　　⑩壬午軍乱　　⑪金玉均

⑫甲申政変　　⑬天津条約　　⑭福沢諭吉

⑮脱亜論　　⑯甲午農民戦争　　⑰日清

⑱下関条約　　⑲朝鮮　　⑳㉑遼東半島・台湾

㉒三国干渉

用語を確認しよう

①日英通商航海条約　　②甲申政変　　③脱亜論

④甲午農民戦争　　⑤下関条約

資料を読みとろう

(1)問1　ウ　　問2　エ　　問3　ア

(2)問1　ア

　　問2　①下関条約　②ア・エ　③イ

TRY　イ

53 1900年前後の世界と東アジア

(教科書p.166〜167)

確認しよう

①②アフリカ・アジア　　③帝国主義　　④鉄道

⑤中国分割　　⑥⑦門戸開放・機会均等

⑧三浦梧楼　　⑨明成皇后(閔妃)　　⑩大韓帝国

⑪義和団　　⑫義和団戦争　　⑬北清事変

⑭北京議定書　　⑮日英同盟

用語を確認しよう

①義和団　　②北京議定書　　③日英同盟

資料を読みとろう

(1)イ

(2)ア

(3)問1　A義和団　B北京議定書　C賠償金

　　問2　扶清滅洋　　問3　エ　　問4　エ

(4)ウ

TRY　弱肉強食　実力主義　強い国が弱い国を軍事
力で倒す。

54 日露戦争　　(教科書p.168〜169)

確認しよう

①②幸徳秋水・堺利彦　　③内村鑑三

④『万朝報』　　⑤『平民新聞』　　⑥日露戦争

⑦日韓議定書　　⑧第1次日韓協約

⑨ポーツマス条約　　⑩関東州　　⑪関東都督府

⑫南満洲鉄道株式会社　　⑬日露協約

⑭第2次日韓協約　　⑮統監府　　⑯義兵運動

⑰安重根　　⑱伊藤博文　　⑲韓国併合

⑳朝鮮総督府

用語を確認しよう

①内村鑑三　　②ポーツマス条約

③南満洲鉄道株式会社

資料を読みとろう

(1)ア

(2)問1　イ　問2　南満洲鉄道株式会社

(3)ウ

(4)問1　エ　問2　安重根

(5)ア

TRY　①○　②×　③○

55 社会問題と地域社会　　(教科書p.170〜171)

確認しよう

①産業　　②器械　　③ガラ紡　　④金本位制

⑤寄生地主制　　⑥スラム　　⑦女工

⑧工場法　　⑨足尾銅山鉱毒事件

⑩治安警察法　　⑪⑫片山潜・幸徳秋水

⑬社会民主党　　⑭大逆事件　　⑮冬の時代

用語を確認しよう

①金本位制　　②寄生地主制　　③工場法

④大逆事件

資料を読みとろう

(1)ウ　　　(2)イ

(3)問1　A繊維業　B長時間　C生糸　　問2ウ

(4)イ

TRY 問1　A小作農　B貧しい

問2　近代日本の発展をささえた。日本の軍拡をささえた。など

56 大正デモクラシー　（教科書p.172〜173）

確認しよう

①日比谷焼打ち事件　②桂太郎

③西園寺公望　④地方改良

⑤尾崎行雄　⑥犬養毅　⑦憲政擁護

⑧第一次護憲運動　⑨大正政変

⑩山本権兵衛　⑪ジーメンス事件

⑫大隈重信　⑬大正デモクラシー

⑭吉野作造　⑮民本主義　⑯美濃部達吉

⑰天皇機関説　⑱孫文　⑲辛亥革命

⑳中華民国

用語を確認しよう

①西園寺公望　②第一次護憲運動

③吉野作造　と　美濃部達吉

資料を読みとろう

(1)ウ　(2)エ　(3)ウ　(4)エ

TRY 問1　ア　問2　国民が主権者でないこと，表現の自由が保障されていないこと

57 第一次世界大戦と日本　（教科書p.174〜175）

確認しよう

①三国協商　②総力戦　③大隈重信

④袁世凱　⑤寺内正毅　⑥社会主義

⑦シベリア　⑧ソヴィエト

⑨ヴェルサイユ平和　⑩国際連盟

⑪ワシントン　⑫日本　⑬中国　⑭山東

用語を確認しよう

①三国同盟　三国協商　②二十一か条要求

③ロシア革命　④ヴェルサイユ・ワシントン体制

資料を読みとろう

(1)問1　天祐　問2　A災い　B天のたすけ

　　C受け取らなければならない

　　問3　A旧ドイツ領南洋諸島　B青島

　　C地中海

　　問4　反対　理由：中国の国土が鎖で縛られているポスターがつくられているから

(2)問1　ア，ウ，カ，キ

　　問2　労働・難民・保健，女性・子どもの人身

売買規制の国際協定づくり

TRY　A三国協商　B戦勝国　C協調　D加盟

58 資本主義の成長　（教科書p.176〜177）

確認しよう

①輸出　②アメリカ　③増加　④造船

⑤成金　⑥重化学工業　⑦工業　⑧水力

⑨戦後恐慌　⑩財閥　⑪大都市

⑫サラリーマン　⑬米　⑭地主　⑮小作料

用語を確認しよう

①大戦景気　②戦後恐慌　③財閥

資料を読みとろう

(1)A長崎造船所　Bアジアへの輸出

　　C上回る　D発展　E必要　Fアメリカ

　　G三菱

(2)問1　人力車，荷車

　　問2　自転車(自動車・馬車・牛車でも可)

　　問3　事務員(職員)中等学校以上　月給

　　現場の労働者(工員)小学校卒業程度　日給

(3)a○　b×　c×

TRY　都市：近代家族の形成

農村：学校や教育の変化

59 改造の時代　（教科書p.180〜181）

確認しよう

①シベリア干渉　②富山　③寺内正毅

④原敬　⑤デモクラシー　⑥改造

⑦日本労働総同盟　⑧小作争議

⑨全国水平社　⑩日本共産　⑪北一輝

⑫平塚らいてう　⑬新婦人協会

⑭婦人参政権獲得　⑮山川菊栄

用語を確認しよう

①米騒動　②政党　③青鞜　④与謝野晶子

資料を読みとろう

(1)A北九州　B米屋　C女一揆

　　D炭鉱　E漁村

(2)a○　b○　c×　d×　e○

TRY　小作農の運動：小作料の軽減，小作地を耕作する権利

被差別部落の運動：差別の撤廃

社会主義の運動：労働者の権利承認

国家主義の運動：政治変革

女性の運動：参政権

60 植民地 （教科書p.182〜183）

確認しよう
①組みこむ　②行政　③日本語　④日本
⑤政治　⑥教育勅語　⑦憲兵　⑧民族自決
⑨二十一か条要求　⑩ヴェルサイユ　⑪ハワイ
⑫出稼ぎ　⑬ブラジル　⑭日本　⑮満洲

用語を確認しよう
①三・一　②武断　③五・四

資料を読みとろう
(1)ア　ウ　オ　カ　ク
(2)問1　ブラジル　問2　局会社
　　問3　開拓と農業　問4　①1位広島
　　2位沖縄　3位熊本　②西日本
(3)①1909　②静岡　③銀行員　④1922
　　⑤朝鮮　⑥教員　⑦1929　⑧京都
(4)イ

TRY　異なる言語・歴史・文化をもつ人々に対し，日本の制度・文化を一方的にもちこみ，日本に組みこんだ。そのため，各地に日本軍が常駐し，抵抗する現地の人々を武力でおさえこんだ。しかし朝鮮で三・一運動がおこると，総督府は軍隊を動員して弾圧したが，その後，憲兵警察制度を廃止して言論の自由を一部認めるなど統治方法を改めた。

第8章　章末問題 （教科書p.164〜183）

1　問1　Ⅰイ　Ⅱエ　Ⅲオ　問2　ウ
　　問3　ア
2　問1　韓国併合　問2　ウ　問3　イ
3　問1　エ　問2　ウ　問3　エ
　　問4　Ⅰオ　Ⅱア　Ⅲエ
4　問1　イ　問2　治安警察法

第9章　アジアの戦争と第二次世界大戦

61 普通選挙と治安維持法 （教科書p.186〜187）

確認しよう
①キング　②自警団　③大杉栄　④私鉄網
⑤文化住宅　⑥ラジオ放送　⑦清浦奎吾
⑧第二次護憲運動　⑨加藤高明　⑩無産
⑪犬養毅　⑫普通選挙　⑬25歳以上の男性
⑭治安維持　⑮国体

用語を確認しよう
①関東大震災　②伊藤野枝　③加藤高明
④治安維持

資料を読みとろう
(1)A路面電車　　B火災　　あなた：(例)
　　住民が住民を攻撃している(自警団が朝鮮人を攻撃している)
(2)エ
(3)問1　市川房枝　問2　西園寺公望
　　問3　憲政の常道

TRY　A意識するようになった
B新聞，雑誌，ラジオ
C距離を縮めた

---

62 大日本帝国の選択肢 （教科書p.188〜189）

確認しよう
①ワシントン海軍軍縮　②護憲三派　③不戦
④幣原喜重郎　⑤国民　⑥蔣介石　⑦金融
⑧田中義一　⑨張作霖　⑩浜口雄幸
⑪ロンドン海軍軍縮　⑫統帥　⑬金本位
⑭女性　⑮世界恐慌

用語を確認しよう
①北伐　②統帥権干犯　③金解禁　④昭和

資料を読みとろう
(1)問1　金融　問2　ウ　問3　山東
　　問4　ウ　問5　C：首相b　政党：イ
　　D：首相d　政党：ウ

TRY　A植民地　B貿易　C小
海外の植民地を武力で拡大し，そこからの利益で経済発展をめざした

---

63 満洲事変とモダニズム （教科書p.190〜191）

確認しよう
①若槻礼次郎　②溥儀　③満洲国　④犬養毅
⑤五・一五　⑥斎藤実　⑦リットン
⑧脱退　⑨ラジオ　⑩戦前最高
⑪小林多喜二　⑫美濃部達吉　⑬皇道
⑭広田弘毅　⑮移民

用語を確認しよう
①柳条湖　②事変　③五・一五　④二・二六
⑤天皇機関

資料を読みとろう
(1)A千人針　　B赤ん坊を背負った女性

C国防婦人

(2)問1　ア

　　問2(例)国のためには命を捧げることが必要

TRY　(例)

ワーク1　映画・演劇・漫画・喫茶店・カフェ・デパート

ワーク2　凶作・災害などで苦しい生活，小作争議の増加

ワーク3　イタリアでファシスト党，ドイツでナチ党が政権を獲得し一党独裁がしかれた

64 日中戦争と総力戦　(教科書p.192〜193)

確認しよう

①張学良　②蔣介石　③盧溝橋　④近衛文麿
⑤対手とせず　⑥重慶　⑦汪兆銘
⑧国民精神総動員　⑨国家総動員　⑩国民徴用
⑪配給　⑫大政翼賛　⑬政党　⑭創氏改名

用語を確認しよう

①西安　②盧溝橋　③南京　④国家総動員
⑤大政翼賛

資料を読みとろう

(1)問1○　問2○　問3○　問4×
　　問5×

TRY　ステップ1　①志願　赤紙　②・行軍の苦労など兵士の日常生活　・ひきよせて　寄り添ふごとく　刺ししかば　声も立てなく　くづをれて伏す
③悲しそう　④にぎやか，一大イベントだった
ステップ2　複雑　国のために戦う，死にたくない，行きたくない
ステップ3　国のため，残る家族の生活を楽にするため

65 アジア太平洋戦争　(教科書p.194〜195)

確認しよう

①ポーランド　②東南アジア
③日独伊三国同盟　④南進　⑤日ソ中立
⑥南部仏印　⑦石油　⑧大西洋憲章
⑨近衛文麿　⑩東条英機　⑪昭和天皇
⑫ミッドウェー海戦　⑬移民　⑭大東亜共栄圏

用語を確認しよう

①第二次世界大戦　②アジア太平洋戦争

資料を読みとろう

(1)問1　A京城　Bビルマ　Cニューギニヤ

問2　イ　問3　ア

(2)ア

TRY　A軍政　　B資源　　C民生
日本の戦争に協力させられた，日本軍により過酷な労働を強いられた

66 敗戦　(教科書p.196〜197)

確認しよう

①大学生　②20　③軍需工場　④本土空襲
⑤東京大空襲　⑥疎開　⑦沖縄戦
⑧戦闘員　⑨ヤルタ協定　⑩ポツダム宣言
⑪黙殺　⑫原子爆弾　⑬中立　⑭昭和天皇

用語を確認しよう

①学徒出陣　②勤労動員　③学童疎開
④ヤルタ協定

資料を読みとろう

(1)問1　①120.0　②120.2　③119.1　④22.7
　　問2　ウ

(2)ウ

TRY　①本土決戦　②本土上陸
ヒント2　無条件降伏
ヒント3　天皇制の存続(国体護持)
あなた：国体護持のため，降伏するにしても少しでも有利な戦況をつくりだしたかったから。
最後まで負けるとは思っていなかったから。
日本は神の国と言ってきた手前，負けるなどと言い出せなかったから。

第9章 章末問題　(教科書p.186〜199)

1　問1　イ　問2　ウ　問3　C
　　問4　ウ　問5　ア
2　問1　イ　問2　ア
3　問1　沖縄戦　問2　エ
　　問3　ポツダム宣言　問4　ア

第10章 現代日本社会の形成と展開

67 世界のなかの日本占領　(教科書p.200〜201)

確認しよう

①国際連合　②資本主義　③社会主義
④冷戦　⑤連合国軍最高司令官総司令部
⑥非軍事　⑦民主　⑧五大改革　⑨神道

⑩ソ連　　⑪アメリカ　　⑫戦争指導者
⑬東京裁判　　⑭昭和天皇

用語を確認しよう
①植民地とその支配国の間(ベルリン・朝鮮半島でも可)　②特別高等警察や治安維持法　③東条英機

資料を読みとろう
(1)問1　マッカーサーは，軍服で腰に手をやっている。昭和天皇は，正装　ネクタイをしている。かしこまっている。
問2　軍服でネクタイもせず腰に手をやっているので，マッカーサーのほうがくつろいでいる。
問3　明治憲法で「神聖」とされた天皇をはじめてみて驚く。さらに「鬼畜」とされた敵将と一緒に写っていて日本の負けをまざまざと意識させられた，など
(2)問1　帽子を高らかにあげるなど，歓迎ムード
問2　認めなかった。
(3)問1　政府指導者が正当な理由もなしにおこなう戦争を違法とするため。
問2　パリ不戦条約
問3　戦勝国である連合国側の行為
問4　BC級戦犯裁判では，日本軍に動員された朝鮮・台湾の人々も同様に戦犯として裁かれた。

TRY　A非軍事　　B民主　　C解散　　D特別高等警察　　E治安維持法　　F修身・国史・地理　G自由　　H労働組合　　I思想・言論・政治活動　J女性

68 占領改革と日本国憲法 （教科書p.202～203）

確認しよう
①独占禁止法　　②過度経済力集中排除法
③農地改革　　④寄生地主　　⑤労働組合法
⑥労働基準法　　⑦吉田茂　　⑧主権在民
⑨平和主義(戦争放棄)　　⑩基本的人権
⑪教育基本法　　⑫地方自治法　　⑬片山哲

用語を確認しよう
①財閥と地主　　②生存権

資料を読みとろう
(1)問1　戦闘機や戦車など戦争に使用するもの
問2　じぶんの思うことを言う－表現の自由
じぶんのすきなところに住む－居住移転の自由
じぶんのすきな宗教を信じる－信教の自由　能力に応じて教育を受ける－教育を受ける権利

政治に参加する－参政権　選挙権
(2)問1　衆議院の審議で追加，決定された部分
問2　生存権　　問3　イ
(3)問1　アメリカ市民の平均的な日常
問2　ベッドがある。パンにピーナツバターをつけている。お菓子が棚にある。冷蔵庫があるなど
(4)問1　男も女も平等に代表され，組合が強くなる。　問2　労働組合の婦人部や女性の役員の育成，男女同一労働同一賃金などを訴えた。

TRY　ヒント1　国民の権利をいっそう明確にするため。　ヒント2　若者や女性たちは自発的に自分たちの生活を守るために運動していた。
答え：戦争はこりごりという思いが強く，平和憲法を肯定的に受け入れ，民主化の諸施策を好意的に生活のなかに取り入れていった。

69 朝鮮戦争 （教科書p.204～205）

確認しよう
①金日成　　②大韓民国　　③朝鮮半島唯一の政府
④ソ連　　⑤毛沢東　⑥中華人民共和国　　⑦台湾
⑧経済復興　　⑨経済安定九原則　　⑩朝鮮戦争
⑪中国　　⑫200　　⑬軍需物資　　⑭沖縄
⑮警察予備隊　　⑯レッド＝パージ

用語を確認しよう
①朝鮮特需　　②警察予備隊

資料を読みとろう
(1)問1　爆破された橋を渡ってにげる市民
問2　防災頭巾のようなものをかぶり，大きな荷物を背中にしょっている。
(2)問1　横田基地　　問2　A地上戦　　B実験
問3　イ
(3)問1　石炭　　問2　そもそも当初GHQは，日本に兵器を生産することを禁じていたため。
問3　ウ
(4)問1　A20　B多国間　　問2　住んできた町や地域が戦場となり，自分たちの居場所をうばわれた戦争だった，など。　　問3　1000万人以上

TRY　ヒント1　不況から好況に転じた。　ヒント2　逆コースとなり，公職追放が解除されたり，再軍備化がすすんだ。
　朝鮮特需をきっかけに戦後の日本経済は復興をはたした。同時に非軍事化と民主化を占領方針とした

アメリカの政策がかわり，逆コースといわれる労働運動への弾圧や再軍備化がすすめられた。

70 日米安保体制と55年体制 (教科書p.208〜209)

確認しよう

①サンフランシスコ平和条約　②中国
③日米安全保障条約　④日米行政協定
⑤保安隊　⑥自衛隊　⑦日本社会
⑧自由民主党　⑨55年体制　⑩鳩山一郎
⑪日ソ共同宣言　⑫国連　⑬原水爆禁止運動
⑭平和　⑮拡張　⑯新安保条約

用語を確認しよう

①西側諸国　②安保闘争

資料を読みとろう

(1)問1　90日以内に撤退
　　問2　その陸海空軍を日本国内に配備する権利
(2)イ　ウ
(3)A　万
(4)問1　水爆実験　問2　放射能
　　問3　恐怖や実験への反対の思い
(5)韓国漁船にも被ばくしたものがあることに気づいた。

TRY A原水爆禁止　B島ぐるみ　C基地反対
D安保

71 高度経済成長 (教科書p.210〜211)

確認しよう

①復興　②高度経済成長　③池田勇人
④太平洋ベルト地帯　⑤東京オリンピック
⑥工業　⑦集団就職　⑧エネルギー革命
⑨公害　⑩公害対策基本法　⑪環境
⑫美濃部亮吉

用語を確認しよう

①高度経済成長　②高速道路と新幹線

資料を読みとろう

(1)海が近い，工場っぽい施設がたくさんある。など
(2)問1　新潟：新潟水俣病　有機水銀
　　富山：富山イタイイタイ病　カドミウム
　　四日市：四日市ぜんそく　大気汚染
　　熊本：熊本水俣病　有機水銀
　　問2　a○　b×
(3)問1　奇病　問2　患者自身による原因企業

の告発を支援する活動
(4)大都市圏に人口が流入して急増した問題。
(5)問1　いずれも被害者側の勝利に終わった。
　　問2　原因企業(チッソ)に対する怨みの想い
　　問3　裁判に勝利しても被害の認定や補償をめぐってもめたり，被害そのものはなくならないから。
(6)問1　制服に大きなカバンをもってきた。
　　問2　人手が足りなかったため。
　　問3　住み込みや寄宿舎での慣れない生活。

TRY (例)政府：公害対策基本法を制定，環境庁を設置した。革新自治体：公害・福祉対策を前進させた。

72 ベトナム戦争とアジア (教科書p.212〜213)

確認しよう

①企業　②韓国　③日韓基本条約　④経済
⑤反対　⑥社会　⑦ベトナム戦争　⑧中国
⑨韓国　⑩利益　⑪反戦運動　⑫出撃
⑬祖国復帰運動　⑭沖縄返還協定　⑮田中角栄
⑯日中共同声明　⑰日中平和友好条約

用語を確認しよう

①日華平和条約　②佐藤栄作内閣

資料を読みとろう

(1)問1　×　　問2　A植民地支配
　　B合法的政府　　問3　日本
(2)問1　1人からでも参加できる，非暴力の立場
　　問2　脱走兵の支援やアメリカの新聞に反戦広告を掲載するなど
　　問3　「私」の立場　ふつうの市民の立場
(3)ウ
(4)・きちはそのまま残る。・軍国主義教育

TRY 冷戦下で米国の影響が強い西側陣営の日本は，東側諸国(主としてベトナム)との賠償交渉や平和条約はスムーズにむすぶことができていない。

73 経済大国 (教科書p.214〜215)

確認しよう

①ドル＝ショック　②円高　③田中角栄
④第4次中東戦争　⑤石油危機　⑥自動車
⑦サミット　⑧貿易摩擦　⑨プラザ合意
⑩バブル経済　⑪新自由主義　⑫中曽根康弘
⑬消費　⑭ODA(政府開発援助)

①原子力発電所　②民営化

(1)問1　買い占め　　問2　イ
(2)問1　1.7　　問2　3
　　問3　物価が3倍になったのなら，賃金も3倍
　　にならないと同じ生活水準は維持できないか
　　ら。
(3)問1　日本車の対米輸出の増加がアメリカの自
　　動車産業をおびやかしたから　　問2　イ
(4)問1　夜10時　　問2　約650万人
　　問3　過労死や過労自殺
TRY　A生産性　　B輸出　　C人員整理
D貿易摩擦　　E反日感情

74　世界の転換と日本社会 （教科書p.218〜219）

①市場経済　　②ベルリンの壁　　③民主化
④天安門事件　　⑤湾岸戦争　　⑥自衛隊
⑦平和維持活動(PKO)
⑧日米防衛協力のための指針　　⑨細川護熙
⑩村山富市　　⑪阪神・淡路大震災
⑫小選挙区比例代表並立制　　⑬平成不況

①湾岸戦争　　②阪神・淡路大震災

(1)問1　ベルリンの壁　　問2　はしごを使って
　　問3　これまで分断していて往来も不可能だっ
　　た両地域の分断がおわるため
(2)問1　思いやり予算　　問2　光熱費・水道
　　費，訓練移転費，施設建設費など
　　問3　3倍　　問4　イ
(3)問1　「慰安婦」とされた女性や，強制的に動員
　　され過酷な労働を強いられた人々。
　　問2　村山談話を発表し，日本の植民地支配と
　　侵略を反省し，アジア諸国民にお詫びを表明し
　　た。
(4)問1　地雷の除去作業
　　問2　東ティモールや南スーダンなど
　　問3　憲法違反の疑い
TRY　①ア　②2022年度末で，1000兆円をこえる

75　グローバル化する世界と日本

（教科書p.220〜221）

①多国籍企業　　②産業空洞化　　③小泉純一郎
④同時多発テロ　　⑤イラク　　⑥沖縄　　⑦7
⑧格差社会　　⑨非正規労働者　　⑩政権交代
⑪安倍晋三　　⑫アベノミクス

①産業空洞化　　②9.11事件

(1)問1　一位アジア　二位北米
　　問2　一位ア　二位イ
(2)問1　エ　　問2　静岡県浜松市
　　問3　東京の新大久保
(3)12歳　少女の年齢，地位協定を理由に日本側に
　　米兵が引き渡されなかったから
(4)イラク　沖縄国際大学
(5)問1　15‐24歳
　　問2　だいたい40代前半くらい
TRY　グローバル化で人や物の行き来が活発になる
と，新型コロナウイルスのような感染症も世界規模
で急速に拡散した。各国はロックダウンやワクチン
接種などで対処しているが，世界各地でおこること
が自分の生活に密接に関係していることがわかる
（ウクライナ戦争も同様に，遠い国での戦争ではな
く，私たちの生活に密接に関わる問題であることが
わかる）。

76　「わたし」たちの社会と世界 （教科書p.222〜223）

①東日本大震災　　②子どもの権利条約
③パートナシップ　　④ヘイトスピーチ
⑤ブラックバイト　　⑥安倍晋三
⑦集団的自衛権　　⑧新型コロナウイルス感染症
⑨少子　　⑩高齢　　⑪インターネット
⑫フェイクニュース

①特定秘密保護法　　②東日本大震災

(1)問1　省略　　問2　たんに地震がおきただけ
　　ではなく，原発事故もおきて，エネルギーの供
　　給方法をどうするかも含め，社会問題が明らか
　　になった。スマホのSNSが活用された，など。

(2) 28,000名以上

(3) ①ウ ②オ ③イ ④カ ⑤ア ⑥エ

TRY 例 ぼっち飯

(理由)学校内での人間関係がコロナ禍のソーシャルディスタンスの制約やSNSなどでさらに希薄になってきているため。

(改善案)SNSやスマホだけではなく，さまざまな活動(学校含む)を通して，関係をつくっていくようにする，など。

| 第10章 | **章末問題** | (教科書p.200～229) |

1 問1 A冷戦 B朝鮮 Cベトナム
Dサンフランシスコ平和 問2 ウ
問3 E1965 F日韓基本 G1971
H1972 I日中共同

2 Ⅱ → Ⅳ → Ⅰ → Ⅲ

3 問1 Aサミット B高度経済成長
Cバブル D阪神淡路 問2 ア・ウ
問3 2001年におきた，イスラム原理主義の勢力にハイジャックされアメリカのワールドトレードセンターに2機の飛行機が突っこむなどした事件
問4 アフガニスタン戦争，イラク戦争と次々と戦争をひきおこした。これら対テロ戦争を含め，先進諸国で続いておきたテロ事件のように，国家間の戦争ではない新たな紛争や問題が続くこととなった，など。